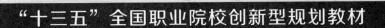

"十三五"全国职业院校创新型规划教材

DAXUESHENG
JIUYE ZHIDAO YU
ZHIYE SHENGYA
GUIHUA

大学生就业指导与职业生涯规划

主　编　万辉君
副主编　李文晋

华中科技大学出版社
http://www.hustp.com
中国·武汉

内 容 简 介

本书立足高职院校学生的需求,总结了近年来毕业生就业创业的情况和多年来毕业生就业工作的经验,参考了国内外就业指导的成熟做法,努力达到理论分析与技术指导相结合,系统性、全面性和实用性并重。本书旨在帮助大学生树立正确的职业生涯发展观,掌握求职择业与创业的方法和技巧,引导大学生认识自我、认识社会,科学规划自己的职业生涯,准确定位,从而减少就业的盲目性,尽快实现人生理想。

本书共有十个项目,内容包括职业分类与人才素质、自我认知与职业测验、职业生涯规划、就业制度与就业市场、求职择业准备、求职礼仪与求职技巧、就业程序与就业陷阱防范、大学生就业权益、职业角色、大学生创业准备。

本书内容贴近实际,编写体例新颖,具有鲜明的针对性和可操作性。本书可作为高职院校学生的就业指导与职业生涯规划课程教材,也适合其他高校学生阅读参考。

图书在版编目(CIP)数据

大学生就业指导与职业生涯规划/万辉君主编. —武汉:华中科技大学出版社,2018.8(2022.1 重印)
ISBN 978-7-5680-4531-5

Ⅰ.①大… Ⅱ.①万… Ⅲ.①大学生-职业选择-高等职业教育-教材 Ⅳ.①G647.38

中国版本图书馆 CIP 数据核字(2018)第 207201 号

大学生就业指导与职业生涯规划

万辉君　主编

Daxuesheng Jiuye Zhidao yu Zhiye Shengya Guihua

策划编辑:郑小羽
责任编辑:徐桂芹
责任监印:朱　玢

出版发行:华中科技大学出版社(中国·武汉)　　电话:(027)81321913
　　　　　武汉市东湖新技术开发区华工科技园　　邮编:430223
录　　排:武汉正风天下文化发展有限公司
印　　刷:武汉科源印刷设计有限公司
开　　本:787mm×1092mm　1/16
印　　张:14.5
字　　数:321 千字
版　　次:2022 年 1 月第 1 版第 2 次印刷
定　　价:38.60 元

本书若有印装质量问题,请向出版社营销中心调换
全国免费服务热线:400-6679-118　竭诚为您服务
版权所有　侵权必究

前言

随着我国高等教育由"精英教育"向"大众化教育"转变,人才市场竞争日趋激烈,就业形势也日益严峻。就业与创业问题,是当今大学生面临的一个极为现实的问题。高校毕业生数量迅猛增长,而社会对劳动力的有效需求的增幅却相对有限。如何解决这个矛盾?对大学生来说,只有提高自己在知识水平、综合素质、个人能力、社会经验等方面的竞争力,才能立于不败之地。在本书中,我们对就业指导和职业生涯规划做了详尽的阐述。

教育家陶行知认为,行是知之始,知是行之成。职业生涯规划和职业素养是"知",就业指导与创业实践是"行"。在本书中,我们对大学生就业进行了全面的指导,对大学生创业实践进行了科学的定位,对大学生就业与创业的基本知识、基本理论、实际操作进行了系统的分析和全面的讲解,可以使大学生对就业与创业有较为准确的把握,并付诸实际行动,从而顺利地实现人生目标。

追求实用、贴近实际是本书的突出特点。书中包括"就业指导"与"职业生涯规划"两大主题。全书以大量的案例让大学生走进职业生涯规划和就业创业的实践演练,从中得到启发并提升应对能力。

在内容的选择上,本书贯穿职前准备、就业择业、创业成才的职业发展主线。从职业生涯的相关概念到大学生的职业生涯规划知识,从在校期间的各项素质准备到就业政策法规的解读,从应聘时应注意的事项到就业后应注意的问题等,本书都进行了系统的阐述。

编者在做了大量深入细致的调查研究、分析论证和实践访谈的基础上,精心设计和编写了这本集启发式、参与式、研讨式和案例式于一体的特色教材。内容上的地域无界性与情感习惯的可接近性增加了本书的亲切感,使本书更易于被学生理解与接受。希望这本书能够成为教师传授职业生涯规划与就业创业知识的好帮手,成为大学生就业与创业实践的必读书。

本书由万辉君担任主编,李文晋担任副主编。编者在编写本书的过程中参考了有关著作和研究成果,并引用了其中的一些内容作为本书的案例,在此谨向原作者表示诚挚的谢意。虽然编者在就业指导和职业生涯规划方面已经积累了一定的经验,但这仍是一项探索性工作,书中难免存在不足之处,敬请广大读者批评指正。

编 者
2018 年 7 月

目录

项目一　职业分类与人才素质 (1)
- 任务一　职业的内涵、特征与意义 (2)
- 任务二　职业分类 (6)
- 任务三　我国职业的发展变化 (9)
- 任务四　我国产业结构变化的总趋势 (10)
- 任务五　职业对人才素质的要求 (12)

项目二　自我认知与职业测验 (20)
- 任务一　自我认知 (21)
- 任务二　职业性格测验 (23)
- 任务三　职业兴趣测验 (29)
- 任务四　职业能力测验 (35)

项目三　职业生涯规划 (38)
- 任务一　职业生涯规划的基本概念 (39)
- 任务二　职业生涯规划的分类 (41)
- 任务三　职业生涯规划的阶段和期限 (44)
- 任务四　职业生涯发展的阶段和职业生涯规划的作用 (45)
- 任务五　职业生涯规划的步骤与内容 (46)

项目四　就业制度与就业市场 (58)
- 任务一　就业形势 (59)
- 任务二　就业制度 (64)
- 任务三　职业资格与就业准入 (76)
- 任务四　就业市场 (77)
- 任务五　从戎 (83)

项目五　求职择业准备 (85)
- 任务一　做好信息准备 (86)

任务二　做好材料准备……………………………………………………(90)
　　　任务三　做好心理准备……………………………………………………(96)
　　　任务四　做好人际交往准备………………………………………………(98)

项目六　求职礼仪与求职技巧……………………………………………………(105)
　　　任务一　求职礼仪…………………………………………………………(106)
　　　任务二　求职技巧…………………………………………………………(108)

项目七　就业程序与就业陷阱防范………………………………………………(121)
　　　任务一　毕业生派遣与报到………………………………………………(122)
　　　任务二　毕业生改派手续及档案…………………………………………(124)
　　　任务三　毕业生办理暂缓就业……………………………………………(125)
　　　任务四　就业陷阱及其防范………………………………………………(127)

项目八　大学生就业权益…………………………………………………………(134)
　　　任务一　大学生就业政策…………………………………………………(135)
　　　任务二　就业协议书………………………………………………………(142)
　　　任务三　劳动合同和劳动争议……………………………………………(144)

项目九　职业角色…………………………………………………………………(159)
　　　任务一　角色的转换………………………………………………………(160)
　　　任务二　树立良好的第一印象……………………………………………(163)
　　　任务三　建立和谐的人际关系……………………………………………(165)
　　　任务四　遵守职业道德规范………………………………………………(166)

项目十　大学生创业准备…………………………………………………………(173)
　　　任务一　创业与创业政策…………………………………………………(174)
　　　任务二　创业者的素质与能力要求………………………………………(176)
　　　任务三　大学生如何创业…………………………………………………(183)
　　　任务四　创业计划书………………………………………………………(185)
　　　任务五　创业中的具体问题………………………………………………(193)

附录A　中华人民共和国劳动法…………………………………………………(204)
附录B　中华人民共和国就业促进法……………………………………………(214)
参考文献……………………………………………………………………………(222)

项目一

职业分类与人才素质

项目导学

  通过改革开放以来的技术经济积累与沉淀,以自主创新提升产业技术水平,以信息化带动工业化,培育更多新的增长点是未来产业结构调整的重点之一。职业资格证书是劳动者求职、任职和用人单位录用劳动者的主要依据,也是境外就业、对外劳务合作人员办理技能水平公证的有效证件。从事就业准入职业的新生劳动力,就业前必须经过1~3年的职业培训,并取得职业资格证书。

  行业尽管不同,天才的品德并无分别。

——巴尔扎克

  要引人敬意,就要研究一个非常专业的领域,在那个领域中,你是最顶尖的,至少是中国前十名,这样无论任何时候你都有话说,有事情可做。

——俞敏洪

任务一　职业的内涵、特征与意义

一、职业的内涵与要素

（一）职业的内涵

根据中国职业规划师协会的定义，职业＝职能×行业，这样才能算是一个完整的职业。根据民政部职业技能鉴定指导中心的定义，职业是参与社会分工，利用专门的知识和技能，为社会创造物质财富和精神财富，获取合理报酬作为物质生活来源，并满足精神需求的工作。职业的含义主要由以下四个方面构成：第一，与人类的需求和职业结构相关，强调社会分工；第二，与职业的内在属性相关，强调利用专门的知识和技能；第三，与社会伦理相关，强调创造物质财富和精神财富，获得合理报酬；第四，与个人生活相关，强调物质生活来源，并涉及精神需求的满足。

（二）职业的要素

职业主要由以下五个要素构成。

（1）职业名称：职业的符号特征，一般是以社会通用称谓来命名的。

（2）职业主体：指从事一定的社会分工活动，并具有从事该职业活动所需要的资格和能力的劳动者。

（3）职业客体：指职业活动的工作对象、内容、劳动方式和场所等。

（4）职业报酬：指通过职业活动获得的各种报酬。

（5）职业技术：指劳动者在从事职业活动的过程中所运用的自然技术、社会技术与思维技术的总和，体现为人们从事职业活动时所使用的工具、材料、工艺方法的发展和应用，也包括尚未形成系统的经验。

二、职业的特征

（一）职业具有合作属性

职业是人类在劳动过程中的分工现象，它体现出职业者与劳动资料之间的关系，也体现出职业者之间的关系。其中，劳动产品的交换体现的是不同职业之间的劳动交换关系，这种在劳动过程中形成的人与人之间的关系就是合作，并且随着时代的发展，职业已不再像过去那样通过单一个体开展,更多的是通过合作的关系开展。

(二)职业具有利益属性

职业是人们赖以谋生的劳动过程,具有逐利性的一面。在职业活动中,既要满足职业者自己的需要,也要满足社会的需要,只有把职业的个人功利性与社会功利性结合起来,职业活动及职业生涯才会更有意义。

(三)职业具有竞争属性

随着经济的发展和时代的进步,职业越来越丰富多样,劳动者的数量也在急剧攀升,在出现合作的关系的同时,竞争的关系也必然会产生,并且随着行业的增加,出现了许多职能重叠的行业,各行业之间除了协作,也产生了竞争的关系。

(四)职业具有规范属性

职业的规范性应该包含两层含义:一是指职业内部的操作规范性,二是指职业道德的规范性。不同的职业在其劳动过程中都有一定的操作规范性,这是保证职业活动的专业性的要求。当不同职业在对外展现其服务时,还存在伦理范畴的规范性,即职业道德。这两种规范性构成了职业规范的内涵与外延。

(五)职业具有时代属性

职业的时代性是指经济的发展、时代的变化、人们的生活方式等因素的变化必然会导致职业的变化,即职业不会一成不变,职业具有强烈的时代属性。

三、职业的意义

职业是人们参与社会分工,利用专门的知识和技能,创造物质财富、精神财富,获得合理的报酬,丰富物质生活、精神生活的工作。

职业不仅是人们谋生的手段、为社会做贡献的岗位,而且是人们实现人生价值的舞台。职业对人生的作用是相互联系、密不可分的,谋生是基础,实现人生价值是追求,奉献是目的。

四、认识职业锚

(一)职业锚的概念和类型

职业锚是进行职业生涯规划时必须考虑的一个要素,指一个人在选择职业时最难以舍弃的选择因素,也就是一个人选择和发展一生的职业时所围绕的中心。职业锚有以下8种类型(见图1-1)。

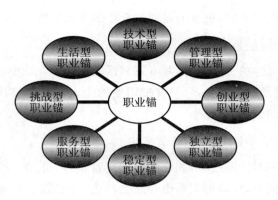

图 1-1　职业锚关系图

1．技术型职业锚

技术型的人追求在技术领域的成长、技能的不断提高，以及应用这种技术的机会。他们对自己的认可来自他们的专业水平，他们喜欢面对专业领域的挑战。他们通常不喜欢从事一般的管理工作，因为这意味着他们不得不放弃他们在技术领域的成就。

2．管理型职业锚

管理型的人追求并致力于职位晋升，希望全面管理、独立负责一个部门，并且跨部门整合其他人努力的成果。他们会将公司成功与否看成自己的工作。具体的技术工作仅仅被看作通向更高的职位的必经之路。

3．独立型职业锚

独立型的人希望随心所欲地安排自己的工作和生活，追求能施展个人能力的工作环境，希望摆脱组织的限制和制约。他们宁愿放弃晋升或发展的机会，也不愿意放弃自由与独立。

4．稳定型职业锚

稳定型的人追求工作中的安全感与稳定感。他们会因为能够预测到稳定的将来而感到放松。他们关心财务安全，如退休金。尽管有时他们可以被提升到一个更高的职位，但是他们并不关心具体的工作内容。

5．创业型职业锚

创业型的人希望通过自己的努力创建一个属于自己的公司或开发一种完全属于自己的产品（或服务）。他们敢于冒险，并克服所面临的困难。他们想向社会证明公司是他们靠自己的努力创建的。他们可能正在别人的公司工作，其实他们是在学习并寻找机会，一旦时机成熟，他们便会辞职去创建属于自己的公司。

6．服务型职业锚

服务型的人一直追求他们认可的核心价值，如帮助他人、改善人们的生活、用新的产品消除疾病等。他们一直在寻找这种机会，这意味着他们宁愿调换公司，也不愿接受不允许他们实现这种价值的工作变动或职位晋升。

7. 挑战型职业锚

挑战型的人喜欢解决一些无法解决的问题,战胜强劲的对手,克服无法克服的困难。对他们而言,参加工作的原因是工作允许他们去解决各种不可能解决的问题,如果问题非常容易解决,他们马上会变得非常厌倦。

8. 生活型职业锚

生活型的人希望将生活的各个方面整合为一个整体,喜欢平衡个人的、家庭的和职业的需要,因此,生活型的人需要一个有"足够弹性"的工作环境来实现这一目标。他们将成功定义得比职业成功更广泛。和具体的工作环境、工作内容相比,生活型的人更关注自己如何生活、在哪里居住、如何处理家庭事务等。

(二)职业锚的作用

有很多人也许一直都不知道自己的职业锚是什么,当他们不得不做出某种重大选择时,职业锚会揭示到底什么东西才是决定其职业取向的最关键的因素。

对于大学生来说,职业锚在职业生涯规划和职业选择过程中有非常积极的作用。

(1)帮助认识自我。认识自我的方法有很多,如职业测验(本书项目二中会详细介绍)等。寻找并确定职业锚,实际上也是个体认识自我的过程——认识自己具有什么样的能力、才干,自己最需要的是什么,自己的职业价值观是什么等。

(2)确定职业目标。大学生在进行职业生涯规划时,可以通过分析自己的职业锚来确定自己的职业方向,对自己今后的职业发展道路进行有针对性的设计和准备,并通过参加相应的培训、学习、实践,为职业生涯的成功奠定基础。

(3)选择毕业去向。大学生完成学业后会面临多种选择:是继续深造还是直接就业?是在外资企业就业还是在国有大企业就业? 运用职业锚的理论和观点,大学生能够逐步明确自己最希望得到的东西是什么,从而确定自己近期的奋斗目标。

职业锚实际上是个人能力、动机、需要、价值观和态度等相互作用和逐步整合的结果。在实际工作中,个体通过不断地审视自我,可以逐步明确自己的需要与价值观,明确自己的优势及今后发展的重点,最终在潜意识里找到自己长期稳定的职业定位——职业锚。

案例分析

找到职业生涯的北斗星

随着大学连年扩招,大学生就业竞争愈演愈烈。就业的残酷让很多人都只能抱着"捡到篮里就是菜"的心态,盲目就业,频繁跳槽,浪费了大量时间和成本。所以,确定自己的职业锚显得尤其重要。

【案例一】 小张是一名学前教育专业的应届毕业生,一心想当幼儿教师的她,因为4分之差未能如愿。眼看毕业临近,同学们都陆续与单位签约,看着不少同学转向其他领域就业,小张也有些心动,但是不喜欢也不善于与别人打交道的她不敢跨出这一步。小张想当公务员,但是从专业来说,她又缺乏竞争力。

【案例二】 小刘是某所大学化学专业的硕士毕业生,生性活泼的她厌烦了整天与化学试剂打交道。为了完成一个项目,她往往要在实验室里待上一两个月,很少与人交往,她觉得自己几乎要与世隔绝了。她很想去做一些与人交流比较多的工作,但是又不知道应该往哪个方向发展。同时,她又觉得自己学了那么长时间的化学,还是有点舍不得放弃。

许多大学生在找工作时往往是很盲目的,不知道自己想做什么、能做什么、适合做什么,没有一个准确的定位。所以,确定自己的职业锚,是步入社会的一个重要的切入点。那么,如何确定自己的职业锚呢?

(1) 分析汇总自己的个人情况。个人情况包括自己的个性和能力两个方面。了解自己的个性有助于选择与自己的个性匹配的职业,从而发挥自己的性格优势,如细心、踏实、主动、果断、勇敢等。从能力上来说,可以分为两个方面:一方面是个性能力,如记忆力、想象力、观察力、思维能力、创造能力、组织协调能力、语言表达能力等;另一方面是专业技能,包括自己所学的专业知识、外语水平、计算机能力等与职业密切相关的技能。

(2) 搜集感兴趣的职业信息。大学生在确定职业锚时,要注意搜集自己感兴趣的职业信息,如职业的特点、所需要的能力、具体工作、待遇和发展前景等,再结合自己的个性和能力,寻求两者的契合点,选择适合自己的岗位。

(3) 了解自己的职业价值需求。职业价值往往是确定一个人职业满意度的关键所在,一般包括五个方面:个人对自己所从事的职业的认同、个人对职业在社会价值中的肯定、个人在职业中得到成长、享受到职业带来的成就感和满足感、取得良好的人际关系和人脉资源。

> 点评:大学生首先要了解对于自己来说,哪些职业价值是重要的,然后结合自己感兴趣的职业和自己认为重要的职业价值,进行职业定位。

任务二 职业分类

一、职业分类的概念

职业分类,是指按照一定的规则、标准、方法,以及职业的性质和特点,把一般特征和本质特征相同或相似的社会职业,统一归纳到一定的类别系统中去的过程。

职业分类给各个职业确定了工作责任,以及履行职责和完成工作所需要的职业素质,这就为岗位责任制提供了依据,有助于建立合理的职业结构。

同一性质的工作,往往具有共同的特点和规律。把性质相同的职业归为一类,有助于国家对职工队伍进行分类管理,根据不同的职业特点和工作要求,采取相应的录用、调配、考核、培训、奖惩等管理方法,使管理更具有针对性。

二、国外的职业分类

世界上经济发达的国家都非常重视职业分类问题的研究,这不仅是形成产业结构概念和进行产业结构、产业组织、产业政策研究的前提,同时也是对劳动者及其劳动进行分类管理、分级管理及系统管理的需要。

根据西方国家的一些学者提出的理论,在国外一般采用以下三种方法对职业进行分类。

(1) 依据脑力劳动和体力劳动的性质、层次进行分类。这种分类方法把工作人员划分为白领工作人员和蓝领工作人员两大类。白领工作人员包括专业性和技术性的工作人员、农场以外的经理、行政管理人员、销售人员。蓝领工作人员包括非运输性的技工、农场以外的工人、服务性行业的工人等。这种分类方法明显地表现出职业的等级性。

(2) 依据心理的个别差异进行分类。根据霍兰德创立的人格-职业类型匹配理论,人格可以划分为六种类型,即现实型人格、研究型人格、艺术型人格、社会型人格、企业型人格和常规型人格,与其相对应的是六种类型的职业。

(3) 依据各个职业的主要职责进行分类。这种分类方法较为普遍,下面举两个例子。第一个是《国际标准职业分类》中对职业的分类。《国际标准职业分类》把职业分为8个大类、83个小类、284个细类,总共列出了1881个职业。其中8个大类如下:①专家、技术人员及有关工作者;②政府官员和企业经理;③事务工作者和有关工作者;④销售工作者;⑤服务工作者;⑥农业、牧业、林业工作者及渔民、猎人;⑦生产工作者、运输设备操作者和劳动者;⑧不能按职业分类的劳动者。这种分类方法有利于提高国家与国家之间职业统计资料的可比性。第二个是加拿大《职业岗位分类词典》中对职业的分类。它把职业划分为23个大类、81个小类、489个细类,总共列出了7200多个职业。它对每种职业都进行了定义,并且说明了各种职业的工作内容,以及对从业人员在教育程度、职业培训、能力倾向、兴趣、性格、体质等方面的要求,有较大的参考价值。

三、我国的职业分类

20世纪90年代中期,随着社会主义市场经济体制的逐步建立和科学技术的迅猛发展,我国的社会经济领域发生了重大变革,这对人力资源管理提出了新的要求。因此,国家提出要制定各种职业的资格标准和录用标准,实行学历文凭和职业资格两种证书制度。

《中华人民共和国劳动法》中明确规定,国家确定职业分类,对规定的职业制定职业技能标准,实行职业资格证书制度。

《中华人民共和国职业分类大典》是我国第一部对职业进行科学分类的权威性文献。《中华人民共和国职业分类大典》的重要贡献在于,它在广泛借鉴国际先进经验,特别是《国际标准职业分类》和深入分析我国社会职业构成的基础上,突破了过去以行业管理机构为主体,以归口部门、单位,甚至用工形式来划分职业的传统模式,采用了以从业人员工作性质的同一性作为职业划分标准的新原则,并对各个职业的定义、工作活动的内容,以及工作活动的范围等进行了具体的描述,体现了职业活动本身固有的社会性、目的性、规范性、稳定性和群体性等特征。《中华人民共和国职业分类大典》科学地、客观地、全面地反映了当前我国社会的职业构成,填补了我国长期以来在职业分类领域存在的空白,具有深远的意义。

《中华人民共和国职业分类大典》把我国的职业由大到小、由粗到细划分为4个层次:大类(8个)、中类(66个)、小类(413个)、细类(1838个)。细类为最小类别,即职业。8个大类详述如下。

第一大类:国家机关、党群组织、企业、事业单位负责人,其中包括5个中类、16个小类、25个细类。

第二大类:专业技术人员,其中包括14个中类、115个小类、379个细类。

第三大类:办事人员和有关人员,其中包括4个中类、12个小类、45个细类。

第四大类:商业、服务业人员,其中包括8个中类、43个小类、147个细类。

第五大类:农业、林业、牧业、渔业、水利业生产人员,其中包括6个中类、30个小类、121个细类。

第六大类:生产设备、运输设备操作人员及有关人员,其中包括27个中类、195个小类、1 119个细类。

第七大类:军人,其中包括1个中类、1个小类、1个细类。

第八大类:不便分类的其他从业人员,其中包括1个中类、1个小类、1个细类。

从职业结构来看,职业的分布有三个特点。第一,技术型和技能型职业占主导地位。占实际职业总量的60.88%的职业分布在"生产设备、运输设备操作人员及有关人员"这一大类。对这类职业的工作内容进行分析,可以发现其特点是以技术型和技能型操作为主。第二,第三产业职业比重最小,仅占实际职业总量的8%左右,第二产业职业比重最大。第三,知识型与高新技术型职业较少。在现有的职业结构中,属于知识型与高新技术型的职业数量不超过职业总量的3%。

为了保证各地劳动力市场使用的职业分类与代码的科学性和规范性,有利于劳动力市场信息联网,劳动和社会保障部于2002年颁布了《劳动力市场职业分类与代码(LB501—2002)》,将我国的职业分为6个大类、56个中类、236个小类、17个细类。

任务三　我国职业的发展变化

一、增长和发展中的职业

随着科学技术的发展,原有的生产方式和生活方式发生了重大变化,产业结构和服务领域有了新的变化。

(一)生产领域中的职业的变化

尽管第一产业、第二产业的职业数量在减少,从业人员的总量也在减少,但是由于这两个产业的知识密集程度和技术密集程度不断提高,所以出现了一些新的职业。

(二)服务领域中的职业的变化

由于生产活动方式的变化和生活活动内容的增加,产生了许多新的职业。这些新职业主要集中在信息服务业、管理和咨询服务业、社会服务业三个方面。

(1)信息服务业。信息产业是发展最快的产业,与信息产业相关的职业也是发展速度最快的职业。据经济合作与发展组织统计,与信息产业相关的职业已占各种新生职业总和的40%以上。信息和通信技术的快速发展,导致了对网络工程师、计算机系统分析师,以及计算机基础科学和各个领域的专家与技术人员的大量需求,甚至有些专家认为,信息产业已经从第三产业中独立出来,成为第四产业。

(2)管理和咨询服务业。由于管理和咨询活动对经济、生产、社会生活、个人生活的影响越来越大,所以与管理和咨询有关的职业已成为发展速度非常快的职业。金融分析师、投资咨询师、心理咨询师、人力资源管理师、风险评估师、保险精算师、税务代理师等都已成为热门职业。

(3)社会服务业。在第三产业领域,提高居民生活质量、满足居民消费需求的服务性职业也有了突破性的发展。家政服务、旅游、健身、医疗,以及其他生活服务领域都有许多新职业涌现出来。家政服务师、养老护理员、育婴师、形象设计师、健身教练、室内设计师等职业的出现,反映了人们对生活质量的要求越来越高,服务性消费需求越来越丰富。

二、调整和变化中的职业

在三大产业中,有许多传统职业在新的条件下发生了较大调整和变化。在第一产业中,农技师、从事无土栽培工作的农艺师需求加大。在第二产业中,传统的手工绘图员转化为使用计算机的电子绘图员。在第三产业中,变化发展更迅速,过去的理发师转化为形象设计师,销售库管员转化为物流配送师等。事实上,几乎所有的职业都会随着生产技术的进步而发生一些调整和变化。

还需要指出的是,在现代职业的发展与变化中,有一个现象值得注意,那就是中间层次的职业发展较快,如第一产业和第二产业中生产部门和实验部门的技术人员(与工程师不同,国外通常把他们称作技术师或者工艺师,我国把他们统称为技师或技工),第三产业中的助理医师、个人助理等,而高层次的职业和低技能的职业发展较为缓慢,许多低技能的职业甚至出现了停滞或负增长。

任务四 我国产业结构变化的总趋势

一、产业结构的变化

世界各国产业结构的调整呈现出两大特征。第一,发达国家的产业结构调整呈现出高科技化、可持续化和特色化趋势。产业结构的高科技化发展趋势是当代产业结构变革的基本特征。发达国家凭借其技术经济领先的优势,率先通过产业结构调整,将其经济发展推进到知识经济的层次。第二,发展中国家的产业结构调整呈现出潮流性、开放性和发展性特征。发展中国家正在利用自身所具有的后发优势,力争在产业结构调整中实现工业化,进而走向知识化、信息化。

以科学发展观为指导,建设资源节约型、环境友好型社会和实现可持续发展是未来我国社会经济发展的方向,决定了未来产业结构变化的趋势。我国仍然处于工业化阶段,但不同的是,通过改革开放以来的技术经济积累与沉淀,未来工业化进程将逐渐加快。以自主创新提升产业技术水平,以信息化带动工业化,发展装备制造业,大力发展信息、生物、新材料、新能源、航空航天等产业,培育更多新的增长点是未来产业结构调整的重点之一。

具体来说,我国产业结构的变化呈现出以下特征。

第一,生产部门的科技含量大幅度增加,使得生产效率大幅度提高,生产领域的从业人员大幅度减少。

第二,服务部门(包括消费性服务部门和生产性服务部门)的服务范围不断扩大,服务内容不断深化,服务质量大幅度提高,使得服务领域的从业人员大幅度增加。

第三,知识经济的兴起进一步加剧了生产领域从业人员减少、服务领域从业人员增加这一趋势。

发达国家产业结构的变化更为显著。这种变化在职业领域引起了较大的反响:一些新职业开始出现并迅速发展,同时,一些过时的职业开始衰落甚至消失,还有一些职业为了适应形势开始调整和转化。职业的这些变化反过来又促进了产业结构的调整变化。

二、较有前途的行业

(一) 全球较热门的行业

随着经济社会的不断发展,热门行业也在不断变化。下面介绍几个目前比较热门的行业。

(1) 游戏行业。游戏行业在经济低迷期表现出逆势增长的势头,主要有以下两个方面的原因:①从经济成本考虑,人们放弃了购物等费用较高的娱乐方式,选择了游戏这种比较经济的娱乐方式;②在经济低迷期,人们的情绪往往会产生较大的波动,对前途的担忧、就业的压力等使得人们急需一种轻松、愉快的娱乐方式,以减轻压力,游戏无疑是一种暂时逃避现实的方式。

(2) 网络招聘行业。如果你不幸被列入裁员名单,方便、高效、无成本的网上求职方式无疑是你找工作的最佳选择。

(3) 网购行业。网购已经成为年轻白领的一种生活方式,也是深受人们喜爱的购物方式。

(二) 21世纪我国急需的16类人才

(1) 税务会计师(会计类)。国税和地税分征等因素,使税务会计师的需求量较大。

(2) 计算机系统分析专家(计算机类)。为某一行业(如银行、医院、政府部门等)设计计算机软件与硬件,以促进各部门之间的有效沟通的计算机系统分析专家会越来越受欢迎。

(3) 软件工程师(工程类)。

(4) 环境工程师(环保类)。随着人们的环保意识不断增强,现代社会对环境工程师的需求呈现出上升趋势。

(5) 中医师(健康医药类)。由于西医对一些疑难病症的疗效不好,再加上中医具有独到之处,所以现代社会对中医师的需求不断增加。相关的热门人才为经过医学专业学习并取得执业资格的按摩师、中药师、针灸师等。

(6) 咨询经纪人(咨询服务类)。现代社会对咨询的精确程度要求提高,使该行业日益走俏。

(7) 索赔估价员(保险类)。天灾人祸的频繁出现及人们对理赔速度的要求,使索赔估价员发挥着越来越大的作用。

(8) 律师(法律类)。相关的热门人才为房地产律师。

(9) 老年医学专家(医学类)。21世纪,我国的人口老龄化问题会越来越严重,老年医学专家会越来越受欢迎。相关的热门人才为家庭医师、家庭护士。

（10）家庭护理人员（个人服务类）。来自人口老龄化及医疗超支两方面的压力，使得家庭护理成为比较重要的行业。相关的热门人才为家庭服务员。

（11）专业公关人员（公共关系类）。企业家越来越重视企业的形象设计问题，公关行业必将成为极有前途的一个行业。

（12）商业服务业务代表（推销类）。有关商业服务的独立承包商开始大批涌现，为公司承揽广告、计算机程序设计等工作。

（13）生物化学家（科学研究类）。新的药物不断地被生物化学家开发出来，人们也期望不断地出现新的开发成果。相关的热门人才为分析化学家和药理学家。

（14）心理专家（社会工作类）。人们对自身的心理健康问题越来越重视，心理学也越来越显示出其存在的价值。相关的热门人才为私人心理治疗师、家庭问题分析专家、社会问题分析专家等。

（15）旅游代理员（旅游类）。相关的热门人才为航空公司、出租车公司、客轮公司和旅馆业务代表。

（16）人力资源专家（人事类）。各种各样的竞争，归根到底是人才的竞争，因此，对人力资源专家的需求将不断增加。

任务五　职业对人才素质的要求

人力资源是企业最重要的资源，一个企业如果能适时、适质、适量地获得所需要的人才，并使其在合适的岗位上创造出良好的绩效，就能在竞争的激烈中立于不败之地。而一个人能否为企业创造良好的绩效，归根结底是由其具备的素质决定的。

一、素质的含义

素质是指决定一个人的行为习惯和思维方式的内在特质，从广义上讲，还可以包括技能和知识。素质是决定一个人能做什么（技能、知识）、想做什么（角色定位、自我认知）和怎么做（价值观、个人品质、动机）的内在特质的组合。

一个人的素质就好像一座冰山，技能和知识只是冰山露在水面上的一小部分，他的自我认知、动机、个人品质、价值观等，都潜藏在水面以下，很难判断和识别。招聘人才时，不能仅局限于考察应聘者的技能和知识，而应从应聘者的求职动机、个人品质、价值观、自我认知和角色定位等方面进行综合考虑。如果没有良好的求职动机、个人品质、价值观等素质作为支撑，能力越强，知识越全面，对企业造成的负面影响可能会越大。

二、素质评估要点

在招聘工作中,对应聘者的素质评估主要有书面测评和面试评估两种方式。书面测评适用于对一些基本技能或知识的测评,但对于一些专业人员或管理者应具备的素质,如反应能力、思维能力、学习能力、团队精神、组织协调能力、责任心等,采用书面测评方式,是很难得出有效结果的,而应采用面试评估方式。面试评估要点设计主要是指通过对提问和判断要点进行设计,将原来发散式、随机式的提问向逻辑化、规范化转变,从而提高面试的效率和质量。

部分素质的面试评估要点详述如下。

(1) 思维能力。提问(例):简单总结一下毕业以来的工作感受;谈谈你在开发某产品时的思路;请举例说明你解决某一个技术难题的过程。判断要点:思路是否清晰;是否能抓住问题的本质;是否言简意赅;分析是否准确。

(2) 服务意识。提问(例):请举例说明你是如何处理顾客的抱怨的;你是如何看待顾客的过分要求的,你是怎么处理的,请举例说明;在与顾客交往的过程中,你是否做过让他们未预料到的事情。判断要点:是否能设身处地为顾客着想;是否关注顾客的需求;对顾客抱怨的处理技巧。

(3) 心理承受能力。提问(例):你以前在工作中有没有受到过不公正的待遇,你是如何处理的;你觉得在工作中最大的压力是什么,你是如何应对的;如果这次面试你被拒绝,你会怎样做。判断要点:思考问题是否理智;是否能恰当地处理来自内部和外部的压力;是否情绪化。

三、学会做人

国际21世纪教育委员会提出了21世纪教育的四大支柱,即学会求知、学会做事、学会共处、学会做人。学会做人是四大支柱的关键和核心,也是我们每个人都要面对的问题。一个人无论有多少财富、多少知识,如果不懂得做人的道理,他是很难获得真正的成功和幸福的。西方人在评选20世纪最伟大的十大思想家时,把马克思排在了首位。马克思的思想和人格魅力永远鼓舞着一代又一代人。是金子,埋在哪里都不会失去价值;是粪土,再张扬也逃不掉被唾弃的下场。

人,从本质上讲,是社会的人。大学生一定要用《大学生日常行为规范》来鞭策和约束自己,按照德、智、体、美、劳全面发展的要求,养成良好的行为习惯,学好科学文化知识,锻炼身体,增强体质,培养高尚的审美情趣,在学校里做一个好学生,在社会上做一个好青年。正如教育家陶行知所说:"千学万学,学做真人。"学生的定义就是学会生产之技,学会生存之能,学会生活之道。

对于个人来说,学会做人,不是一时一事之功,而是一生中时时刻刻、事事处处都要面对的课题和考验。活到老,学到老,学是一辈子的事情。

(一)为什么要学会做人

人是什么?苏格拉底以为,人是有理性的动物。马克思认为,人是最名副其实的社会动物。这两句话告诉我们,人不仅有人性,也有动物性。德国有一句谚语:"人的一半是天使,一半是野兽。"恩格斯说:"人来源于动物界这一事实已经决定人永远不能完全摆脱兽性,所以问题永远只能在于摆脱得多些或少些,在于兽性或人性程度上的差异。"因此,人之所以为人在于人的社会性,其中根本的则是道德文化。荀子说得十分中肯。他说:"水火有气而无生,草木有生而无知,禽兽有知而无义,人有气、有生、有知,亦且有义,故最为天下贵也。"人是道德化的动物,人若不明道德,不行伦理,就与禽兽无别。

(二)人如何成为人

人要想成为人,就要把自己身上的动物性降到最低程度,使动物性文明化,从而不断地提升人性,即人要社会化。那么,人又该如何社会化呢?

人要想社会化,首先要把自己从一个自然人变成一个社会人,从对生存意义的茫然无知转变为明白自己生存在世间的价值;其次要把自己从一个自在的人变成一个自为的人;最后要把自己从一个愚昧的人变成一个有文化的人,也就是从浑浑噩噩的人变成认同社会的法律、道德的人。社会化的过程贯穿于人的一生之中,即从生命的开始到生命的终结。这个过程的关键在哪儿?关键在于道德化,即提高人的道德素质,学会做人的道理。可见,学会做人,是我们每一个人一生都要面对的问题。

(三)人应该成为怎样的人

学会做人的过程,就是从一个不知道道德为何物的人,变成一个有道德的人,再变成一个道德高尚的人的过程,是一个道德人格升华的过程。在这个过程中,人的德性具有决定性意义。那么,什么是最基本的德性呢?如何提升我们的道德人格呢?

儒家认为,自天子以至于庶人,壹是皆以修身为本。这句话的意思是,从君主到平民百姓,都要接受道德教育,提倡以修身为本。修身的关键在于"正心",正所谓"格物、致知、正心、诚意、修身、齐家、治国、平天下",意思是通过道德教育,达到治理国家、管理社会、训导百姓的目的。

那么,今天我们的基本德性又是什么呢?这个基本的德性就是基本道德规范,即爱国守法、明礼诚信、团结友善、勤俭自强、敬业奉献,以及由基本道德规范派生的各种德性,如宽容、节俭、勤勉、慎独、感恩、责任心等。总而言之,人要成为真正的人、道德高尚的人,就必须具有良好的德性,养成良好的行为习惯。

那么,现实社会中的实际情况又是怎样的呢?

家庭中,由于生活条件不断改善,一方面,孩子的物质生活极大改善,另一方面,有不少孩子不会自我服务,依赖性极强,他们缺乏毅力和自强精神,有些孩子甚至不懂礼貌,对集体和他人的事显得非常冷漠。家长对孩子关心最多的除了物质生活外,就是学习。

在学校,有些学生不尊敬师长,缺乏责任心,甚至表现出各种陋习,如抽烟喝酒、打架滋事、破坏公共设施等。

这些充分表明,在如何做人的问题上,我们的现状是不尽如人意的。下面举一些典型的例子加以说明。

【例1】 2000年1月17日中午,浙江省金华市第四中学一名17岁的高二学生徐力用榔头将母亲打死。这一事件震惊了全国。2000年10月30日,浙江省高级人民法院做出判决:判处徐力有期徒刑12年。

【例2】 在"爱护动物就等于珍爱自己的生命"已成为现代社会的一种基本文明理念的今天,清华大学电机工程与应用电子技术系大四学生刘海洋,为了验证"笨狗熊"的说法是否成立,先后两次把掺有火碱、硫酸的饮料,倒在5只北京动物园饲养的狗熊的身上。已通过研究生考试的刘海洋在走进北京市公安局西城分局拘留所的时候,表示对自己的行为感到非常后悔。他这种骇人听闻、严重触犯法律的行为,不仅给国家和社会带来了巨大的损失,也毁了自己的一生。

【例3】 陕西省16岁少年武飞因通宵上网,猝死在距离学校200米左右的绿岛网吧内,武飞的父亲为了不让儿子的悲剧重演,写了一篇题目为"珍惜生命,远离网吧"的文章,以自己失去儿子的切肤之痛,告诉所有人迷恋上网的危害。他说:"我希望我儿子的死能唤醒整个社会对网吧规范管理的重视,不再使学生沉迷于上网。"这一事件引起了学校、家长和社会的深思。

【例4】 2004年3月15日晚上7时30分左右,三亚市公安局河西派出所根据一名出租车司机的举报,将公安部在全国通缉的A级通缉犯马加爵抓获。马加爵是云南大学生命科学学院毕业班的学生,在与同学打麻将时,同学认为他作弊,于是发生了口角,大家就把马加爵的种种"劣迹"都说出来了,甚至说到"吃饭时,连你的老乡都不愿叫你"之类的话。这些话刺激了马加爵,使他产生了杀人的念头。他先后杀了四名同学。这四名同学的尸体被藏在宿舍内的四个衣柜里。这样的杀人动机真是令人匪夷所思。走上杀人这条路,是他长期被压抑的心理的畸形宣泄,是他孤僻、阴暗心理发展的必然结果。马加爵的父母本来期望他加官晋爵,他却上演了一出令人发指的杀人悲剧!

上述触目惊心的案例告诉我们,懂得做人的道理,学会做人,提升我们的道德人格,是一个现实而又紧迫的问题。陶行知说:"千学万学,学做真人。"他还说:"学生不应该专读书,他的责任是学习人生之道。"著名教育家陈鹤琴倡导"日行一善"。毛泽东要求我们做一个高尚的人,一个纯粹的人,一个有道德的人,一个脱离了低级趣味的人,一个有益于人民的人。这些都强调我们要学会做人。

【小资料】 易中天谈做人(见右侧二维码)。

四、高技能型人才素质培养的三个层次

根据教育的层次和职业教育的发展规律,可将高技能型人才的素质由低到高分为三个层次:第一个层次——职业技能素质;第二个层次——职场应变素质;第三个层次——专业创新素质。它们对学生的前途支持分别是就业、应变和创业。从社会经济发展对人才的要求、消费文化特征的影响与世界职业教育的发展趋势来看,这三个层次的素质的重要性是呈递增态势的。根据社会发展趋势的要求,必须在教育中对这三个层次的素质的培养进行正确的定位,并制定相应的实施策略,为打造职业院校的品牌奠定良好的基础。

近年来,在社会经济发展的推动下,我国高等教育中的职业教育发展十分迅速。就职业教育来说,它的根本任务是培养具有较强实际动手能力和职业技能的技能型人才。职业教育的定位,简而言之就是培养高技能型人才。

(一)高技能型人才素质的三个层次

1. 职业技能素质

职业技能素质是高技能型人才所应具备的最基本的素质,主要包括以下几个方面:掌握基本的职业技能操作方法和操作规范,并达到上岗所要求的熟练程度(一般以取得职业资格证书为准);树立基本的职业意识,形成与职业或岗位相对应的较完备、合理的专业知识结构等,其衡量尺度一般遵从国家制定的相关职业标准。具备这一层次的素质可以保证高技能型人才在既定的工作岗位上胜任工作,也可以使毕业生顺利就业。

2. 职场应变素质

职场应变素质是指高技能型人才灵活应对职场要求变化的能力,主要包括及时把握特定职业在职场中的发展趋势和最新动态的能力、自主学习新的职业技能的能力、掌握最先进的相关职业理念和操作方法的能力、扩大知识面的能力。具备这一层次的素质的高技能型人才不仅可以成功就业,而且在必要的时候可以顺利转岗,甚至赢得更好的职位。

3. 专业创新素质

高技能型人才同样需要具备创新能力。专业创新素质的内涵主要包括以下几个方面:不断发现现存事物的缺陷、不断发现新问题的能力;创造性地解决问题的能力;根据工作的需要提出创造性的想法,并进行具体的实践、操作和开发的能力。具备这一层次的素质可使高技能型人才的工作能力在职业生涯中得到更大的提升,并把握创业的机会,实现由单纯谋职到自身事业获得发展的重大转折。

(二)高技能型人才素质的培养

从社会经济发展的趋势来看,当今世界经济有三个显著的特点。一是经济全球化趋势越来越明显。这给各国的经济主体提供了极其广阔的市场,同时也促进了人才市场的竞争。在这种形势下,高技能型人才一方面将面对更多更好的就业机会,另一方面将面临

其他相关人才的挑战。二是经济主体间的竞争越来越激烈。各企业争相推出各种新的经营策略、管理方法、运行机制,并加速新技术、新产品的开发。这些都导致了企业对人才要求的各种变化。在这种环境下,高技能型人才不能仅仅满足于拥有最基本的素质。三是产业及产业结构不断变化。随着科学技术的飞速发展,任何行业和职业都没有绝对的稳定性,人才只有具备高层次的素质,才能更好地面对各种挑战。

从消费文化的角度来看,当代消费文化兴起于20世纪中期,进入21世纪后,其不仅在发达国家,也在发展中国家兴盛起来。目前,消费文化呈现出以下特点:①个性化消费越来越突出;②追求产品更高的效率、更多样的功能、更便捷的使用方式;③消费方式不断变化。这三个特点有一个明显的共同之处,那就是"更新"。当代消费者对"新"的疯狂追求,使创新的任务不再是少数人能包揽的了,而是要求每一个在岗员工都参与其中,将其体现在日常工作中。当代消费文化的特征对人才的要求是能快速适应社会需求的变化,具备较强的自主创新能力。在这种形势下,高技能型人才素质的培养必须把高层次的素质摆在越来越重要的位置上。

从世界职业教育的发展趋势来看,近年来,许多国家的职业教育都在根据经济形势的变化进行改革,尤其是发达国家。例如,德国根据当今产业结构与劳动组织的变化认识到,劳动者除了应具备精湛的职业技术外,还应具备许多原先只有管理者才具备的本领,因此,德国的职业教育改革以培养学生的"关键能力"为核心。又如,新加坡职业教育改革的思路一方面借鉴了德国的双元制职业教育方法,以便紧跟行业发展的需求,另一方面特别强调培养学生的创造性思维能力。

五、现代企业对人才素质的要求

在企业中,人员可划分为五种:人财、人才、人材、人在、人灾。人财是指为企业带来财富的人;人才是指在某些方面有特殊才能的人,这些人可以满足企业的某种特殊需求;人材是指有潜能的人;人在是指对企业可有可无、人在心不在的人;人灾是指给企业带来灾害的人,这种人不仅不会带来社会财富,还会消耗社会财富。人财是企业之间争夺的关键,人才是企业保护的对象,人材则需要企业通过培养使他们转化成人才,而人在和人灾,企业是不会给他们生存的空间的。

企业所需要的人才是能够对企业的生产、经营、管理及未来建设做出应有的贡献的人。企业对人才素质有着基本的要求,详述如下。

(1) 职业道德素质。职业道德素质可以说是企业人才重要的素质之一,越来越多的公司首先会看人才的职业道德素质。近年来,市场竞争越来越激烈,一个掌握着公司大量的技术信息或其他信息的人才如果缺乏职业道德,会对公司造成极大的威胁。现在许多公司在招聘人才时,要求他们提供原工作单位的工作表现证明,以了解其在以往工作中的职业道德素质水平。丹尼尔·贝尔曾说:"任何社会都不可避免的问题是个人利益和社会利益之间的关系、个人动机和社会要求之间的关系。"企业人才应当诚实守信,全心全意为人民服务,具有良好的思想道德、职业道德,以及强烈的责任感。

(2) 专业技术素质。企业人才的专业技术素质是企业形成企业竞争力的源泉之一。没有任何自然资源的瑞士之所以富有,原因之一是其职业教育和岗位培训紧密结合。在瑞士,9年义务教育结束后,即初中毕业后,学生开始分流,70%的初中毕业生会根据自己的爱好和实际情况走进职业院校。瑞士日内瓦州的一位官员说:"一个国家不能只培养科学尖子,还要培养职业尖子。"中国手表行业的某位领导在瑞士考察时发现,采用同样的零件,中国技工装配出的手表在各项指标上都没有瑞士技工装配出的手表好。因此,他得出一个结论:无论科技水平多么高,设备多么先进,都永远不能代替技工那双灵巧的手。这在一定程度上反映出我国多年来将过多的精力投注在大学生、研究生的高等教育上,而忽视对技术人才的培养的现象。一个企业不仅需要高精尖的人才,也需要大批的具有特殊技能的人才。

(3) 人际交往素质。21世纪是一个追求双赢的时代。随着世界经济的发展,社会分工越来越细化,单打独斗的无序竞争时代即将过去,你中有我、我中有你的合作竞争时代已经来临。在新的环境中,企业人才需要有较强的人际交往能力和沟通能力,既要明白自己的工作目标,也要知道别人在考虑什么、关心什么,彼此相互理解和支持,在工作中如果能经常与别人进行有效的沟通,就能避免不必要的误解和失误。在协作性很强的工作中,沉默寡言和固执己见都会影响团队的工作效率。在计划经济条件下,企业之间缺乏联系,人的作用突显不出来。如今市场竞争越来越激烈,不仅人与人之间的联系非常密切,企业与企业之间的联系也非常紧密,人际交往能力和沟通能力越来越重要。

(4) 文化素质。企业人才如果具备良好的文化素质,就可以加快对企业文化的认同,更好地为企业工作。企业应根据自身的实际情况建立一系列的行为规范,为企业的生产、经营、创新、发展营造良好的人文环境,提高内部经营活力,增强人才在市场竞争中求生存、谋发展的后劲。

(5) 更新知识的素质。知识经济时代是知识爆炸的时代,知识更新的速度越来越快。培训是企业人才学习的主要方式,是提高人才的岗位胜任能力和提高企业绩效的重要手段。企业人才只有不断地学习,才能使自己和企业保持持续的竞争力。滞后的知识和技能会在竞争中被淘汰。一个具有创造能力的人善于在工作中不断学习。人的创造能力是离不开人对新知识、新事物的吸收能力和感知能力的。我国著名教育家蔡元培先生曾说:"人才为国之元气。"如果人才缺乏创造能力,国家必然会元气大伤。

(6) 身心平衡素质。企业人才的生理健康和心理健康对企业来说是非常重要的。面对繁重的工作、复杂的人际关系,人才如果善于调节自己的身体状态和心态,就能应对工作中的各种挑战。大部分人都有过陷入无端忧虑的体验。心理学实验证明,在我们通常忧虑的事情中,40%是永远不会发生的,30%是对已经过去的事情的忧虑,12%是对别人无知的忧虑,10%与健康有关,只有8%的忧虑可列入"合理"的范围内。所以大部分忧虑是没有意义的,是对身心有害的。中国近年来经常出现的过劳死现象足以说明人的身心平衡素质的重要性。有些人往往代表的是成功、财富、名誉、智慧,是社会的中坚力量,但是和他们相关联的词语往往是过劳死、亚健康状态、心力衰竭、心理危机等。经济环境竞争的日益激烈,使得人们常常需要在各种关系中周旋,从而使人们处于过度疲劳的状态。保持身心健康非常重要,财富有多种,健康最珍贵。

(7) 抗挫折素质。成功的道路上肯定会有困难、挫折与失败。人必须有坚强的意志、良好的心理素质,只有这样,才能在竞争中谋求发展。战胜挫折的坚定信念是成就事业的重要素质。有这样一句话:"为了发现王子,你必须与无数只青蛙接吻"。"与无数只青蛙接吻"意味着无数次的失败,但也意味着更接近成功。对于企业来说,经营风险重重,但最大的风险莫过于让员工失去面对失败的勇气和信心。失败是一本书,研究透了为什么会失败,才能找到成功的窍门。只有那些经历过磨炼、有头脑、有胆识的人,才能屹立于市场经济的浪潮中。只有那些敢于面对失败,并在失败中奋起的优秀人才,才能与企业共同成长。

(8) 感受生活的素质。在未来的社会中,人不仅要具有很强的工作能力、创造财富的能力,还应该具有感受生活的能力。人生有两种智慧:获得财富和感受生活。现代社会里懂得前者的人越来越多,我们希望懂得后者的人也越来越多,只有这样,人生才会更丰富、更美好。一位大学校长在学生毕业典礼上给全体毕业生留下了耐人寻味的一段话:"在未来的世界里,方向比努力重要,能力比知识重要,健康比成绩重要,生活比文凭重要,情商比智商重要。"一个人埋头苦干,没有人生方向有什么用?一个人有名校文凭,没有生活品质有什么用?一个人成就卓越,没有健康的身体有什么用?一个人只有知识,没有感受生活的能力有什么用?这也是企业对人才素质的基本要求。

一个企业的竞争力来源于企业人才素质的不断优化。通过企业人才素质的不断提高来增强企业的竞争优势,已成为企业竞争战略的一个重要组成部分。现代企业越来越青睐以下八类人才:对企业忠诚、有归属感的人;综合素质好的人;有敬业精神和职业道德的人;有专业技术的人;沟通能力强、有亲和力的人;有团队精神的人;认同企业文化的人;带着激情去工作的人。

1. 如何理解职业对人才素质的要求中的学会做人?
2. 21 世纪我国急需的是哪 16 类人才?

项目二
自我认知与职业测验

项目导学

　　苏格拉底说:"人,首先要认识你自己!"要想获得事业上的成功,首先要认识自己,了解自身的优势和才干。常言道,人贵有自知之明。每个人都要明白自己是谁、从哪里来、现在在哪里、将来要往哪里去……

　　我们不必羡慕他人的才能,也不须悲叹自己的平庸,各人都有他的个性魅力,最重要的就是认识自己的个性,而加以发展。

——松下幸之助

任务一　自我认知

一、自我认知的内容

自我认知是对自己身心状态的认识、控制和评价。

在自我认知的过程中,首先要对自己的容貌、身材、风度、健康状况等进行正确的认知和客观的评价。其次要对自己在社会生活中的地位、名誉、财产及与他人的关系进行正确的认知和评价,如别人是怎么看待我的、我的品德和才干能否得到用人单位的认可和重视。它对个人自信心的形成有很大的影响。最后要对自己的气质、性格、能力、需要、兴趣等内在精神因素进行认知和评价。这是自我认知的核心。

二、自我认知的原则

大学生在认识自我、评价自我、接受自我的过程中应遵循以下原则。

(一) 客观性原则

大学生在认识自我时,要以客观事实为依据,尽量避免主观因素的影响。一般来讲,既要防止由于过度自卑而导致消极、悲观的心态,也要防止由于过度自尊而导致傲慢的态度。

(二) 全面性原则

大学生在认识自我、评价自我时,应对自己做出整体认知和综合判断,同时要把自身放在社会对人才的整体要求的系统中去认识与评判。只有这样,才能全面、正确地反映自己的整体素质状况,做出实事求是的自我认知与自我评价。

(三) 发展性原则

大学生在刚迈向社会时,可塑性最强,潜能最容易被挖掘。因此,大学生在认识自我的过程中,要对自己的发展潜力做出适当的评估,要用发展的眼光来看自己,衡量自己在知识结构、工作兴趣、工作能力等方面会有什么样的发展,并把它作为选择职业的依据。这种预测性的自我认知十分重要,预测的准确性越高,职业选择就越准确,自我发展的空间就越广阔。如果缺乏这种预测性的自我认知,目光短浅,往往会走入职业选择的误区,对自己今后的发展也不利。因此,每个大学生都要用发展的眼光来审视自己、分析自己、评价自己,对自己的过去、现在和将来进行合理的定位。

(四)稳定性原则

大多数人在青年时期还没有形成稳定的自我形象,常因一个小小的过失或他人的否定而心灰意冷,也会因为一次小小的成功或他人的表扬而骄傲。大学生在评价自己时,要尽量避免情绪的波动导致自我评价的过度浮动。如果一个人对自己的评价忽高忽低,只能说明他的情绪不稳定,这种忽高忽低的评价也会与现实自我相差甚远。

(五)现实性原则

大学生常处于理想自我和现实自我的矛盾中。理想自我是指希望自己将来成为一个怎样的人,现实自我是指自己现在是一个怎样的人,处于怎样的现实环境中。由于大学生涉世未深,理想自我往往带有很强的幻想性,实现的可能性较小。以理想自我去认识和评价现实自我,必然会产生理想自我与现实自我之间的矛盾。要想解决这一矛盾,就要立足于现实,紧紧把握住现实自我,减少理想自我对现实自我评价的负面影响,避免出现焦虑、抑郁、自暴自弃、怨天尤人等心理困扰。

三、自我认知的途径和方法

人的个性是由许多稳定的心理特征组成的,有的心理特征和别人的相似或相同,有的心理特征则是个人所特有的。虽然人们的个性千差万别,但它是客观存在的,有章可循。大学生一般可以采用自省、他评和心理测验三种途径来认识自我。

(一)自省

通过自省,分析自己的行动结果,可以达到认识与评价自我的目的。比如,个性具有可塑性,人们通过自我反省,可以逐渐培养自己的个性,扬长避短。大学生应该经常把自己作为认知对象,观察自己,剖析自己,从而明确自己的优点和缺点,充分发挥自己的特长。

(二)他评

人们在相互交往的过程中,会观察、认知、评价他人,同时接受他人对自己的评价。大学生在学习和择业过程中,要虚心听取父母、老师、朋友的意见,了解他们对自己的评价,这对大学生正确认识自己,正确选择职业是很有益的。当然,对别人的评价,要客观分析、正确面对。

(三)心理测验

心理测验是心理学中研究个体行为特征的重要手段。各种各样的心理测验都能使人们更好地了解自己。例如:职业兴趣测验和职业价值观测验可以帮助人们了解自己的职业偏好;性格测验和能力测验可以帮助人们更好地了解自己的性格特点和综合能力。

四、自我认知对职业生涯的影响

（一）认识自我，实现人职匹配

职业心理学家勃兰特曾经做过一个实验。他追踪调查了一批大学毕业生，对他们的个性、学习成绩、智力与毕业五年后的收入进行了比较。调查结果显示，事业成功和智力的相关度是 0.18，和学习成绩的相关度是 0.32，和个性的相关度是 0.72。这个实验表明事业成功与否与个性有很大关系。也就是说，一个人所做的工作与自己的个性越匹配，事业成功的可能性就越大。

认识自我是求职择业的第一步。大学生只有准确地了解自己的个性特点，同时掌握一定的职业信息，才能够做出最佳的职业选择，进而实现人职匹配，增加未来的职业适应度和工作满意度。

（二）认识自我，实现事业成功

个性是职业生涯成功的最大宝藏。个性作为人的一种内在特质，散发着一个人内心深处的活动气息，是人生获得成功的通行证。因此，真正了解自己的个性与兴趣，接受相关的知识教育，不仅可以使人们在从事相关职业时很容易取得成功，而且会使人们有较强的成就感。大学生只有充分认识自我，挖掘自身的潜力，才能让自己的职业生涯有意义，实现事业成功。

俗话说，导人必因其性，治水必因其势。人的个性与职业密切相关，如果个性与职业匹配，则职业会带给人们乐趣和成功的机会。

任务二　职业性格测验

一、性格概述

俗话说，习惯决定性格，性格决定命运。性格是一个人对现实的态度和行为方式，也就是个性。人的性格是在社会生活环境和人与人的交往中形成的，一旦形成，就相对稳定。如果我们了解一个人，一般可以预料他在某种情况下会表现出什么样的态度。例如，诸葛亮由于了解司马懿多疑、优柔寡断的个性，断定司马懿一定会迅速退兵，才敢用空城计退敌。了解了一个人的个性，你就掌握了主动权，在为人处世方面就很容易获胜。另外，性格也具有可塑性。父母的性格会影响孩子的性格。人们为了能够更好地适应环境，其性格或多或少会随着生活环境的变化而发生变化。大学生要有意识地培养和塑造自己的个性。

由于性格具有复杂性,所以至今还没有一种公认的、统一的性格分类标准。常见的分类方式有以下几种:根据知、情、意把性格分为理智型性格、情绪型性格和意志型性格;根据个人的心理倾向把性格分为外向型性格和内向型性格;根据个人独立的程度把性格分为独立型性格和顺从型性格;根据个人的生活方式把性格分为理论型性格、经济型性格、审美型性格、社会型性格、权力型性格和宗教型性格。性格内向的人善于思考,遇事沉着、谨慎,但思想狭隘,容易产生自卑感。性格外向的人性格爽朗,遇事不怯场,反应快,但缺乏计划性和坚持性,往往凭兴趣办事。内向型性格和外向型性格,没有好坏之分,各有长短。有人据此把内向型性格和外向型性格各分为五种,这些性格具有不同的特点,如表2-1所示。

表2-1 性格的类型

内向型性格		外向型性格	
孤独型性格	沉默寡言、谨慎、消极、孤独	社交型性格	爽朗、积极、能言善辩
思考型性格	善于思考、深入钻研、提纲挈领	行动型性格	说干就干、易变化、好动
丧失自信型性格	自卑、自责	过于自信型性格	瞧不起别人、过高地估计自己
不安型性格	清高、谨慎	乐天型性格	胆量大、大方、不拘小节
冷静型性格	谨慎、稳重	感情型性格	敏感、喜怒哀乐变化无常

一项调查显示,性格外向的人求职的成功率高于性格内向的人,这是因为性格外向的人更善于展示自己,特别是展示自己的长处,性格内向的人也许有真才实学,但是由于他们不善于展示自己,所以面试人员无法通过感性印象认识他们。走上工作岗位后,性格内向的人可能会因为踏实、稳重而受到赞赏和重视。

二、性格与职业

大学生在选择职业时,要考虑自己的性格,选择适合自己的性格特点的职业。一般来说,性格外向的人比较适合从事与热情、开朗、自信等性格特点相称的职业,他们喜欢与外界接触;性格内向的人比较适合从事稳定的、不需要过多地与人交往的职业,他们喜欢独立开展自己的工作。

案例分析

2010年12月,贵州工业职业技术学院计算机应用专业的一个学生通过在网上投简历,有幸参加了上海的一家信息公司的面试,在20名应聘者中,他成功地成为被录用的四个人中的一个。他的学校不出名,他也没有工作经验,笔试时有七道题,他答错了三道,但是面试时他的一句话打动了面试人员,他说:"我性格外向,人际沟通能力强,团队合作意识强,请给我一次机会,我会让你们满意的。"于是,他被该公司告知试用15天。另外三位被录用的毕业生分别来自复旦大学、华东师范大学和上海交通大学。

该公司在开发一个投资很大、前景很好的项目。他被分到了编程组。在进入公司后的第五天,他发现由于编程组和页面组的人都埋头苦干,互相缺少沟通和交流,所以在双方衔接时出现了很多问题,同时导致了一些不必要的矛盾,老板为此感到很生气。他的编程能力并不是很强,除了加班加点地完成老板分配给他的任务外,他还主动和页面组的领导沟通。15天的试用期结束后,复旦大学的那个毕业生,虽然编程能力很强,但内向、孤独的性格使他在工作时表现出了消极、被动和固执的特点,首先被老板炒了鱿鱼。在接下来的5个月的时间里,另外两个名牌大学的毕业生也被炒了鱿鱼。而这个来自普通院校的毕业生随着和老板的沟通与交流的增多,老板对他的信任和赏识逐步加深。他还被任命为项目经理,负责老板和员工之间的沟通与联络。2011年6月,老板通知他,9月份将派他和另外两名员工一起去美国西雅图开展该项目第二阶段的工作,一次性签约三年,年薪不低于6万美元。

到美国从事软件开发工作,是很多计算机专业学生的梦想,而他在很大程度上凭借自己的性格优势获得了这样的机会。

点评:大学生在求职、工作时,如果善于利用自己的性格优势,扬长避短,同时发挥自己的主观能动性,就很容易获得用人单位的认可。

三、性格测验

由于环境因素和人为因素的影响,要想判断一个人的性格,就需要进行系统的观察和研究,从多种行为方式中选择出典型的行为动机。我们可以采用人格量表来测量自己的性格。下面介绍一种国内常用的气质量表——陈会昌气质量表。

陈会昌气质量表包含四种气质类型,每种气质类型有15道题目,共有60道题目,要求被试按指导语的要求回答问题。

指导语如下。

本测验共有60道题目,只要你根据自己的实际情况如实回答,就能帮助你确定自己的气质类型。在回答问题的过程中,你必须做到以下几点:① 回答问题时,不要考虑应该怎么样,而要根据自己的实际情况如实回答,因为答案没有正确与错误之分;② 回答问题要迅速,不要在某道题上花过多的时间;③ 每一道题都必须回答;④ 在回答问题时,你认为很符合自己情况的记2分,较符合自己情况的记1分,介于符合与不符合之间的记0分,较不符合自己情况的记−1分,完全不符合自己情况的记−2分。

题目如下。

(1) 做事力求稳妥,不做没有把握的事。
(2) 遇到让自己生气的事就怒不可遏,把心里话全说出来才痛快。
(3) 喜欢一个人干活,不愿意和很多人在一起。
(4) 到一个新的环境中很快就能适应。
(5) 厌恶那些强烈的刺激,如尖叫、噪声等。
(6) 和别人争吵时,总是先发制人,喜欢挑衅。
(7) 喜欢安静的环境。
(8) 善于和别人交往。
(9) 羡慕那种善于克制自己的感情的人。
(10) 生活有规律,很少违反作息制度。
(11) 在多数情况下能保持乐观的情绪。
(12) 面对陌生人时觉得很拘束。
(13) 遇到令人气愤的事,能很好地自我克制。
(14) 做事情时总是有旺盛的精力。
(15) 遇到问题时,常常举棋不定,优柔寡断。
(16) 在人群中从不觉得过分拘束。
(17) 情绪高昂时,觉得干什么都有趣;情绪低落时,觉得干什么都没有意思。
(18) 当我将注意力集中于一件事物时,别的事很难使我分心。
(19) 理解问题总是比别人快一些。
(20) 遇到危险时,常常感到极度恐惧。
(21) 对学习、工作、事业怀有很高的热情。
(22) 能够长时间做枯燥、单调的工作。
(23) 感兴趣的事情,干起来劲头十足,否则就不想干。
(24) 一点小事就能引起情绪波动。
(25) 讨厌做那种需要耐心的工作。
(26) 与人交往时不卑不亢。
(27) 喜欢参加集体活动。
(28) 爱看描写人物内心活动的文学作品。
(29) 工作、学习时间长了,常感到厌倦。
(30) 不喜欢长时间谈论一个问题,愿意动手做实际的工作。
(31) 喜欢侃侃而谈,不喜欢窃窃私语。
(32) 别人说我总是闷闷不乐。
(33) 理解问题总是比别人慢一些。
(34) 疲倦时只要休息一下,就能精神抖擞,重新投入工作。
(35) 不愿意把心里话说出来。
(36) 认准一个目标,就希望尽快实现,不达目的,誓不罢休。

(37) 学习、工作同样长的时间,常常比别人更疲倦。
(38) 做事有点莽撞,常常不考虑后果。
(39) 老师或师傅讲授新知识、新技术时,总是希望他讲得慢一些,多重复几遍。
(40) 能够很快地忘记那些不愉快的事情。
(41) 做作业或完成工作所花的时间总是比别人多。
(42) 喜欢运动量大的体育活动,喜欢参加各种文艺活动。
(43) 不能很快地把注意力从一件事转移到另一件事上去。
(44) 接受一项任务后,希望能迅速完成。
(45) 认为墨守成规比冒风险强一些。
(46) 能够同时注意几件事物。
(47) 当我烦闷的时候,别人很难使我高兴起来。
(48) 爱看情节跌宕起伏、激动人心的小说。
(49) 对工作认真、严谨。
(50) 和周围的人的关系总是不好。
(51) 喜欢复习学过的知识,重复做已经会做的工作。
(52) 希望做富于变化的工作。
(53) 小时候会背的诗歌,我似乎比别人记得更清楚。
(54) 别人觉得我说话伤人,可是我并不觉得是这样。
(55) 在体育活动中,常因反应慢而落后。
(56) 反应敏捷,头脑灵活。
(57) 喜欢做不是很麻烦的工作。
(58) 兴奋的事常使我失眠。
(59) 老师讲新概念时,常常听不懂,但弄懂以后就很难忘记。
(60) 假如工作不顺利,马上就会情绪低落。

评分与判断气质类型的步骤详述如下。

(1) 把每题的得分填入表2-2中。
(2) 计算每种气质类型的总得分。
(3) 确定气质类型。

① 如果某类气质的得分明显高于其他三类气质的得分(高出4分以上),则可以确定为该类气质。如果该类气质的得分超过20分,则为典型型;如果该类气质的得分为10~20分,则为一般型。

② 如果两类气质的得分接近(差异低于3分),且明显高于其他两类气质的得分(高出4分以上),则可以确定为这两类气质的混合型。

③ 如果三类气质的得分接近,且明显高于第四类气质的得分,则可以确定为这三类气质的混合型。

④ 如果四类气质的得分接近,则可以确定为四类气质的混合型。

表 2-2 陈会昌气质量表记分表

胆汁质	题号	2	6	9	14	17	21	27	31	36	38	42	48	50	54	58	总得分
	得分																
多血质	题号	4	8	11	16	19	23	25	29	34	40	44	46	52	56	60	
	得分																
黏液质	题号	1	7	10	13	18	22	26	30	33	39	43	45	49	55	57	
	得分																
抑郁质	题号	3	5	12	15	20	24	28	32	35	37	41	47	51	53	59	
	得分																

　　胆汁质又称为不可抑制型。这种气质类型的人精力旺盛,反应敏捷,乐观大方,但性急,没有耐心,热情忽高忽低。这种人适合从事具有刺激性、挑战性的工作,如导游、节目主持人、推销员、演员、模特等,不适合从事需要整天坐在办公室里的工作。

　　多血质又称为活泼型。这种气质类型的人适应能力强,善于交际,在新的环境中能应对自如,反应迅速而灵活,办事效率高,但注意力不集中,兴趣容易转移。这种人的职业选择范围较广,如新闻工作者、服务员、咨询员等。这种人一般不适合做单调的工作。

　　黏液质又称为安静型。这种气质类型的人踏实、稳重,注意力集中,但是不够灵活,并且不善于转移注意力。这种人适合做管理人员、办公室文员、会计、出纳、播音员等,不适合做具有挑战性的工作。

　　抑郁质又称为易抑制型。这种气质类型的人感情细腻,做事小心谨慎,善于发现别人发现不了的细节,但是这种人适应能力较差,易疲劳,行动迟缓。这种人适合做保管员、化验员、排版员、保育员、研究员等,不适合做需要与各种人打交道、大量消耗体力和脑力的工作。

案例分析

　　张辉是某研究所的一名很有前途的专职研究人员。在进入研究所之前,他曾是一位大学老师。小张的气质属于黏液质类型,他善于思考,喜欢安静的工作环境,语言表达能力较差。他研究生毕业后进了一所大学当老师。尽管他很有学问,也很爱学生,但是他一走上讲台就会发抖,满肚子的学问讲不出来,学生对他的意见很大。后来他来到研究所工作,成了一名很有前途的专职研究人员,取得了显著的成绩。

　　点评:一个人的气质对他的职业生涯有很大的影响。大学生应该通过一定的途径,了解自己的气质类型,然后尽量选择一份人职匹配的工作。

项目二 自我认知与职业测验

任务三　职业兴趣测验

兴趣是人们力求认识、探究某种事物的心理倾向。它可以使人对有趣的事物进行关注和探索,可以使人适应环境,对生活充满热情,对丰富知识、开发智力也具有重要意义。

兴趣可以分为物质兴趣(对鲜美的食物、漂亮的衣服等的兴趣)和精神兴趣(对文学、哲学、科学等的兴趣),也可以分为直接兴趣(对活动本身的兴趣)和间接兴趣(对活动结果的兴趣)。

一、兴趣与职业

兴趣是最好的老师。一个人如果能够从事自己感兴趣的工作,工作对他来讲就是一种乐趣,而不是一种负担。职业兴趣对人的职业活动有着重要的影响。在选择职业时,人们总是会把自己是否对这个职业感兴趣作为考虑因素之一。从事自己感兴趣的职业活动,可以使人们在良好的体能、智能、情绪状态下完成工作,并且可以使人们在追求职业目标的过程中表现出坚定的意志。因此,大学生应该培养自己在多方面的兴趣和爱好,努力发展自己的专长,从而使自己在选择职业时,既有一个较宽的选择范围,又有一个明确的发展方向。

案例分析

瑞玲是某职业技术学院机械设计与制造专业大三的学生,她认为自己缺乏这方面的天赋,对机械、模具实在是没有什么兴趣。读这个专业是填报志愿时接受调剂的结果,完全不是她的意愿,她本来是想选择市场营销专业的,可是事与愿违。她是一个性格活泼、头脑灵活的女孩,但是现在每天要对着一些枯燥无味的机械图,她不知道该怎么应对才好。每当上课的时候,瑞玲就很容易分心。这样一来,她的专业成绩就可想而知了,补考是意料中的事了。想到自己还有两年就要毕业了,她有点着急了,她担心自己再这样下去,可能连毕业证都拿不到,更不用说就业了。瑞玲很想找到解决问题的办法,于是向就业指导老师咨询。

就业指导老师也看到了问题的严重性,不喜欢自己所学的专业,但是专业又偏偏关系到她的将来,如果再不解决的话,她的前途的确令人担忧。

就业指导老师首先告诉瑞玲不能轻易放弃自己所学的专业。虽然她不喜欢机械设计与制造专业,但是如果她放弃本专业,不仅大学毕业证难拿到,而且对以后求职也会有影响。在职场中,企业看重的是从业人员的专业知识,专业知识才是从业人员在职场中的核心竞争力。所以不管怎么样,她都不可以轻易放弃自己所学的专业。其次,通过测评,就业指导老师发现瑞玲确实具有市场营销人员的职业气质,于是建议她利用自己的职业气质,发展自己的职业兴趣,为以后求职积累经验。最后,就业指导老师建议瑞玲在掌握专业知识的前提下,学习市场营销方面的知识,并积累这方面的经验。这样的话,她不仅可以拿到毕业证,以后就业的问题也解决了,她可以将模具产品的市场营销作为她的一个职业方向。

> 点评:大学生一定要了解自己的职业兴趣,结合自己的职业兴趣进行职业定位。职业兴趣能够使人在逆境中保持工作激情。只有把自己的兴趣与工作高度结合起来,才能创造出最高的价值。

二、霍兰德职业兴趣理论

霍兰德是美国约翰·霍普金斯大学的心理学教授,也是美国著名的职业指导专家。他在1959年提出了具有广泛社会影响的职业兴趣理论。

霍兰德职业兴趣理论的实质在于劳动者与职业的相互适应。霍兰德认为,同一类型的劳动者与职业互相结合,就是达到了适应状态。霍兰德将劳动者与职业分为六种类型,即现实型、研究型、艺术型、社会型、企业型、常规型,如表2-3所示。劳动者与职业的匹配是提高职业满意度的基础。

表 2-3 劳动者与职业的类型

类 型	劳 动 者	职 业
现实型	这种类型的人具有顺从、坦率、谦虚、自然、坚毅、有礼貌、害羞、节俭等特征。其行为表现具有以下特点:①愿意使用工具从事操作性工作;②动手能力强,做事手脚灵活,动作协调;③不善言谈,不善交际	主要是指各类工程技术工作、农业工作。 主要职业:工程师、技术员、机械操作工人、维修工人、安装工人、矿工、木工、电工、鞋匠、司机、测绘员、描图员、农民、牧民、渔民
研究型	这种类型的人具有谨慎、独立、聪明、内向、谦逊等特征。其行为表现具有以下特点:①求知欲强,肯动脑筋,善于思考,不愿意动手;②喜欢富有创造性的工作;③知识渊博,有才能,不善于领导他人	主要是指科学研究工作。 主要职业:自然科学和社会科学方面的研究人员、专家;化学、冶金、电气等方面的工程师、技术人员
艺术型	这种类型的人具有冲动、独立、情绪化、理想化、不顺从、有创意等特征。其行为表现具有以下特点:①喜欢以各种艺术形式的创作来展现自己的才能,实现自身的价值;②具有特殊的艺术才能;③乐于创作与众不同的艺术作品,渴望表现自己的个性	主要是指各类艺术创作工作。 主要职业:音乐、舞蹈、戏剧等方面的演员、教师;文学、艺术方面的评论员;家具、珠宝、房屋装饰等行业的设计师

续表

类　型	劳　动　者	职　业
社会型	这种类型的人具有友善、慷慨、仁慈、善解人意、理想主义、富有洞察力等特征。其行为表现具有以下特点：①喜欢从事为他人服务和教育他人的工作；②喜欢参与解决人们共同关心的社会问题；③比较看重社会义务和社会道德	主要是指各种直接为他人服务的工作，如医疗服务、教育服务、生活服务等。 主要职业：教师、保育员、行政人员、医护人员、服务行业的管理人员
企业型（事业型）	这种类型的人具有爱冒险、冲动、乐观、自信、善于交际等特征。其行为表现具有以下特点：①具有领导才能；②喜欢竞争，敢于冒险；③喜欢权力、地位和物质财富	主要是指那些组织与领导他人共同完成组织目标的工作。 主要职业：企业家、部门和单位的领导者
常规型	这种类型的人具有顺从、谨慎、坚毅、稳重、缺乏想象力等特征。其行为表现具有以下特点：①喜欢按计划办事，习惯于接受他人的指挥和领导；②不喜欢冒险和竞争；③工作踏实，忠诚可靠，遵守纪律	主要是指各类与文件、档案、图书资料、统计报表相关的工作。 主要职业：会计、出纳、统计员、打字员、秘书、图书管理员、保管员、邮递员

三、霍兰德职业兴趣测验

霍兰德职业兴趣测验问卷共有90道题目，对于每道题目，要求被试根据自己的实际情况进行回答，如果符合实际情况，就打"√"，否则打"×"，不要漏答。

题目如下。

（1）强壮而敏捷的身体对我来说很重要。

（2）我必须了解事情的真相。

（3）我的心情受音乐、色彩的影响极大。

（4）和他人的关系丰富了我的生命并使我的生命有意义。

（5）我相信自己会成功。

（6）我做事时必须有清楚的指引。

（7）我擅长自己制作、修理东西。

（8）我可以花很长时间去想通事情的道理。

（9）我非常重视环境是否美丽。

（10）我愿意花时间帮别人解决个人危机。

（11）我喜欢竞争。

(12) 我在开始一项工作前会花很多时间去计划。
(13) 我喜欢使用双手做事。
(14) 我喜欢探索新事物。
(15) 我总是寻求新方法来发挥我的创造力。
(16) 我认为让别人分担自己的焦虑是很重要的。
(17) 成为群体中的关键人物,对我来说很重要。
(18) 我对自己能重视工作中的所有细节感到骄傲。
(19) 我不介意工作时把手弄脏。
(20) 我认为教育是一个开发脑力的过程。
(21) 对于衣服,我喜欢尝试新颜色和新款式。
(22) 我常常能发现别人想要和他人沟通的需要。
(23) 我喜欢帮助别人不断改进。
(24) 我在做决策时,通常不愿冒险。
(25) 我喜欢购买小零件,并用这些小零件做成成品。
(26) 我可以长时间地阅读、玩拼图游戏或思考生命的本质。
(27) 我有很强的想象力。
(28) 我喜欢帮助别人发挥才能。
(29) 我喜欢监督别人完成工作。
(30) 在面对新环境之前,我会做好充分的准备。
(31) 我喜欢独立完成一项任务。
(32) 我渴望阅读可以引发我的好奇心的读物。
(33) 我喜欢创新。
(34) 如果我和别人发生摩擦,我会不断地尝试化干戈为玉帛。
(35) 要想成功,就必须制定很高的目标。
(36) 我不喜欢对重大决策负责。
(37) 我喜欢直言不讳,不喜欢转弯抹角。
(38) 我在解决问题前,必须认真地分析问题。
(39) 我喜欢重新布置我的房间,使它们与众不同。
(40) 我经常借着和别人交谈的机会来解决自己的问题。
(41) 我经常起草计划,而细节由别人完成。
(42) 准时对我而言非常重要。
(43) 从事户外活动让我神清气爽。
(44) 对于所有事情,我喜欢问为什么。
(45) 我希望自己的工作能够抒发我的感情。
(46) 我喜欢帮助别人找出可以让他们关注其他事情的方法。
(47) 参与重大决策是一件令人兴奋的事。

(48) 我喜欢有条不紊地开展工作。

(49) 我希望周围的环境简单而实际。

(50) 我会不断地思考一个问题,直到找到答案为止。

(51) 大自然的美深深地触动了我的灵魂。

(52) 亲密的人际关系对我来说很重要。

(53) 升迁和进步对我来说很重要。

(54) 当我把每天的工作计划好时,我会比较有安全感。

(55) 我不怕工作繁忙,并且我知道工作的重点是什么。

(56) 我喜欢阅读能使我思考的书。

(57) 我期望看到艺术表演和好电影。

(58) 我对别人的情绪低潮相当敏感。

(59) 能影响别人使我感到兴奋。

(60) 当我答应别人做一件事时,我会尽力处理好所有细节。

(61) 我希望体力劳动不会伤害任何人。

(62) 我希望能学习所有我感兴趣的东西。

(63) 我希望能做一些与众不同的事。

(64) 我喜欢帮助别人。

(65) 我愿意冒险以求进步。

(66) 当我遵守规则时,我感到很安全。

(67) 我选车时,最先关注的是引擎。

(68) 我喜欢能引起我思考的对话。

(69) 当我从事创造性活动时,我会忘掉一些旧经验。

(70) 我非常关注社会上那些需要帮助的人。

(71) 说服别人按照计划行事是一件有趣的事。

(72) 我擅长检查细节。

(73) 我通常知道如何应对紧急事件。

(74) 阅读新书是一件令人兴奋的事。

(75) 我喜欢美丽、不平凡的事物。

(76) 我经常关心孤独、不友善的人。

(77) 我喜欢讨价还价。

(78) 我花钱时小心翼翼。

(79) 我会通过运动来使自己的身体更强壮。

(80) 我经常对大自然的奥秘感到好奇。

(81) 接触新事物是一件相当有趣的事。

(82) 当别人向我诉说他的困难时,我是一个好听众。

(83) 遭遇失败时,我会再接再厉。

（84）我需要确切地知道别人对我的要求是什么。
（85）我喜欢把东西拆开，看是否能够将其修好。
（86）我喜欢认真思考后再做决定。
（87）没有美丽事物的生活，对我而言是不可思议的。
（88）人们经常告诉我他们遇到的问题。
（89）我常常通过网络和别人取得联系。
（90）我做事小心、谨慎。

表 2-4 中的数字代表问卷中的题号，请你将自己的答案（"√"或"×"）写在相应的数字上。

表 2-4 霍兰德职业兴趣测验记分表

现 实 型	研 究 型	艺 术 型	社 会 型	企 业 型	常 规 型
1	2	3	4	5	6
7	8	9	10	11	12
13	14	15	16	17	18
19	20	21	22	23	24
25	26	27	28	29	30
31	32	33	34	35	36
37	38	39	40	41	42
43	44	45	46	47	48
49	50	51	52	53	54
55	56	57	58	59	60
61	62	63	64	65	66
67	68	69	70	71	72
73	74	75	76	77	78
79	80	81	82	83	84
85	86	87	88	89	90

算出每种类型打"√"的项目的总数，并将其填在下面的横线上。

现实型_____ 研究型_____ 艺术型_____
社会型_____ 企业型_____ 常规型_____

将上述总数按照从高到低的顺序排好，填在下面的横线上。

第一高分_____ 第二高分_____ 第三高分_____
第四高分_____ 第五高分_____ 第六高分_____

算出每种类型打"×"的项目的总数，并将其填在下面的横线上。

现实型_____ 研究型_____ 艺术型_____
社会型_____ 企业型_____ 常规型_____

将上述总数按照从高到低的顺序排好，填在下面的横线上。

第一高分_____　　　第二高分_____　　　第三高分_____
第四高分_____　　　第五高分_____　　　第六高分_____

霍兰德职业兴趣理论注重个人特质与未来工作的配合,被试得到一组测验结果后,可按照一定的方向继续进行职业生涯方面的探索,这样有助于个体根据自己的职业兴趣,在特定的职业群里主动、积极地进行探索。

任务四　职业能力测验

生活中,我们常常听到有人这样评价别人:"他真聪明""他真能干"……这里所说的"聪明""能干",就是我们所说的"能力"。一个图书管理员,能够在许多图书中,迅速而准确地找出读者所需要的图书,这就是一种能力;一个经验丰富的纺织工人,能够运用自己的双眼,分辨出40多种浓淡不同的黑色色调,这也是一种能力。从心理学角度来讲,能力指人们得以从事某项活动的前提条件,即一个人能干某种事。能力是个性结构特征中的效能系统,关系到心理活动和行为的效率。

一、能力的分类

能力包括一般能力和特殊能力。一般能力,是指一个人完成大多数活动所必备的能力,包括观察能力(对事物的观察、理解和判断等)、记忆能力(记忆的速度、准确性、持久性等)、思维能力(对事物的分析、综合、抽象和概括等)、想象能力(想象的生动性、新颖性等)和语言表达能力(语言的丰富性、流畅性等)。这些能力集中体现在认知活动中。特殊能力,是指顺利完成某种特殊活动所必备的能力,如动手能力、机械操作能力、绘画能力、音乐能力、写作能力等。这些能力与某些职业活动紧密相关。在人成长的过程中,一般能力和特殊能力有机结合,一般能力是各种特殊能力形成和发展的基础,而特殊能力也会促进一般能力更好地发展与表现。人们要想高效地完成各项活动,实现预期目标,既要以一般能力作为基础,又要具备一定的特殊能力。

二、能力与职业的关系

大学生正确认识自己的能力,是进行职业生涯规划的重要前提。一个人的能力必须与他所从事的职业相匹配。比如:要想当教师,就必须有较强的语言表达能力;要想从事市场营销活动,就必须有较强的人际沟通能力。

三、普通能力倾向成套测验

能力测验的方法有很多种,使用较多的是普通能力倾向成套测验(简称 GATB)。

GATB 能对九种能力因素进行测量与评定(见表 2-5),适用于就业指导,也可作为招聘时的参考。这套测验包括 12 个分测验,测验时间为 120～130 分钟。

表 2-5　GATB 对九种能力因素的测验

代　号	名　　称	测验构成(编号)	能 力 分 类
G	智能	(3),(4),(6)	学习能力
V	文字能力	(4)	学习能力
N	数字能力	(2),(6)	学习能力
S	空间知觉能力	(3)	知觉能力
P	形状知觉能力	(5),(7)	知觉能力
Q	书写知觉能力	(1)	知觉能力
K	运动协调	(8)	操作能力
M	手腕灵巧度	(9),(10)	操作能力
F	手指灵巧度	(11),(12)	操作能力

GATB 的 12 个分测验详述如下。

(1) 名称比较。要求学生指出给出的两个名称是否完全一样,如果不一样,指出它们的不同之处。

(2) 计算。要求学生迅速地进行简单试题的运算。

(3) 三维空间。在一个平面图上标出虚线,要求学生指出按虚线折叠,可以折成四个三维图形中的哪一个。

(4) 词汇。要求学生在四个一组的单词中找出同义词或近义词。

(5) 工具图形匹配。给学生一个工具图形作为刺激物,要求他们从几个差别很小的图形中选出与刺激物相同的图形。

(6) 算术应用。要求学生理解用文字叙述的应用题并进行计算。

(7) 形状匹配。给学生一张图纸作为刺激物,图纸上有各种形状的图案,要求学生在应答表上把与刺激物形状相同的图案选出来。

(8) 做记号。要求学生在纸上的一组格子中用笔画一个特定的符号,然后在 60 秒内准确填写该符号所占的格子的数目。

(9) 放置。有两块板子,上面有若干个孔,其中一块板子的孔内插满栓子,要求学生用双手把栓子移到另一块板子的孔内。测验需做三次,根据三次移动的栓子的总数进行评分。

(10) 转动。仍旧用测验(9)中的两块板子,要求学生用比较灵活的那只手从一块板子上拔出栓子,旋转180°后,把这个栓子的另一端插到另一块板子的孔内。测验需做三次,根据三次转动的栓子的总数进行评分。

(11) 装配。一块板子的两头各有50个孔,在其中一头的每一个孔里放有一个铆钉,另外还提供了垫圈。要求学生用一只手拿起一枚铆钉,另一只手拿起一个垫圈,把垫圈套在铆钉上,然后把它们装到这块板子的另一头相应的孔内,在90秒内,要尽可能多地把铆钉和垫圈装配起来并装入孔内,根据装配的件数进行评分。

(12) 拆卸。在90秒内,要求学生拆卸测验(11)中装配好的铆钉和垫圈,然后把它们放回最初的位置,根据拆卸的件数进行评分。

以上12个分测验中,测验(1)~(8)为书面测验,测验(9)~(12)为器具测验,所有测验在很大程度上属于速度性测验。

1. 采用陈会昌气质量表分析你的气质类型。
2. 采用霍兰德职业兴趣测验分析你适合从事的职业。

项目三

职业生涯规划

项目导学

  当代大学生必须充分利用大学时光,认识自己、社会与职业,做好职业生涯规划。大学阶段是职业生涯的准备阶段,在这个阶段,大学生应该了解自我、分析自我、发展自我、规划自我。有了科学、合理、符合自身特点的职业生涯规划,才会有明确的人生发展方向。

  在职业生涯发展的道路上,重要的不是你现在所处的位置,而是你迈出下一步的方向。

——程社明

任务一　职业生涯规划的基本概念

一、生涯的含义及特征

生涯指从事某种活动或职业的生活经历,如舞台生涯、体育生涯。生涯具有以下六个特征。

(1)方向性。生涯是生活里各种事态连续演进的方向。
(2)时间性。生涯的发展是一个连续不断的过程。
(3)空间性。生涯以事业角色为主轴,同时包括了其他与工作有关的角色。
(4)独特性。每个人的生涯发展是独一无二的。
(5)现象性。只有在人们寻求生涯的时候,生涯才存在。
(6)主动性。人是生涯的主动塑造者。

二、职业生涯的含义

职业生涯又称为事业生涯,是指个体职业发展的历程。职业生涯是一个人一生中所有与职业相关的行为、活动,以及相关的态度、价值观、愿望等的连续性经历的过程,也是一个人一生中职业、职位变迁及职业目标实现的过程。简单地说,职业生涯就是一个人一生的工作经历。

一般,我们认为,职业生涯开始于就业前的职业学习和培训,终止于退休。职业的选择,对于每个人的重要性是不言而喻的。

三、职业生涯规划的含义

职业生涯规划是指结合自身条件和现实环境,确立职业目标,选择职业道路,制订相应的培训、教育和工作计划,并按照职业生涯发展的阶段制订具体的行动方案,以实现职业目标。它是个人在对职业生涯的主、客观条件进行分析的基础上,对自己的兴趣、爱好、能力、特点进行综合分析与权衡,结合时代特点,根据自己的职业倾向,确定职业目标,并为实现这一目标而做出安排的过程。职业生涯规划的目的不是帮助个人根据自身条件找到一份合适的工作,而是帮助个人真正地了解自己,根据主、客观条件设计出合理、可行的职业生涯发展方向。职业生涯贯穿着人的一生,因此,对职业生涯进行规划,就是为自己未来的人生绘制理想的蓝图。

如果把一个人的职业生涯比作人生中的一次旅行,那么出发之前最好先设定旅游路线,这样既不会错过自己一直想去的地方,也不会去自己不喜欢的景点。许多人愿意花一个星期甚至一个月的时间去计划一次旅行,却不愿意花一点时间去进行职业生涯规划。

很多人认识职业生涯规划是从毕业后参加工作开始的,他们在大学期间对学习和生活缺乏有效的规划,有的人甚至连自己的专业方向及今后的就业方向都说不清楚,整天浑浑噩噩,得过且过。这种人在就业时难免会遇到各种挫折。

在欧美国家,职业生涯规划教育从小学就开始了,而我国的职业生涯规划教育起步较晚,整体来说比较落后,这种状况造成了我国大学生在择业时存在盲目性。

❖ 小资料

2006年中国最具有影响力的七大职业规划事件

No.1:大学新生报到第一课——职业规划

北京大学新生报到第一课上的是职业规划,东华大学3 700名新生在军训前就先上了职业规划课,复旦大学更是把职业规划纳入思想政治教育体系,使其成为全校必修课。天津、浙江、武汉等地区的一些高校也竞相效仿。

上榜理由:高校对职业规划大开绿灯,让大学生从大一开始就合理、科学地利用宝贵的大学生涯,为以后的职业发展服务,从而从源头上解决就业问题。名牌大学的这种举动具有极大的示范作用,对高校教育改革产生了不小的影响。

No.2:中英两国职业规划大师首次对话

2006年3月,英国职业生涯教育权威机构思克莱德大学Sampile教授应邀到上海进行访问并做精彩演讲,同相关专家及上海紧缺人才培训事务服务中心、上海市高校毕业生就业指导中心等官方机构进行首次对话,共同研讨中国职业规划的现状与发展。2006年10月,Sampile教授与其团队再次访问中国,并与有关官方机构进一步探讨合作事宜。

上榜理由:中英两国职业规划大师首次对话,不仅具有非凡的学术意义,也预示着中国职业规划的专业水平开始与国际接轨,并开启了中外合作的大门,为以后的合作打下了基础,开辟了道路。英国的职业规划经验和先进理论将成为中国职业规划行业的一大财富。

No.3:第一届中国大学生职业规划设计大赛

随着第一届中国大学生职业规划设计大赛烽火的燃起,广东、湖南、湖北、河南等地纷纷举办大学生职业规划设计大赛。

上榜理由:我国首次举行的大学生职业规划设计大赛涉及全国37%的高校,参加人数达12万之多,成为职业规划在中国的盛典。各种大大小小的比赛吸引了上百家媒体,将大学生职业规划推向一个新的高潮。

No.4:IT行业流行职业规划

2006年,国内IT专家齐集长沙,参加IT职业规划论坛,探讨IT与职业规划的关系。另外,许多IT教育机构纷纷联合职业规划专业机构在IT培训过程中对学员进行职业规划培训及辅导,很多IT培训中心也纷纷聘请职业规划专家为学员进行职业设计。

上榜理由:IT行业是一个广泛吸纳人才的行业,IT行业也创造了许多的奇迹和神话,这个行业对职业规划的呼唤不仅推动了职业规划的发展,而且具有强烈的象征意义。

No.5:职业规划测评软件盛行

面对大量的职场"盲人",各大网站迎合市场,纷纷推出职业规划测评软件。个性测评软件、职业能力测评软件、薪水测评软件非常受欢迎,成为网络上的一大热点。

上榜理由:测评软件种类之多、范围之广、测评者之多,创历史之最。许多人在其中找到了答案,虽然不一定正确,但至少可以为其指明方向。

No.6:清华大学硕士研究生自杀

2006年,清华大学的一个硕士研究生在泉州跳楼自杀,震惊全国。遗书显示,该硕士研究生因毕业求职不顺利,积郁成疾,回家休养时选择了自杀。

上榜理由:与北京大学毕业生摆地摊一样,这件事在社会上引起了极大的反响。这件事让人们明白,职业规划缺失有可能造成严重的后果与灾难。

No.7:企业为员工做职业规划

2006年,浙江省烟草公司绍兴分公司为员工做职业规划。

上榜理由:一家企业为员工做职业规划,体现了国内企业在人力资源管理上的飞跃和创新,为企业人力资源管理提供了良好的范本,事件的象征意义远远大于实际意义。

(资料来源:向阳生涯,《2006中国最具影响力八大职业规划事件》)

任务二　职业生涯规划的分类

一、职业生涯的类型

职业生涯可以分为外职业生涯(对外在职场而言)和内职业生涯(对个人自身而言)两个方面。

(一)内职业生涯

内职业生涯是指个体从事职业时,知识、观念、经验、能力、心理素质、内心感受等因素的组合及变化过程。

（二）外职业生涯

外职业生涯是指个体从事职业时,工作单位、工作时间、工作地点、工作内容、工作职务与职称、工作环境、工资待遇等因素的组合及变化过程。

外职业生涯与内职业生涯的关系详述如下。

（1）内职业生涯发展是外职业生涯发展的前提,内职业生涯的发展带动外职业生涯的发展。

（2）外职业生涯的因素通常由别人决定、给予,也容易被别人否定、剥夺；内职业生涯的因素由自己探索、获得,并且不随外职业生涯因素的改变而丧失。

（3）外职业生涯略超前时有动力,超前较多时有压力,超前太多时有摧毁力；内职业生涯略超前时舒心,超前较多时烦心,超前太多时要"变心"。

二、职业生涯规划的类型

职业生涯规划一般是按照规划的时间跨度进行划分的,包括短期规划、中期规划、长期规划和人生规划四种。

短期规划是指2年以内的职业生涯规划。规划的目的主要是确定近期目标,制订近期的工作计划。

中期规划是指2~5年内的职业生涯规划。这是最常用的一种职业生涯规划。

长期规划是指5~10年内的职业生涯规划。规划的目的是确定较长远的目标。

人生规划是指对整个职业生涯的规划,时间跨度可达40年左右。规划的目的是确定整个人生的发展目标。

在实际操作过程中,规划的时间跨度如果太大,会因为个人和环境的变化而难以准确把握；如果太小,规划的意义和作用又难以体现出来。因此,比较理想的职业生涯规划是中期规划,其次是长期规划,既便于根据实际情况设定可行的目标,又便于随时根据实际情况进行修正和调整。

三、大学生职业生涯规划的类型

大学生职业生涯规划是指学生在大学期间进行系统的职业生涯规划的过程,主要有远期规划和近期规划两种。

（一）远期规划

远期规划是指时间跨度在5年以上的大学生职业生涯规划,即一般职业生涯规划中的长期规划和人生规划。

对职业生涯进行远期的规划,能够使大学生明确各个阶段的职业目标,保持整个职业生涯发展的连贯性和持续性,使总体目标(比如说成为某上市公司的董事)更容易实现。大学生如果有条件的话,应该进行这种远期的职业生涯规划,激励自己为达到各个阶段的目标而不懈地努力。

不过,时间跨度较大的职业生涯规划要求大学生对自我、对职业有比较充分的认识,同时对社会形势和客观环境有敏锐的观察力,需要花费较长的时间对职业目标和职业要求进行深入的研究、调查、论证,并制订切实可行的完整的实施方案。那种凭空想象出来的远期规划,也许它的内容是完整的,但是由于脱离了自身条件和环境要求,只能是海市蜃楼,中看不中用。同时,由于远期规划的时间跨度较大,在实施过程中会受到个人和环境变化的影响,所以实现规划目标的难度比较大。另外,大学生尚处于职业生涯探索阶段,对社会、对职业的了解都极为有限,有可能导致远期规划缺乏可操作性。

(二)近期规划

近期规划是指时间跨度与大学生涯年限基本相同的大学生职业生涯规划,即一般职业生涯规划中的短期规划和中期规划。

大学生正处于职业生涯准备和探索阶段,职业生涯探索阶段的主要目的就是通过选择、尝试与磨合,找到最适合自己的职业。大学生进行近期的职业生涯规划,就是根据这个阶段的主要特点和任务要求,在确定总体目标之后,以实现就业为阶段性目标,对自己的大学生涯制订相应的行动计划和实施方案。

近期规划的根本目的是为了实现总体目标而在学业上做好准备,顺利毕业并从事目标职业。近期规划的特点是以就读期间的职业学习和职业准备为主要内容。从性质来看,这种规划属于职业准备期和职业早期的职业生涯规划。

对大学生而言,近期规划更具有针对性,也更具有可操作性。通过近期规划,大学生可以在认识自我、了解职业的基础上,从自身的条件和社会的需求出发,确定职业发展的方向,确定职业目标,制订大学期间的学习、培训、实践计划,不断地挑战自我,超越自我,为将来迈出校门,走向社会做好准备,为总体目标的实现打下良好的基础。由于近期规划的时间跨度不大,因此,近期规划比较容易评估和修正,当大学生涯中的阶段性目标未能实现时,大学生可以适时调整实施策略,不断修正并完善。由于近期规划可以与大学阶段的学习和生活紧密相连,因此,我们提倡大学生在规划自己的职业生涯时采用这种目的和策略极为明确、可行的规划。下面有关大学生职业生涯规划的内容,主要是围绕大学生职业生涯的近期规划来进行介绍的。

当然,近期规划也有一定的缺陷。这种规划由于以求职择业为阶段性目标,所以具有较大的局限性,对长期目标缺乏详细、系统的规划,难以与总体目标衔接,缺失的部分只能等到真正开始职业生涯后再根据内部和外部的环境因素重新制定。

任务三　职业生涯规划的阶段和期限

一、职业生涯规划的阶段

一般情况下,职业生涯规划包括以下几个阶段。

(一)尝试阶段(25~30岁)

在这一阶段,人们会确定当前所选择的职业是否适合自己,如果不适合,他们会重新选择职业。例如,王芳已经下决心将自己的职业选定在零售行业,但是当她在某商店以采购员的身份工作了几个月之后,她发现市场营销调研这种职业可能更适合她。

(二)稳定阶段(30~40岁)

在这一阶段,人们往往已经确定了较为坚定的职业目标,并制订了较为明确的职业计划。

(三)危机阶段(40~45岁)

在这一阶段,人们会根据自己最初的理想和目标对自己的职业发展情况进行评价。他们有可能会发现,自己并没有朝着自己的目标前进,或者自己最初的理想并不是自己真正想要的。在这个基础上,他们会思考自己到底需要什么,什么目标是可以达到的,为了达到这个目标,自己需要做出多大的牺牲。

(四)维持阶段(45~65岁)

在这一阶段,许多人都在自己的工作领域中占有了一席之地,因此,他们的大部分精力都用于保持这一位置。

(五)下降阶段(65岁以后)

当面临退休的时候,人们就不得不面临职业生涯中的下降阶段。在这一阶段,他们要学会接受权力减小的现实,学会接受一种新角色,学会成为年轻人的良师益友。

二、职业生涯规划的期限

职业生涯规划可以分为短期规划、中期规划、长期规划和人生规划。短期规划的期限一般为2年,主要是确定近期目标,规划近期要完成的任务。中期规划的期限一般为2~5

年,主要是在近期目标的基础上确定中期目标。长期规划的期限一般为5~10年,主要是确定较长远的目标。人生规划的期限可达40年左右,主要是确定整个人生的发展目标。

任务四 职业生涯发展的阶段和职业生涯规划的作用

一、职业生涯发展的阶段

萨珀是职业生涯发展研究领域的权威人物,他把职业生涯的发展划分为五个阶段。

(一)成长阶段

0~15岁是对职业感到好奇到有意识地培养职业能力的阶段。萨珀将这一阶段具体分为三个时期。

(1)幻想期(10岁之前):儿童从外界感知到多种职业,对于自己喜爱的职业充满幻想并进行模仿。

(2)兴趣期(10~12岁):以兴趣为中心,理解、评价职业,开始进行职业选择。

(3)能力期(12~15岁):开始思考自身条件与喜爱的职业是否相符合,同时有意识地培养自己的职业能力。

(二)探索阶段

15~25岁属于探索阶段,也可以分为三个时期。

(1)尝试期(15~17岁):综合认识和考虑自己的兴趣、能力、机会,开始尝试择业。

(2)过渡期(17~21岁):进入劳动力市场,或者接受专门的职业培训。

(3)初步试验承诺期(21~25岁):选定工作领域,开始从事某种职业。

(三)建立阶段

这一阶段可以分为两个时期。

(1)尝试期(25~30岁):对最初选择的职业不满意,于是变换职业。

(2)稳定期(30~45岁):最终确定职业,不再变换职业。

(四)维持阶段

在45~65岁这一段时间内,许多人都在自己的工作领域中占有了一席之地,他们一般不会考虑变换职业,而是力求维持已取得的成就和社会地位。

（五）衰退阶段

65岁以后，人们的健康状况和工作能力逐步衰退，他们会考虑结束职业生涯。

在上述萨珀划分的职业生涯发展的五个阶段中，每一个阶段都有一些特定的发展任务需要完成，每一个阶段都需要达到一定的发展水准或成就水准，并且前一个阶段的发展任务完成与否会影响后一个阶段的发展。萨珀后来认为，人们在职业生涯发展的各个阶段都要面对成长、探索、建立、维持和衰退的问题，因此形成了"成长—探索—建立—维持—衰退—成长"的循环。

二、职业生涯规划的作用

（1）通过职业生涯规划，可以分析自我，以已取得的成就为基础，确立人生的方向。

（2）通过职业生涯规划，可以重新安排自己的职业生涯，塑造充实的自我。

（3）通过职业生涯规划，可以准确地评价自我，在职业竞争中更好地发挥自己的优势。

（4）通过职业生涯规划，可以评估个人目标和现状的差距，为自己提供前进的动力。

（5）通过职业生涯规划，可以确定职业方向。

（6）通过职业生涯规划，可以知道自己的优点和缺点，然后通过反思和学习，不断地完善自己。

（7）通过职业生涯规划，可以全面地了解自己，增强自己的职业竞争力，发现新的职业机遇。

（8）职业生涯规划通常建立在个体的人生规划这个基础上，因此，做好职业生涯规划，可以将个体的生活、事业与家庭联系起来，让生活充实而有条理。

【小资料】缺乏职业规划让求职路更难（见右侧二维码）。

任务五　职业生涯规划的步骤与内容

一、职业生涯规划的步骤

根据职业生涯发展研究领域专家的观点，职业生涯规划一般包括自我评估、外部环境分析、职业生涯机会的评估、目标确定、策略实施、反馈修正六个环节，如图3-1所示。

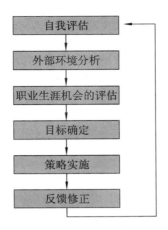

图 3-1 职业生涯规划流程图

(一) 自我评估

自我评估是指对自己进行全面的分析,主要包括对自己的需求、能力、兴趣、性格、气质等的分析,以确定什么样的职业比较适合自己。

(二) 外部环境分析

外部环境分析是指对自己所处的环境进行分析,以确定自己是否适应组织环境和社会环境的变化,同时确定怎样调整自己,使自己适应组织和社会的需要。短期规划一般比较注重对组织环境的分析,长期规划则更多地注重对社会环境的分析。

(三) 职业生涯机会的评估

职业生涯机会的评估包括对长期的机会的评估和对短期的机会的评估;通过对社会环境进行分析,结合本人的具体情况,评估有哪些长期的机会;通过对组织环境进行分析,评估组织内有哪些短期的机会。通过对职业生涯机会进行评估,可以确定职业和职业发展目标。

(四) 目标确定

职业发展目标的确定包括人生目标、长期目标、中期目标与短期目标的确定,它们分别与人生规划、长期规划、中期规划和短期规划相对应。一般,我们首先要根据自己的专业、性格、气质、价值观,以及社会的发展趋势确定自己的人生目标和长期目标,然后对人生目标和长期目标进行分解,最后结合自己的经历和所处的组织环境确定相应的中期目标和短期目标。

(五) 策略实施

在确定以上各种类型的职业发展目标后,就要制订相应的实施方案来实现这些目标,主要包括职业生涯发展路线的选择、职业的选择、教育和培训计划的制订。实施方案不等于目标,而是根据目标制订的为了达到目标而必须采取的行动措施。实施方案必须具体。

在现实生活中,许多人都会信誓旦旦地说要实现某个目标,但是常常会半途而废,他们之所以会放弃,往往不是因为实现目标的难度太大,而是因为他们觉得成功离自己很远。因此,大学生在制订实施方案时,应该把最终目标分解成一个个阶段性目标,并制订相应的实施方案。

1. 大学四年的行动计划

大学四年的行动计划是根据自己毕业后想从事的职业制订的实施方案,可以以学年为单位来制订。(见表3-1)

表3-1 大学四年行动计划表

实施时间		学业方面		生活方面		社会实践方面	
		目标	方案	目标	方案	目标	方案
第一学年	上学期						
	下学期						
第二学年	上学期						
	下学期						
第三学年	上学期						
	下学期						
第四学年	上学期						
	下学期						

2. 年度计划

年度计划是为了完成年度任务而制订的配套的实施方案。例如,一个学生要想拿到本年度的一等奖学金,那么他就要对自己每个月要完成的学习任务进行规划。(见表3-2)

表3-2 年度计划表

实施时间	学业方面		生活方面		社会实践方面	
	目标	方案	目标	方案	目标	方案
1月						
2月						
3月						
4月						
5月						
6月						
7月						

续表

实施时间	学业方面		生活方面		社会实践方面	
	目标	方案	目标	方案	目标	方案
8月						
9月						
10月						
11月						
12月						

3. 月度计划

月度计划是围绕月度目标来制订的。月度计划可以以周为单位来制订。例如,你打算这个月学会四个钢琴曲目,你可以这样安排:前两周学习三个曲目,第三周学习一个曲目,第四周主要是进行四个曲目的巩固练习。(见表3-3)

表 3-3 月度计划表

实施时间	学业方面		生活方面		社会实践方面	
	目标	方案	目标	方案	目标	方案
第一周						
第二周						
第三周						
第四周						

4. 周计划

周计划是围绕周目标来制订的。周计划可以以天为单位来制订。例如,你打算这一周学会一支舞蹈,你可以安排自己每天至少要学会两个动作。(见表3-4)

表 3-4 周计划表

实施时间	学业方面		生活方面		社会实践方面	
	目标	方案	目标	方案	目标	方案
星期一						
星期二						
星期三						
星期四						
星期五						
星期六						
星期日						

5. 日计划

日计划是围绕每天的目标来制订的。日计划可以以小时为单位来制订。(见表3-5)

表3-5 日计划表

实施时间	学业方面		生活方面		社会实践方面	
	目标	方案	目标	方案	目标	方案
6:00～7:00						
7:00～8:00						
8:00～12:00						
12:00～14:00						
14:00～17:00						
17:00～18:00						
18:00～19:00						
19:00～21:00						
21:00～22:00						
22:00～6:00						

有了科学、合理的职业发展目标和配套的实施方案后,我们就要严格执行方案,只有这样,才能实现自己的职业发展目标。在许多情况下,学习、生活中会出现一些特殊情况(如运动会、艺术节、身体不适等)干扰我们的计划,这时我们应该加倍地珍惜时间,把耽误的时间补回来。为了保证自己的行动与目标一致,我们需要最大限度地根据职业生涯规划来约束自己的行为。

案例分析

一位计划毕业后就业的二年级学生的职业生涯规划

(一) 自我分析

1. 性格

我开朗、活泼,喜欢与人交往,喜欢结交朋友,一旦与别人建立了朋友关系,我就会用心地去经营一段友谊。

我具有较强的上进心,一直不甘于落后,一旦落后,我就会奋起直追。上高中之前,我对一切都看得很重要,不允许自己在任何方面做得不好,而且非常重视别人对我的评价。但是上高中之后,我渐渐明白,山外有山,人外有人。于是,我开始改变自己,不再要求自己在各个方面必须优秀,因为人不可能十全十美。

正是因为我的心态发生了变化,所以我应对挫折的能力增强了,我也懂得了要微笑着面对生活。

2. 兴趣爱好

可能是受家庭环境的影响,我从小就喜欢读书,直到现在,读书仍然是我最大的爱好。我读过各种各样的书,但是很遗憾,不知道是自己读书的方法有问题还是别的什么原因,虽然我读过很多书,但是记住的内容不是很多,每次写文章想运用看过的东西时,都感觉无法很好地驾驭,这个方面还有待加强。

3. 优势

善于结交朋友是我的一大优势,毕竟人脉关系对个人的发展是非常重要的。我的适应能力很强,无论什么样的新环境,我都可以很快地适应。

4. 劣势

如同前面所述,我的心态发生变化以后,我学到了很多,但是我也失去了很多,我不再相信自己有能力与别人竞争,我变得越来越沉默,对很多活动都失去了兴趣。我很早就意识到了这个问题,我也很想改变,但是没有成功。

(二)职业选择及理由

1. 职业选择

虽然当初填报志愿时,新闻学专业不是我自己的选择,但是在深入学习之后,我发现我还是很喜欢这个专业的,所以我希望我将来能成为一个记者。

2. 理由

我不喜欢平平淡淡、毫无激情的生活,我希望我的生活丰富多彩,这是我选择记者这个职业的主要原因。

我之所以选择记者这个职业,还有一个原因是我从小就很崇拜记者,我羡慕他们可以了解很多普通人永远无法知道的真相,可以解决一些普通人无法解决的问题,这对我来说是一种诱惑。

记者需要有较强的观察能力、判断能力、语言表达能力、沟通能力和人际交往能力,我知道自己在有些方面还存在差距,所以,在以后的学习和生活中,我会努力提高个人修养和素质。

(三)未来两年的计划

未来两年,我不会像读一年级的时候那样得过且过,我会努力学习,为就业打好基础。

1. 二年级阶段

在学习专业课程的同时,多读与所学专业有关的书籍,以拓宽自己的视野。

每天早晨去操场上大声朗读英语,平时也要加强口语练习,努力提高自己的英语水平。毕竟,记者要接触的人很多,在有些场合,可能需要用英语与别人交流。

积极参加各种实践活动,提高自己解决实际问题的能力。在不影响学习的情况下,找一家新闻单位实习,使自己更好地了解记者这个职业。

2. 三年级阶段

在三年级阶段,我必须面对就业的压力,这是无法逃避的。在这个阶段,我会努力提高自己的职业能力和职业素质,为就业打好基础。

> 点评:制订计划是为了让我们每天都有新的收获和发现,每天都比前一天进步一点,只有这样,我们才能实现自己的目标和梦想,我们的生命才会更有意义。

(六)反馈修正

影响职业生涯规划落实的因素有很多,有的因素是可以预测的,而有的因素是难以预测的。在这种情况下,要想使职业生涯规划行之有效,就需要不断地对职业生涯规划进行评估与修正。

1. 职业生涯规划的评估

职业生涯规划评估主要是对各个阶段的预定目标和实际结果之间的差距进行分析,找出差距产生的原因。

1)差距产生的原因

预定目标和实际结果出现差距的原因主要有以下几种。

(1)目标定得过高或过低。目标定得过高,超过自己的能力范围,再努力也没有用,这时要适当调低自己的目标,否则会伤害自己的自信心。目标定得过低,不需要花费很多精力就可以实现,这种目标没有什么价值,这时要及时调高自己的目标,使自己的能力可以充分地发挥出来。

(2)目标合适而实施方案与之不匹配。目标合适而实施方案与之不匹配,会导致目标无法实现。例如,有的学生给自己设定了通过普通话二甲考试的目标,但是在制订实施方案的过程中,没有安排足够的普通话练习时间。

(3)目标和实施方案都合适,但执行不力。例如,目标是通过普通话二甲考试,实施方案中也安排了足够的普通话练习时间,但是许多事情耽误了普通话练习,导致目标没有实现。

2)职业生涯规划评估的要点

一般来说,职业生涯规划的评估都可以归结为自身素质和行为对现实环境的适应性判断,即分析现状,找出偏差所在,并做出修正。

(1)抓住主要矛盾。

猎人如果同时瞄准几只兔子,那么他可能一只兔子也打不到。同样,大学生在评估职业生涯规划时,也不必面面俱到,只需要抓住核心目标和主要策略进行评估即可。在求学生涯的某个阶段,总有一个最重要的目标,即核心目标,其他目标都是指向这个核心目标的,所以大学生完全可以通过排序重点评估那些可能实现这个核心目标的主要策略的执行情况。

(2)根据环境的变化制定适当的策略。

大学生在评估职业生涯规划的过程中,要善于根据环境的变化来制定适当的策略,保证自己的职业生涯规划不落伍。

(3)找到突破口。

有时候,在某一方面取得突破性的进展,可以使整个局面发生意想不到的改变。想一想,你之前制定的职业生涯规划中,哪一条对于目标的实现可能有突破性的影响?你做到了吗?如何寻求新的突破口?

(4) 关注最弱点。

管理学中有一个著名的木桶理论,即一个木桶的容量不是取决于围成木桶的最长的那块木板,而是取决于最短的那块木板。在评估职业生涯规划的过程中,当然要肯定自己取得的成绩与长处,但是更重要的是要发现自己的素质与策略的"短木板",然后想办法修正,或者把这块"短木板"换下,或者把它加长,唯有如此,你的职业生涯这个桶才能有更大的容量。

一般而言,"短木板"可能存在于以下几个方面。

① 观念差距。观念陈旧往往会造成策略上的失误,从而导致行动失败。因此,大学生要不断检查自己的观念,更新自己的观念。

② 知识差距。大学生要想实现自己的职业发展目标,就要注重建立合理、科学的知识结构。

③ 能力差距。环境在变化,市场对人的能力的要求也在不断地变化,之前你通过努力提高了某些能力,但是现在可能又会出现新的差距。大学生在评估职业生涯规划时要注意这一点。

④ 心理素质差距。很多时候,我们没有实现预定的目标,并不是因为规划得不够好,而是因为心理素质不够好。一个人职业生涯的发展过程其实也是心理素质的发展过程。大学生要不断增强自己的心理素质,提高自己的挫折承受力,树立良好的职业心态。

2. 职业生涯规划的修正

职业发展目标往往是基于特定的社会环境确定和实现的,社会环境总是在变化,故职业发展目标也应该随之进行修正和更新。对于大学生来说,必须根据就业环境的变化不断地修正和更新自己的职业生涯规划。

1) 职业生涯规划修正的目的

通过修正职业生涯规划,应该达到下列目的。

(1) 对自己的强项充满信心(知道自己的强项是什么)。

(2) 对自己的发展机会有清楚的了解。

(3) 找出有待改进的地方。

(4) 针对有待改进的地方,制订详细的行动计划。

(5) 以合适的方式答复那些给予反馈的人,并表示感谢。

(6) 实施行动计划,确保自己能够取得显著的进步。

2) 职业生涯规划修正的内容

(1) 职业的重新选择。

(2) 职业生涯路线的选择。

(3) 阶段性目标的修正。

(4) 人生目标的修正。

(5)实施措施与计划的变更。
3)在修正职业生涯规划的过程中应注意的问题
(1)你的性格特点是什么?
(2)你最感兴趣的事情是什么?
(3)你有哪些职业技能?
(4)你想做的工作和你能做的工作是否有差距?
(5)你是否好高骛远?
(6)你是否建立了自己的就业信息网络?

总之,在制订和实施职业生涯规划后,我们必须对阶段性的实施结果进行评估,找出阶段性目标与实施结果之间的差距,分析差距产生的原因,并有针对性地对职业生涯规划进行调整。评估和修正可以按表3-6所示的模式进行。

表3-6 职业生涯规划评估与修正

阶段性目标	实施结果	差 距	差距产生的原因	修正措施

二、职业生涯规划的内容

职业生涯规划是对个人职业发展道路进行选择和设计的过程,规划的内容和结果应该在规划过程中及规划后形成文字性的方案,以便梳理规划的思路,提供操作指引,随时评估与修正。结合有关专家、学者的观点和建议,我们认为,一份完整、有效的职业生涯规划应该包括以下八项内容。

(1)标题。标题一般包括姓名、规划年限、起止时间等。规划年限可以是半年、三年、五年,也可以是二十年,根据个人的具体情况来确定。

(2)职业方向、阶段性目标和总体目标。职业方向是对职业的选择;阶段性目标是每个时间段所要达到的目标;总体目标是当前可预见的最长远的目标,也是职业生涯规划中的终极目标。在确定总体目标时,适当地将目标定得高一点,有助于最大限度地激发自己的潜能。

(3)个人分析结果。在制定职业生涯规划时,要对自己的性格、能力、兴趣、价值观等进行分析。

(4)社会环境分析结果。在制定职业生涯规划时,要对政治、经济、文化、法律和职业环境等进行分析。

(5) 组织分析结果。在制定职业生涯规划时,要对用人单位的制度、背景、文化、产品、发展领域等进行分析。

(6) 目标分解与目标组合。分析制定、实现目标的主要影响因素,通过目标分解和目标组合,做出明确的目标选择。目标分解是指根据观念、知识、能力、心理素质等方面的差距,将职业生涯的远大目标分解为有一定时间规定的阶段性目标。目标组合是指将若干阶段性目标按照内在的相互关系组合起来,形成更为有利的可操作目标。

(7) 实施方案。首先找出自己在观念、知识、能力、心理素质等方面存在的差距,然后制订具体的方案以缩小差距,从而实现各个阶段性目标。

(8) 评估标准。设定评估标准,明确如果在实施过程中,无法实现预定目标,应当如何修正和调整。

案例分析

在一次大型招聘会上,毕业于某职业技术学院的赵勇,向西藏某建筑公司投递了简历。赵勇学的是土木建筑,上大学时成绩很优秀,在班上是班长,在学校是宣传部部长,专业对口,工作能力强,工作五六年了,有工作经验,按理说,用人单位应该非常愿意录用他。但是赵勇毕业五六年了,从来没有对自己的职业生涯进行过规划,而是什么工作容易挣钱,就做什么工作,先后从事过药品销售、饮料销售、二手车买卖等方面的工作,就是没有做过土木建筑方面的工作。该公司的招聘人员看了他的简历后,只能替他感到惋惜。

> 点评:这个案例说明大学生就业的盲目性会给自己带来危害。现在许多大学生缺乏职业生涯规划,找工作时随波逐流、随心所欲,这是不可取的。为了实现自己的人生价值,大学生应当走出这一职业怪圈,充分利用高校毕业生就业制度改革的东风,做好职业生涯规划,找到适合自己的工作。

◆ 小资料

如何能获诺贝尔奖? 善于生涯设计是成功之道

美中国际集团创造力开发中心总裁吴甘霖

诺贝尔奖获得者无疑都是取得杰出成就的人士。总结其成功之道,除了其超凡的智力与努力之外,善于生涯设计,也十分重要。他们在这方面的经验,不仅对进行科学研究的人有很好的指导作用,而且对其他领域渴望成功的人来说也是一种很好的借鉴。

1. 不明确时,不妨主动向杰出人士请教

生涯设计是指一个人确定自己一生的目标,并根据这一目标来付出努力。但是对许多青年来说,确定一生应该做什么,往往并非易事,他们可以主动向杰出人士请教。害怕遭到拒绝是最容易产生的心理,对此,请看一下罗曼·罗兰是如何为大家树立榜样的。

罗曼·罗兰22岁时,总觉得自己富有文学艺术素质,倾向于选择文学事业,可是按照世俗的理解,文学事业有什么用处呢?他决定给文学大师托尔斯泰写一封信,寻求指点。

在写这封信时,他只是抱着试一试的想法,做好了收不到回信的准备。没想到几个星期以后,他收到了托尔斯泰长达38页的回信。在信中,托尔斯泰向这位从没见过面的异国青年谈了选择个人道路的原则。这封信使罗曼·罗兰下定决心从事文学事业。最终,他成为世界著名作家,并荣获诺贝尔文学奖。

2. 根据自己的长处选择职业

当你经过一段时间的探索和思考,对自己的兴趣、思维方式、知识结构等方面的长处和短处有一定的认识后,不妨扬长避短,根据长处来进行职业生涯定位。例如,爱因斯坦的思维方式偏向直觉,他就没有选择数学而是选择更需要直觉的理论物理,作为事业的主攻方向。

3. 在创造前沿选择突破口

生涯设计还要结合外在的需求来考虑。最容易出成效的一种方式就是到创造前沿去"淘金"。在创造前沿,往往汇集了优秀人士的思想精华和创新成果,同时也暴露出了许多需要解决的问题。此时,你若能发现那些很重要但是被别人忽略的问题,并把解决这些问题作为突破口,往往能起到事半功倍的效果。

一次,美籍华人李政道很偶然地得知非线性方程有一种叫孤子的解。他找来许多关于孤子的资料,对其进行了仔细的分析,专门寻找别人对这方面理解的不足之处。果然,他有了一项重大发现:所有资料都是研究一维空间的孤子,而在物理学中有广泛意义的是三维空间。于是,他围绕这个问题进行研究,仅仅几个月,他就找到了一种新的孤子理论,用来解决三维空间的亚原子问题。事后,他高兴地说:"在这个领域里,我从一无所知,一下子赶到别人前面去了。"李政道也因此成为诺贝尔物理学奖获得者。

4. 学会"心灵解套"

青年时期是一个可塑性很强的时期,处于这个时期的人通常有许多潜能,但是这些潜能往往被自己以各种理由忽略和否定。假如一个人能干什么,却总认为"我不行",那就说明他有一个"心灵之套",需要通过各种方式解除"心灵之套"。

让·多塞的父亲是一个出色的医生,他认为让·多塞也能当一个好医生。但是,让·多塞认为自己对行医有心理障碍,根本不是这块料,为此他还挨过父亲一巴掌。后来,一位叫埃迪的医生经常给他讲医学上有趣的科学探索和重大发现,讲医生们如何救死扶伤,讲自己在病人康复之后感到非常快乐。渐渐地,让·多塞对医学产生了浓厚的兴趣。他逐渐发挥出自己在这方面的才能。1980年,他荣获诺贝尔生理学与医学奖。

5. 永远都自命不凡

自命不凡,是所有诺贝尔奖获得者的共性。值得指出的是,这种自命不凡并不是认为自己天生就高人一等,而是不管自己有什么弱点和缺陷,都坚信只要自己努力,就能够取得成功。

罗莎琳·苏斯曼·雅洛在10岁时读了《居里夫人传》,之后,她便认定居里夫人走过的路就是自己要走的路。她的这个想法在周围的人看来简直是天方夜谭。在她高中毕业时,她的母亲希望她当小学教师;在她大学毕业时,她的父亲希望她当中学老师。但是她说:"居里夫人也是女人,她做了许多男人做不了的事,我相信自己也能像她那样度过一生。"而且,她还保证,她不仅要成为一个像居里夫人那样的科学家,也要成为一个好妻子、好母亲。最终,她实现了自己的诺言,不仅成为诺贝尔生理学与医学奖获得者,而且是有名的贤妻良母。

6. 看准了就要走到底

德国物理学家普朗克研究黑体辐射问题多年,多次失败,仍不死心。他的老师曾劝他:"物理学是一门已经完成了的科学,因此,你继续研究这个问题,是不会有多大成果的。"虽然普朗克很敬重老师,但他并不赞同老师的这一观点。他仍然继续研究。1900年,他发表了用"能量子"概念导出黑体辐射的公式的论文。1918年,他获得了诺贝尔物理学奖。

(资料来源:《中国青年报》,2001 年 11 月 29 日)

1. 职业生涯规划包括哪些基本的步骤?
2. 请结合自身情况,制定一份职业生涯规划。

项目四

就业制度与就业市场

项目导学

　　就业制度是经济体制的重要组成部分。我国就业制度的变革始终与宏观经济体制改革相联系。

　　道有因有循,有革有化。因而循之,与道神之。革而化之,与时宜之。

——扬雄

　　创业者光有激情和创新是不够的,它需要很好的体系、制度、团队以及良好的盈利模式。

——马云

任务一 就业形势

一、我国当前的就业形势

(一) 我国当前就业面临的压力和挑战

1. 劳动力供求总量矛盾与就业结构性矛盾依然十分突出

首先,"十三五"期间劳动力供大于求的矛盾更加突出。

其次,青年就业、农村劳动力转移和下岗失业人员再就业"三碰头",导致就业矛盾更加突出。

再次,就业结构性矛盾更加突出。劳动力素质与产业结构优化升级、转变增长方式的需求矛盾更加突出,劳动者的职业技能与岗位需求不相适应。同时,不同地区的就业结构性矛盾突出,西部地区、贫困地区、少数民族地区城镇就业难的问题依然存在。东部沿海地区企业用工需求增长,部分企业出现"招工难"现象。

2. "十三五"经济社会环境的变化对就业提出了新的挑战

首先,经济发展方式的转变对就业提出了挑战。落后的和过剩的产能将逐渐被淘汰,部分污染严重、能耗高的企业面临关闭和破产,由此产生的结构性失业,要求劳动力在各产业之间实现有序转移,要通过发展第三产业吸纳第一、二产业实行集约化后富余的劳动力。产业升级、科技进步和管理创新等将对劳动者的素质提出更高的要求。

其次,城镇化的加快对农村劳动力转移提出了新要求。大批农村富余劳动力需要向第二、三产业转移。

3. 劳动关系矛盾凸显,协调难度加大

经济社会转型造成劳动关系矛盾加剧。劳动者的利益诉求发生了变化,诉求的内容转向改善劳动条件、实现体面劳动等。集体利益争议增多,劳动关系冲突性增强,协调劳动关系的难度加大。劳动关系整体体制不完善的问题依然突出。

(二) 我国当前的就业状况

我国是世界上劳动力资源最丰富的国家,近年来就业形势一直十分严峻。我国就业方面的主要矛盾是劳动者充分就业的需求与劳动力总量过大、素质要求高之间的矛盾,当前主要表现为劳动力增长速度快,劳动力供求总量矛盾和就业结构性矛盾同时存在,城镇就业压力大与农村富余劳动力向非农业领域转移速度加快同时出现,新成长劳动力就业问题和失业人员再就业问题相互交织。另外,持续不断的经济结构调整、技术进步和产业升级,造成部分行业和企业不断减少就业岗位,持续产生新的就业问题。

二、大学生就业形势与对策

（一）大学生就业形势

1. 就业人数再创新高

根据中华人民共和国教育部发布的信息，2017年高校毕业生人数达到795万人，超过2016年的765万人，如果加上中职毕业生和2016年尚未就业的学生，2017年待就业的学生约有1 500万人。

截至2017年5月底，2017年应届毕业生仅有26.7％签约，相比2016年同期下降了8.7％。从性别来看，男生签约比例更高，为29.5％，女生则为24.7％。

2. 就业城市的多选择性

长期以来，毕业后能留在北京、上海、广州、深圳这些大城市工作是大部分应届毕业生的梦想，因为这些城市因政治、经济等因素形成了资源优势，并且在这些城市工作可以让父母觉得脸上有光。然而，近几年，这些大城市为了解决"大城市病"，推出了控制人口规模等政策，使得毕业后在这些大城市工作变得越来越难。清华大学发布的一组数据显示，清华大学毕业生京外就业率连续三年突破50％。当然，其中有一部分毕业生是因为北京房价高，生活成本高而自动放弃在北京就业，但是北京日益收紧的人口政策是毕业生选择离开北京的主要原因。

目前，虽然一线城市仍保持相对较高的就业签约率，但是多个调查机构的报告都显示，近几年，高校毕业生选择就业地区时不再盲目追逐"北上广深"等一线城市，成都、杭州、武汉、重庆、南京等城市魅力凸显，成为大学毕业生热衷的择业目的地。

人力资源和社会保障部国际劳动保障研究所所长莫荣表示，近年来，我国东部经济发达地区的部分加工业、制造业正在逐步向中、西部地区转移。毕业生就业区域分布的变化体现了我国产业转移、产业结构调整给毕业生就业带来的影响。

3. "慢就业"与"迂回就业"

2017年，报考研究生的人数达到177万人，以7％的增长终结了持续两年的报考颓势。调查显示，56％的人考研是为了找到更好的工作。值得注意的是，2017年，考研大军中往届毕业生占了足足四成。在经济下行的背景下，压力正在逐步向考研和就业传导。随着就业市场上知名企业对学历的要求不断提高，加上就业领域逐步细分，越来越多的毕业生选择考研或出国深造，以提高自身的就业竞争力。

2017年，有40.8％的应届毕业生认为就业很难，就业形势严峻。在较大的就业压力下，很多毕业生选择了延迟就业。调查发现，选择"慢就业"的应届生的比例高达9.8％。

专家认为，随着越来越多的"95后"走出校园，他们对就业的选择更加多元化，也更加青睐工作与兴趣相结合。但是不可否认的是，许多毕业生由于感知到了当前就业形势的严峻性，又不愿意从事自己不喜欢的工作，所以选择"慢就业"，以暂时逃避现实的竞争。

前程无忧发布的《2016应届毕业生求职到位率调查报告》显示,2016年,创业应届生占1.3%。在大学生就业形势越发严峻的情况下,越来越多的高校毕业生选择了创业这条路。其中,餐饮、零售等行业已经成为应届本科毕业生创业最集中的行业。各级政府也出台了一系列相关政策鼓励大学生创新创业,力图通过高校、政府、社会三方建立有效机制,引导大学生创新,支持大学生创业。与此同时,许多高校关于创新创业教育的具体举措和休学创业的规定也逐步落实。

值得注意的是,大学生创业成功率低也是一个不争的事实。调查显示,当前,全国大学生创业成功率最高的城市为浙江(4%),中国大学生创业成功率平均为2%,这与美国大学生创业成功率(20%)有非常大的差距。不过,大学生创业还是逐渐被人们视为一种解决就业问题的迂回道路。

4. 就业专业的差异化

从行业来看,平均月薪最高的是IT/通信/电子/互联网行业,应届毕业生平均签约月薪为4 867元;其次是金融业和交通/运输/物流/仓储行业,应届毕业生平均签约月薪分别为4 692元和4 457元;农林牧渔和服务业是应届毕业生签约薪资水平较低的行业,月薪分别为3 347元和3 115元。

根据不同专业的就业状况,那些失业量较大,就业率、薪资和就业满意度综合较低的专业称为红牌专业,那些失业量较小,就业率、薪资和就业满意度综合较高的专业则称为绿牌专业。

1) 红牌专业

2017年,本科就业红牌专业包括历史学、音乐表演、生物技术、法学、美术学、生物工程。其中,音乐表演、美术学连续三年是红牌专业。

2) 绿牌专业

2017年,本科就业绿牌专业包括信息安全、软件工程、网络工程、数字媒体艺术、通信工程、电气工程及其自动化、广告学。其中,软件工程、网络工程、通信工程连续三年是绿牌专业。

【小资料】全国高校各科十大热门专业就业情况(见右侧二维码)。

(二)大学生就业对策

1. 树立正确的就业观念

当前我国正处于全面建设小康社会,开创中国特色社会主义事业新局面的历史时期,大学生应当树立正确的就业观念。国家提供的各种就业岗位只是社会分工不同,没有高低贵贱之分,只要在各自的职业岗位上为国家、人民做出贡献,就会受到社会的尊重,从而实现自身的人生价值。

1) 转变重全民、轻集体、鄙视个体的就业观念

目前,我国在积极促进国有经济和集体经济发展的同时,允许和鼓励个体、私营、外资等非公有制经济的发展,形成了多种就业渠道并存的格局。大学生在求职就业的过程中,

必须转变重全民、轻集体、鄙视个体的就业观念。

大学生在求职就业的过程中会遇到很多困难,只有转变就业观念,才能克服这些困难。

2) 转变一次就业定终身的就业观念

大学生在求职就业的过程中,要转变一次就业定终身,稳定工作到退休的就业观念。对职业岗位的挑选要适度,就业期望值不可过高。迟就业不如早就业,不求一步到位,先将就业放在首要位置。先工作一段时间,等各方面的能力有所提高后,再根据自己的实际情况重新选择更理想的职业岗位。

随着社会主义市场经济体制的逐步完善,劳动者的流动率不断提高。如果劳动者不能为用人单位创造效益,用人单位可以终止劳动合同。从这个角度来说,一次就业定终身,稳定工作到退休的就业观念是脱离市场经济运行规则的,大学生在求职就业的过程中,必须转变这种观念。

3) 转变眼高手低、盲目攀比的就业观念

有些大学生在求职就业的过程中,往往因为错过有利的机会而失败。其中一个重要的原因就是眼高手低,对职业岗位的期望值过高,对自己适应岗位的能力评价过高。他们在求职的时候挑肥拣瘦,怕苦怕累,总想找到工作环境好、工资高、福利好的工作,而自身条件和业务素质又不能满足用人单位的要求,因此,其就业愿望总是不能实现。还有一些大学生盲目地和他人攀比。例如,有些人看到自己的同学、老乡当上了经理,自己没当上经理,就会觉得面子上过不去。这种与他人盲目攀比的思想也是大学生求职就业的一大障碍。

4) 充分考虑自身条件和岗位要求

大学生在求职就业的过程中,首先要考虑自己是否满足用人单位提出的岗位技能要求和其他要求,如年龄、学历、性别、身高、视力等方面的要求,然后在不同的职业岗位中,选出能充分施展自己的才能的职业岗位就业。

在求职就业的道路上,没有技能的人很难找到工作,无论做什么工作,都需要具备一定的技能。有关专家指出,一个人如果熟练地掌握一种技能,其求职成功率可达80%。今后,市场对劳动者的要求会逐渐向技能全面、高精尖方向发展。学习和掌握有关技术、技能是求职就业的必要条件。

5) 树立劳酬匹配的就业观念

大学生在求职就业的过程中,不能只关注月薪,还要考虑自己能为用人单位创造多少效益。在市场经济条件下,没有一个老板愿意花钱聘用一个不能为他创造效益的人。如果你能为他创造很高的效益,他给你的酬劳自然不会少。

着眼长远,面向未来,选择有较强发展后劲的职业对最大限度地实现人生价值具有重要意义。大学生在求职就业时,要注意选择那些有发展后劲的职业,不可只顾眼前利益,急功近利会影响自己长远的发展。大学生在选择职业时,还应从社会发展、职业后劲、个人前途等方面综合考虑,根据环境、社会需要和自身条件的变化,适时调整就业目标,以便适应社会发展的要求。

6) 正确看待待业

近年来,部分大学生在毕业后一段时间内不能及时就业,出现了暂时待业的现象。出现这一现象的原因,主要是受人才市场供求关系的影响。从总体上来说,我国人才市场中大学生的供求关系大致平衡,但是存在专业结构性矛盾,有些专业的毕业生供不应求,有些专业的毕业生则供大于求。

在社会主义市场经济条件下,待业是一种正常的社会现象,也是大学生面临的现实问题,大学生对此应有充分的思想准备。同时,大学生还应该明白暂时待业不等于永久待业,经过社会和个人的努力,待业会转化为渐次就业。为了避免待业,大学生应根据实际情况,及时调整就业心态,不应盲目追求理想化的职业岗位而主动放弃就业的机会,避免人为待业。

7) 自谋职业,自主创业

社会上有很多人无事干,同时也有很多事无人干,这就需要我们开拓创新、自强自立、积极进取,走自谋职业和自主创业的成功之路。有的人在求职就业的过程中,由于各种原因暂时难以找到合适的职业岗位,这时,他们需要树立自强自立、艰苦创业的就业观念,积极进取,自谋职业。例如,他们可以创办私营企业,利用所学的专业知识干一番事业,从而走上自主创业的道路。从就业到自主创业,是高校毕业生就业观念的一个重大转变。

2. 努力提高自身素质

随着科学技术的进步,知识在不断地更新,大学生应努力学习,不仅要及时了解和努力掌握本专业的最新动态,还要了解相关行业的发展趋势。除此之外,大学生还应注意培养自己的职业技能、人际交往能力和生活技能。

(1) 职业技能。职业技能是指从事某种职业所需要具备的各种能力,包括工作能力、对环境的适应能力等。大学生要想培养职业技能,可以从以下几个方面做起:一是积极参加学校组织的各种社会实践活动;二是虚心向有经验的人学习;三是注意培养分析问题、解决问题的能力。

(2) 人际交往能力。培养人际交往能力主要是要处理好以下几个方面的问题:①虚心请教,克服嫉妒心理;②在人际交往中要求大同,存小异,要待人宽厚,要能体谅他人的难处;③增强自信心,克服社交恐惧症。

(3) 生活技能。生活技能是指独立解决生活中的困难的能力。大学生应该在培养生活技能的过程中练就立身、立业的本领。

3. 做好就业准备

1) 珍惜校园生活,提高专业技能

少壮不努力,老大徒伤悲。学生时代是为求学者的一生奠定基础的时代,是学生未来职业发展的基础,因此,学生一定要珍惜校园生活,把握好每一分钟,努力学习,提高专业技能,培养沟通能力和人际交往能力,为今后的发展打下坚实的基础。

2）重视社会实践，增强就业竞争力

近年来，社会实践能力越来越受到企业管理者的重视，因此，大学生在大学期间应该积极参加各种社会实践活动，以增强自己的社会实践能力和就业竞争力，为实现自己的职业目标奠定坚实的基础。

3）关注职场发展，调整职业方向

随着社会生产力的发展，职场供求关系也在不断地发生变化。大学生要随时关注职场发展，弄清楚职场供求关系的变化规律，同时，结合自己的实际情况，不断地调整自己的职业方向和职业生涯规划，只有这样，才能为自己今后的职业生涯开拓出宽广而又通畅的道路。

4）全面发展，学有所长

大学生应该努力使自己成为一个德、智、体、美、劳全面发展，具有综合职业能力的人。学有所长，敢于创新是当今大学生求职立足的根本，是社会发展的主题。社会是一个大舞台，在这个大舞台上，大学生要充分发挥自己的潜能，让自己的职业生涯大放异彩。

案例分析

由于上高中时不努力，所以杨青山只考上了一所职业技术学院。面对父亲的叹息和母亲的埋怨，杨青山在心里对自己说："我一定要有出息，我一定不能让我的家人失望。"

进校后，杨青山有幸当上了班长。但是他越负责，同学们越反感，闹得越凶。这让杨青山非常头痛。后来，班干部改选，杨青山落选了。这件事对他的打击非常大。

杨青山不想让自己的家人失望，更不想让自己失望，于是他认真学习每一门功课，每次期末考试，他都是全班前三名。他积极参加学院组织的各项活动，每次活动结束，他都会主动打扫卫生。每次寒暑假，学院组织实习，他都是第一个报名参加。后来，杨青山还当上了学院礼仪队队长和勤工俭学部部长。毕业的时候，他与北京的一家公司签订了就业协议。杨青山用自己的实际行动改变了自己的生活。

任务二　就业制度

一、劳动预备制度

（一）什么是劳动预备制度

劳动预备制度是国家为提高青年劳动者的素质，培养劳动后备军而建立和推行的一项新型培训就业制度。根据国家有关规定，从1999年起，在全国城镇普遍推行劳动预备制度,组织新生劳动力和其他求职人员,在就业前接受1～3年的职业培训和职业教育,使其取得相应的职业资格或掌握一定的职业技能后,在国家政策的指导和帮助下,通过劳动力市场实现就业。

(二)劳动预备制度的实施对象

劳动预备制度的实施对象主要是城镇未能继续升学的初、高中毕业生,以及农村未能继续升学并准备从事非农业生产劳动或进城务工的初、高中毕业生。对准备从事农业生产劳动的初、高中毕业生,各地可从本地的实际情况出发,另行制定培训办法。各地还可以根据实际情况引导城镇失业人员和国有企业下岗职工参加劳动预备制培训。

(三)推行劳动预备制度的意义

全面推行劳动预备制度,不仅关系到劳动者素质的提高和企业长远的发展,而且关系到我国21世纪综合国力的提高,是一项具有战略意义的任务,是培训就业制度的一场深刻变革。

首先,全面推行劳动预备制度是实施素质教育,落实科教兴国战略的重要内容。实施素质教育,提高国民素质,既要进一步普及九年制义务教育,加快发展高中阶段教育和高等教育,也要大力发展各类职业教育;既要加快培养数以千万计的具有创新精神和创造能力的高素质专业人才,也要培养同现代化要求相适应的数以亿计的高素质劳动者。普遍推行劳动预备制度,全面实行就业准入制度,意味着在普及九年义务教育的基础上,在城镇普及就业前的职业培训和职业教育,是一项重要的改革措施。

其次,全面推行劳动预备制度是调节劳动力供求关系,减缓就业压力的重要措施。当前我国的就业形势比较严峻,全面推进劳动预备制度,对社会来说,可以起到调节劳动力供求关系,减缓就业压力的作用;对劳动者来说,可以取得相应的职业资格或掌握必要的职业技能,增强其在劳动力市场上的就业竞争力,降低失业的风险。同时,全面推行劳动预备制度,也有利于开发教育资源潜力,满足社会多样化的教育需求,拓宽人才成长的道路。

再次,全面推行劳动预备制度是提高企业竞争力的有效途径。企业的竞争,从根本上来说,是技术和人才的竞争。许多城市的试点经验表明,实行劳动预备制度,培养一支具有较高职业技能的劳动后备军,使企业能够直接从社会上招聘到符合企业需要的人才,不仅大大缩短了企业人才培养的周期,而且大大减轻了企业对新招职工的培训负担,这样有利于企业提高产品质量,降低成本,增强竞争力和发展后劲。

(四)劳动预备制度的实施

劳动预备制度通过全面开展职业培训和职业教育来实施。搞好对劳动预备制人员的职业培训和职业教育,要广泛动员社会各方面的力量,充分利用现有的各类教育、培训资源。技工学校、就业训练中心和其他职业培训机构,应当积极主动地承担劳动预备制人员培训任务,培养社会各方面需要的人才。企业开办的各类培训机构也要充分利用现有的培训设施,挖掘培训潜力,对尚未经过职业培训的职工进行岗位培训。

(五)实施劳动预备制度的法律依据

《中华人民共和国劳动法》(以下简称《劳动法》)第68条规定,从事技术工种的劳动者,上岗前必须经过培训。《中华人民共和国职业教育法》(以下简称《职业教育法》)第8条规定,国家实行劳动者在就业前或者上岗前接受必要的职业教育的制度。《中共中央、国务院关于切实做好国有企业下岗职工基本生活保障和再就业工作的通知》规定,要普遍实行劳动预备制度,对城镇未能继续升学的初、高中毕业生,进行1~3年的职业技术培训。《中共中央、国务院关于深化教育改革,全面推进素质教育的决定》规定,要积极推行劳动预备制度,坚持实行"先培训,后上岗"的就业制度。这些规定是实施劳动预备制度的重要依据。《关于积极推进劳动预备制度加快提高劳动者素质的意见》规定,从1999年起,在全国城镇普遍推行劳动预备制度,组织新生劳动力和其他求职人员,在就业前接受1~3年的职业培训和职业教育,使其取得相应的职业资格或掌握一定的职业技能后,在国家政策的指导和帮助下,通过劳动力市场实现就业。

二、就业见习制度

(一)什么是就业见习制度

根据《关于建立高校毕业生就业见习制度的通知》的文件精神,就业见习制度是为了帮助回到原籍、尚未就业的高校毕业生提升就业能力,尽快实现就业而推行的政策。相关部门每年会组织没有就业的高校毕业生到见习基地见习,同时为其提供免费的就业服务。

(二)实施就业见习制度的意义

实施高校毕业生就业见习制度是疏通高校毕业生面向基层的就业渠道,改善基层人才匮乏现状的重要措施,是促进高校毕业生就业的一项重要工作。各地政府要在认真考察用人单位的工作岗位、工作环境的基础上,将符合条件且具有积极性的企事业单位确定为见习单位,要广泛收集见习单位的见习岗位信息,并定期予以发布。对于有一定规模、各方面条件较好且能持续提供较多见习岗位的见习单位,可以将其确定为高校毕业生见习基地,并予以挂牌。见习基地挂牌期限一般为三年。三年期满,经考核合格,可继续挂牌。

(三)就业见习制度的实施

(1)加大宣传力度,通过报刊、广播、电视、网络等,广泛宣传高校毕业生就业见习制度。

(2)在政府网站上开辟就业见习专栏,为高校毕业生了解就业见习制度、选择见习岗位提供便利。

（3）鼓励并有计划地组织未就业的高校毕业生参加就业见习，帮助未就业的高校毕业生通过就业见习扩展就业机会。

（4）认真做好见习期间的各项管理工作。见习期限一般为六个月，最长不超过一年。在见习期间被见习单位正式录用的，在该单位的见习期可以作为工龄计算。各地政府要指导见习单位制定见习活动的有关规定，规范见习期间的有关事项，保障双方的合法权益；要定期了解见习单位的有关情况，加强与高校毕业生的沟通，协调解决见习过程中遇到的困难和问题；见习结束后，要指导见习单位对高校毕业生进行考核，并出具见习证明。

（5）切实解决高校毕业生见习期间的基本生活补助问题。高校毕业生见习期间，见习单位和地方财政部门应当根据当地的实际情况，为高校毕业生提供基本的生活补助。

（6）不断改进和完善高校毕业生见习期间的各项服务工作。各级公共就业服务机构要加强对参加见习的高校毕业生的失业登记管理和就业服务工作。各级人事、劳动保障、教育部门要及时了解参加见习的高校毕业生的求职需求和用人单位的用人需求，适时组织公益性的规模适度的供需见面会，帮助参加见习的高校毕业生顺利实现就业。见习期满仍然没有落实就业单位的高校毕业生，由政府所属的人才中介服务机构、高校毕业生就业服务机构等继续对其进行就业指导。

三、人事代理制度

（一）什么是人事代理制度

人事代理制度是一种人事管理制度。人事代理是指政府人事部门所属的人才服务中心，按照国家有关人事政策法规的要求，接受单位或个人的委托，在其服务范围内，为各类企事业单位和个人提供人事档案管理、职称评定、出国政审等全方位服务。

（二）人事代理的方式

人事代理的当事人为代理方和委托方，代理方一般是县级以上政府人事部门所属的人才服务中心，委托方一般为需要人事代理服务的各类企事业单位和个人。

人事代理业务可由单位委托，也可由个人委托，人事代理的方式由委托方与代理方商定，并以合同的形式予以明确。

（三）人事代理的具体内容

人事代理的具体内容由代理方和委托方商定。代理方一般可以提供如下服务。

（1）为委托方提供人事政策咨询，并协助委托方研究制定人才发展规划和人事管理方案。

（2）为委托方管理人事档案。

（3）为国家承认学历的大、中专毕业生提供人事代理服务。

（4）为委托方接转党团组织关系，建立流动人员党团组织，开展组织活动。

（5）为委托方代办失业保险、养老保险等社会保险业务。

（6）为委托方代办人才招聘业务，提供人才供需信息，推荐所需的专业技术人员和管理人员。

（7）根据委托方的要求，开展岗位培训，并协助委托方制订培训计划。

（8）根据委托方的要求，开展人才测评业务。

（9）代理其他与人事管理相关的业务。

（四）人事代理的有关规定

（1）凡注册三资企业、私营企业、股份制企业、民办科研机构等无主管单位以及不具备人事管理权限的单位，聘用专业技术人员和管理人员，均由单位办理委托人事代理。其他以聘用方式使用专业技术人员和管理人员的单位，可根据需要办理委托人事代理。

（2）各级政府人事部门所属的人才服务中心在核准委托人事代理的有关材料后，应当和委托单位或个人签订人事代理合同，确立委托关系。

（3）单位委托人事代理人员及个人委托人事代理人员在委托人事代理期间，工龄连续计算。

（4）尚未就业的个人委托人事代理人员重新就业后，其辞职、解聘前的工龄和重新就业后的工龄合并计算。

（5）在委托人事代理项目内有档案工资关系的，代理期间涉及国家统一调资的，档案工资的调整根据国家及省有关政策，按照自收自支事业单位的工资标准核定。

（6）单位委托人事代理的大、中专毕业生，其见习期考核、转正定级，由用人单位按期向人才服务中心提供有关毕业生见习期间工作表现的书面材料，手续由人才服务中心负责办理。

（7）单位委托人事代理的大、中专毕业生在见习期间，解除聘用合同的，可应聘到其他单位工作，代理其人事关系的人才服务中心继续负责毕业生的见习期管理。待聘期超过一个月的，见习期顺延。

（8）委托人事代理期间，委托人事代理人员被全民、集体单位正式接收，由代理其人事关系的人才服务中心凭接收单位人事主管部门的接收函办理其人事关系及档案的转递手续；被其他单位重新聘用的委托人事代理人员，应及时变更人事代理手续。

（五）人事代理的程序

（1）委托方向代理方提出申请，并提交有关材料。个人办理委托人事代理，根据自身情况，须向当地人才服务中心提交下列材料：①应聘到外地工作的，须提交委托人事代理申请、聘用合同复印件、身份证复印件、聘用单位证明（证明单位性质、主管部门、业务范围）等；②自费出国留学的，须提交委托人事代理申请、原单位同意由人才服务中心保存人事关系的函件、出国的有关材料等；③辞职、解聘人员尚未落实单位的，须提交委托人事代理申请、辞职或解聘证明、身份证复印件等。

（2）代理方对委托方提交的材料进行审核。

（3）委托方与代理方签订人事代理合同。

（4）代理方向有关方面索取人事档案及行政、工资、组织关系等材料，并办理有关手续。

（5）人事代理当事人的权利和义务，由双方以协议的形式予以明确，共同遵守。

四、劳动合同制度

（一）什么是劳动合同制度

专门用来规范劳动合同的制度，称为劳动合同制度。劳动合同与每一个劳动者息息相关，是每一个劳动者走上工作岗位与用人单位发生劳动关系时都必须签署的合同。劳动合同的内容包括劳动者与用人单位经过平等协商后达成的关于权利和义务事项的条款。劳动合同制度是通过订立劳动合同这一法律形式来规范和调节所有者、经营者和劳动者三方之间的劳动关系的一种法律制度。

劳动合同制度既是一个经济概念，也是一个法律概念。作为经济概念，劳动合同制度是一种用人制度，是一种劳动力与生产资料相结合的方式。作为法律概念，劳动合同制度是一种合同制度，实行上述用人制度时，必须通过订立劳动合同来具体规定双方的权利和义务。

我国的劳动合同制度从20世纪80年代中期开始试点，在20世纪90年代得到大力推广，现在已在城镇各类企业中广泛实施。根据我国有关法律的规定，用人单位与劳动者依法建立劳动关系，应该签订有固定期限、无固定期限或以完成一定的工作为期限的劳动合同，在签订劳动合同的过程中，双方必须遵循平等自愿、协商一致的原则。实行劳动合同制度，明确了劳动者与用人单位双方的权利和义务，保障了劳动者的择业自主权和用人单位的用人自主权。

（二）劳动合同制度的作用

劳动合同制度，是通过平等自愿、协商一致的原则，确立劳动者与用人单位之间稳定、和谐的劳动关系的制度，是通过劳动合同明确双方的权利和义务，保护双方的合法权益的制度。通过劳动合同制度来保护劳动者和用人单位双方的合法权益，加强企业管理，提高劳动者的生产积极性，促进经济发展和社会进步的事实越来越被人们肯定。因此，各级政府要重视劳动合同工作，把它纳入重要工作议程。劳动保障部门应高度重视劳动合同工作，充分认识劳动合同工作在整个劳动保障工作中的地位和作用，统一思想，集中精力，全力以赴地实施劳动合同制度。

（三）实行劳动合同制度的意义

1. 实行劳动合同制度可以实现劳动力资源的合理配置

长期以来，我国实行的是固定工制度，用人单位没有录用职工的自主权，只有按国家规定的指标安置职工的义务,因此,用人单位无法根据自身情况与市场的变化调配劳动力数量,劳动者也无法选择适合自己的就业岗位,这样就容易造成劳动力资源配置不合理。实行劳动合同制度以后,用人单位可以根据市场情况与企业发展的需要,选择录用劳动者,劳动者也可以根据自身情况选择就业岗位,这样就可以使劳动力资源得到合理配置。

2. 实行劳动合同制度可以增强劳动者的竞争意识,促进劳动者自身素质的提高

长期以来,我国实行的是固定工制度,只要工作指标下达,不管劳动者是否具有适合生产力发展需要的劳动能力,只要到了一定年龄,就可以就业。他们被分配到某个单位以后,即使单位不需要他们,也只能养着他们,不能辞退。这种缺乏竞争机制的用工制度阻碍了劳动者的积极性、主动性和创造性的发挥,不利于劳动者自身素质的提高。实行劳动合同制度以后,用人单位与劳动者择优录用、择业选优都必须通过市场机制来实现,这必然会增强劳动者的竞争意识,促进劳动者自身素质的提高。

3. 实行劳动合同制度有利于调动劳动者的积极性

用人单位在与劳动者签订劳动合同时,会将有关劳动者利益的内容(如劳动报酬、福利待遇等)与本单位的经营状况联系起来,这样有利于调动劳动者的积极性。

4. 实行劳动合同制度是维护劳动者的合法权益,体现劳动者主人翁地位的法律保障

劳动合同是有劳动能力的劳动者实现劳动权利和履行劳动义务的一种重要的法律形式。劳动者与用人单位签订劳动合同后,就意味着劳动者自身应该享有的劳动权利和应该履行的劳动义务都被纳入了国家法律管理和保护的体系中,使得劳动者在尽职尽责履行劳动义务的前提下,其各项合法权益均得到了切实的保护。

五、劳动仲裁制度

(一)什么是劳动仲裁

劳动仲裁是指劳动争议仲裁委员会对当事人申请仲裁的劳动争议进行公断与裁决。在我国,劳动仲裁是劳动争议当事人向人民法院提起诉讼的必经程序。

(二)劳动仲裁的程序

劳动仲裁的程序包括申请、受理、审理前的准备、审理及裁决。

1. 申请

仲裁委员会处理劳动争议案件必须有当事人的申请,当事人未提出仲裁申请的,仲裁委员会无权仲裁该劳动争议。

当事人向仲裁委员会申请仲裁时,必须提交书面申请,申请书中应写明下列事项。

(1)如果是个人申请仲裁,应写明申诉人的姓名、职业、住址、工作单位、联系电话等;如果是企业申请仲裁,应写明企业的名称、地址,以及法定代表人的姓名、职务、联系电话等;

(2) 被诉人的基本情况(同上)。
(3) 目的与要求(即仲裁请求事项)。
(4) 事实和理由,具体包括争议的起因和过程、争议是否经过调解、调解结果等,应当尽量提供有关争议情况的各种证据,务必真实、准确,提供伪证要负法律责任。
(5) 如果有委托代理人,要提供委托书,证明委托代理人的资格及代理权限。
(6) 申请时间。

2. 受理

仲裁委员会工作人员收到申请书以后,应对下列事项进行审查。
(1) 申诉人是否与本案有直接的利害关系。
(2) 申请仲裁的争议是否是劳动争议。
(3) 申请仲裁的劳动争议是否属于仲裁委员会的受理范围。
(4) 该劳动争议是否属于本仲裁委员会管辖。
(5) 申请书及有关材料是否齐备并符合要求。
(6) 申请时间是否符合申请仲裁的时效规定。

如果材料不齐备或不符合要求,仲裁委员会工作人员应指导申诉人予以补充或完善。

仲裁委员会工作人员对于经审查符合受理条件的案件,应填写立案审批表,并及时报请仲裁委员会负责人审批。仲裁委员会负责人对立案审批表,应自填表之日起7日内做出决定,决定不予立案的,应自做出决定之日起7日内制作不予受理通知书,送达申诉人,决定立案的,应自做出决定之日起7日内向申诉人发出书面通知,同时将申诉书副本送达被诉人,并要求被诉人在15日内提交答辩书和证据。被诉人不提交答辩书的,不影响案件的审理。

3. 审理前的准备

若仲裁委员会决定受理劳动争议案件,应自立案之日起7日内按有关规定组成仲裁庭。对事实清楚、案情简单、适用法律法规明确的案件,可由仲裁委员会指定一名仲裁员处理。对应回避的人员,要做出回避决定。

仲裁庭成员应认真审阅申诉、答辩材料,调查、收集证据并查明争议事实。在仲裁活动中,如果遇到需要勘验或鉴定的问题,应交由法定部门勘验或鉴定,没有法定部门的,由仲裁委员会委托有关部门勘验或鉴定。

各地仲裁委员会之间可以互相委托调查。受委托方仲裁委员会应当在委托方仲裁委员会要求的期限内完成调查,因故不能完成的,应当在要求期限内告知委托方仲裁委员会。仲裁庭成员应根据调查的事实,拟订处理方案。

4. 审理

仲裁庭审理劳动争议案件,应于开庭4日前,将列有仲裁庭组成人员、开庭时间及地点的书面通知送达当事人。当事人接到通知,无正当理由拒不到庭的,或在开庭期间未经仲裁庭同意自行退庭的,对申诉人按撤诉处理,对被诉人按缺席处理。

仲裁庭审理劳动争议案件,应当先进行调解。经调解达成协议的,按《中华人民共和国企业劳动争议处理条例》(以下简称《企业劳动争议处理条例》)的规定制作仲裁调解书。仲裁调解书在双方当事人签字,仲裁员署名,加盖仲裁委员会印章后送达当事人。经调解未达成协议或仲裁调解书送达当事人前当事人反悔的,仲裁庭应及时裁决。

5．裁决

仲裁庭开庭裁决,可根据案情适用以下程序。

(1) 书记员查明双方当事人、代理人及有关人员是否到庭,宣布仲裁庭纪律。

(2) 首席仲裁员宣布开庭,宣布仲裁员、书记员名单,询问当事人是否申请回避并宣布案由。

(3) 听取申诉人的申诉及被诉人的答辩。

(4) 仲裁员以询问的方式,对需要进一步了解的问题进行调查,询问双方当事人是否有证据提交给仲裁庭,并当庭质证,对合法、有效的证据,仲裁庭予以确认,对无效的证据,仲裁庭做出不予确认的决定,组织双方当事人就争议的问题互相辩论,辩论结束后,询问双方当事人的最后意见。

(5) 根据当事人的意见进行调解,不宜进行调解或经调解未能达成协议的,应及时休庭合议并做出裁决。

(6) 仲裁庭复庭,宣布仲裁裁决。

(7) 对于仲裁庭难做出裁决或需要提请仲裁委员会决定的疑难案件,仲裁庭可以宣布延期裁决。

(三) 仲裁裁决的执行

仲裁裁决是仲裁庭按照法定的程序做出的具有法律效力的决定。如果当事人对仲裁裁决无异议,必须履行。如果当事人对仲裁裁决不服,可以自收到仲裁裁决书之日起15日内向人民法院提起诉讼。当事人自收到仲裁裁决书之日起15日内未向人民法院提起诉讼的,仲裁裁决即发生法律效力。当事人对发生法律效力的仲裁裁决,必须履行。一方当事人在法定期限内既不起诉又不履行仲裁裁决的,另一方当事人可以向人民法院申请强制执行。强制执行有法定的条件,详述如下。

(1) 必须有劳动争议当事人的申请,如果当事人不提出申请,人民法院不会主动执行。

(2) 必须有执行的根据。生效的仲裁裁决书就是执行的根据。

(3) 必须是其中一方当事人明确表示不履行仲裁裁决。

(4) 申请执行的仲裁裁决书必须正确。

(四) 仲裁时效和仲裁期限

1．仲裁时效

《劳动法》第82条规定,提出仲裁要求的一方应当自劳动争议发生之日起60日内向劳动争议仲裁委员会提出书面申请。

《企业劳动争议处理条例》第23条规定,当事人应当从知道或者应当知道其权利被侵害之日起6个月内,以书面形式向仲裁委员会申请仲裁。

这里的"劳动争议发生之日"和"知道或者应当知道其权利被侵害之日"两种对时效开始日期的计算实际上是一致的,必须是当事人知道或者应当知道其权利被侵害之日才能被认定为劳动争议发生之日,这样规定是为了更好地维护双方当事人的合法权益,主要是劳动者的合法权益。比如,用人单位开除劳动者,决定已经做出,却不给劳动者发通知书,还有的劳动者患职业病,过了很长时间才发现,由此引起的劳动争议,仲裁时效应从知道被开除或者知道患职业病而发生争议的时间算起。

当事人应当在仲裁时效期内提出仲裁申请,逾期不提出的,丧失申请仲裁的权利。如果当事人因为不可抗力或者其他正当理由超过仲裁时效提出仲裁申请,仲裁委员会应当受理。

这里的"不可抗力"是指不能预见、不能避免或不能克服的情况,例如,地震、水灾或者战争等使交通中断,当事人无法在仲裁时效期内完成应当完成的行为。"其他正当理由"是指障碍的发生不应归责于当事人,例如,仲裁时效开始后,当事人突然患病住院,或因交通事故身受重伤,无法在仲裁时效期内完成应当完成的行为,都属于因为其他正当理由耽误仲裁时效。是否属于因为不可抗力或者其他正当理由耽误仲裁时效,由仲裁委员会认定;是否受理这类仲裁申请,也由仲裁委员会做出决定。

2. 仲裁期限

仲裁庭处理劳动争议案件,应当自组成仲裁庭之日起60日内结案。案情复杂需要延期的,经仲裁委员会批准,可适当延期,但最长延期不得超过30日。

六、国家公务员制度

(一) 什么是国家公务员制度

国家公务员制度是党和国家对国家公务员进行管理的有关法律、法规、政策等的统称。我国的公务员制度是具有中国特色的适应社会主义市场经济体制的政府机关工作人员的管理制度。它是在继承和发扬我国干部人事管理优良传统和基本经验的基础上,吸收党的十一届三中全会以来干部人事制度改革的成果,并借鉴发达国家的有益做法而形成的。

(二) 国家公务员制度的原则

1. 竞争原则

竞争在国家公务员制度中是公开、平等的。考试、考核、录用等程序都是公开进行的。任何人都可以通过竞争进入公务员队伍。竞争机制是我国公务员制度的核心机制,它贯穿公务员制度的始终,并且主要体现在公务员的考试、录用、晋升、降职、辞退等制度上。

2. 功绩原则

功绩是国家公务员在贯彻执行党的基本路线中的工作实绩。公务员的职务升降、考核、任免、奖励等,都以其在工作中取得的功绩为主要依据。

3. 法治原则

法治原则是指制定法律法规,依照法律法规对国家公务员进行管理,国家公务员依照法律法规行政,并受法律保护。

4. 党管干部原则

党管干部原则是社会主义国家人事制度坚持的根本原则,建立国家公务员制度不是削弱党对干部的领导,而是加强和完善党对政府机关工作人员管理工作的领导。通过把党的组织路线、方针、政策按一定的程序转化为政府机关人事管理的法规,依此对政府机关工作人员进行管理。

总之,国家公务员制度的建立为公务员管理提供了基本的法律依据。由于国家公务员制度是公务员法规体系中的基础性法规,所以只能规定公务员管理中的一些基本原则和方法,在执行过程中,还应逐渐建立和完善与之相配套的制度体系。

(三) 考取国家公务员的流程

公务员招考由各级人事部门统一部署安排,具体细节会因地域、部门的差异而不同,要以主管招考的相关部门的规定为准。

1. 发布招考公告

中央机关及其直属机构的录用计划,由中央公务员主管部门审定,制定招考公告,面向社会发布。招考公告主要包括以下内容。

(1) 招录机关、招考职位、名额和报考资格条件。

(2) 报名方式、时间和地点。

(3) 报考需要提交的材料。

(4) 考试科目、时间和地点。

(5) 其他事项。

2. 报名、提交材料与资格审查

目前,中央机关及其直属机构招考公务员的报名、资格审查、确认等工作都在网上进行,中华人民共和国人力资源和社会保障部网站(http://www.mohrss.gov.cn)设有公务员考试录用专栏,可在此了解相关信息。

3. 考试

公务员考试采用笔试和面试两种方式进行,考试内容根据公务员应当具备的基本能力和职位类别分别设置。笔试包括公共科目和专业科目。公共科目由中央公务员主管部门统一确定。专业科目由省级以上公务员主管部门根据需要设置。目前,国家公务员笔试公共科目分为行政职业能力测验和申论两科。

笔试结束后,招录机关按照省级以上公务员主管部门的规定,根据笔试成绩由高到低确定面试人选(一般,招录人数与进入面试的人数的比例为1∶3或1∶5)。面试由省级以上公务员主管部门组织实施,也可以委托招录机关或授权设区的市级公务员主管部门组织实施。目前,常见的面试形式有结构化面试和无领导小组讨论两种。

4. 调剂

调剂的原则和条件详述如下。

(1) 调剂在公共科目考试内容相同的职位之间进行。

(2) 已进入首批面试名单的报考人员不得参加调剂。

(3) 参加调剂的报考人员只能申请一个调剂职位。

(4) 申请调剂的报考人员应当符合调剂职位规定的资格条件和要求。

(5) 申请调剂的报考人员公共科目笔试成绩应当同时达到原报考职位的最低合格分数线和拟调剂职位的最低合格分数线。

报考人员需要咨询调剂职位所需专业、学历、学位、资格条件等信息时,可直接与招录机关联系。在递交调剂申请时间结束之前,报考人员可以改变申请调剂的职位。此外,非网上报名的报考人员参加调剂时,可直接与拟申请调剂的招录机关联系。调剂结束后,将形成进入面试和专业科目笔试的人选名单,并在相关网站上公布。

5. 考察与体检

招录机关将笔试、面试成绩按一定的比例合成总成绩,按总成绩高低顺序,确定考察人选,并对其进行报考资格复审、考察和体检。

报考资格复审主要是核实报考者是否符合规定的报考资格条件,确认其报名时提交的信息和材料是否真实、准确。

考察内容主要包括报考者的政治思想、道德品质、能力素质、学习和工作表现、遵纪守法、廉洁自律等方面的情况。

体检的项目和标准根据职位要求确定,具体办法由中央公务员主管部门会同国务院卫生行政部门规定。

6. 公示、审批或备案

招录机关根据考试成绩、考察情况和体检结果,提出拟录用人员名单,并予以公示,公示时间一般为7天。公示期满,中央一级招录机关将拟录用人员名单报中央公务员主管部门备案;地方各级招录机关将拟录用人员名单报省级或者设区的市级公务员主管部门审批。

7. 试用

新录用的公务员试用期一般为1年。试用期满合格的,予以任职;不合格的,取消录用。

需要注意的是,流程介绍仅供参考,报考人员应时刻关注相关网站上公布的信息,充分备考。考试结束后,仍要继续关注相关网站,若失去第一批面试机会,仍要留意相关的调剂信息,把握调剂机会,争取成功进入公务员队伍。

任务三　职业资格与就业准入

一、职业资格证书制度

职业资格证书制度是劳动就业制度的一项重要内容,它是指按照国家规定的职业技术标准或任职资格条件,由政府认定的考核鉴定机构,对劳动者的技能水平或职业资格进行客观、公正、科学、规范的评价和鉴定,对合格者授予相应的国家职业资格证书。

二、职业资格与就业准入的关系

职业资格包括从业资格和执业资格。从业资格是政府规定的专业技术人员从事某种专业技术工作所需的学识、技术和能力的起点标准,通过学历认定或考试取得,供用人单位参考。执业资格是政府对某些责任较大、社会通用性强、关系公共利益的专业技术工作实行的准入控制,是专业技术人员依法从事某种专业技术工作所需的学识、技术和能力的必备标准,必须通过考试取得,考试由国家定期举行。绝大部分职业资格都是从业资格,并不做准入控制。在特定的领域内实行强制性就业准入控制的,是执业资格。

三、国家对实行就业准入的具体规定

(1) 职业介绍机构要在显著的位置公布实行就业准入的职业范围。

(2) 各地印制的求职登记表中要有登记职业资格证书的栏目,用人单位的招聘广告中也应有相应的职业资格要求。

(3) 职业介绍机构介绍国家规定实行就业准入的职业时,应要求求职者出示职业资格证书并进行查验,凭证推荐就业,用人单位要凭证招聘用工。

(4) 从事就业准入职业的新生劳动力,就业前必须经过1~3年的职业培训,并取得职业资格证书。

(5) 对招收未取得相应的职业资格证书人员的用人单位,劳动监察部门将依法查处。

(6) 对从事个体工商经营的人员,要取得相应的职业资格证书后,工商部门才予以办理开业手续。

四、职业资格证书的作用

职业资格证书是由政府认定的考核鉴定机构,按照国家规定的职业技术标准或任职资格条件,对劳动者的技能水平或职业资格进行客观、公正、科学、规范的评价和鉴定后颁发的用来证明劳动者具备某种职业所需的专门知识和技能的证书。职业资格证书是劳动者求职、开业和用人单位录用劳动者的主要依据,也是境外就业、对外劳务合作人员办理技能水平公证的有效证件。

五、职业资格证书与学历证书的区别

职业资格是对从事某一职业所需的学识、技术和能力的基本要求,职业资格证书反映了劳动者为适应职业劳动需要而运用特定的知识、技术和技能的能力。学历证书主要反映学习经历,是文化理论知识水平的证明。职业资格证书与职业劳动的具体要求密切相关,更直接、更准确地反映了特定职业的实际工作标准和操作规范,以及劳动者为从事该职业所达到的实际能力水平。

❖ **小资料**

针对国内部分行业、协会等未经批准而从事各类非官方职业资格鉴定的情况,中华人民共和国人力资源和社会保障部联合中华人民共和国国家发展和改革委员会、中华人民共和国公安部、中华人民共和国教育部、中华人民共和国民政部、中华人民共和国财政部、中华人民共和国国家工商行政管理总局等部门发文,下决心整治培训市场,以保障通过系统学习并通过国家职业资格考试的人员的权益,同时提升了考试的难度,保证了职业资格证书的严肃性、技能性和含金量。目前,大部分职业资格证书获得者都可以享受相关待遇,特别是执业资格证书的获得,可以直接提升获证者的经济收入。

这里要提醒一下那些不愿付出努力的人,假证害人不浅,不但经不起查验,使你在求职的路上战战兢兢,鬼鬼祟祟,直不起腰杆,而且会助长社会上的不良风气。弄虚作假,是现代人应该唾弃的卑劣行径。

任务四　就业市场

一、大学生就业市场及其一般属性

大学生就业市场是社会主义市场经济体系下要素市场中劳动力市场的一部分,是专门以高校毕业生为对象的初次就业市场,是高校毕业生就业制度的一个重要组成部分。其任务是举办就业洽谈、进行供需信息交流、开展咨询服务等活动,通过市场作用使高校毕业生找到合适的工作,使用人单位招聘到所需的员工。其服务的对象是大学生就业市场的供需主体——由有自主择业权的高校毕业生组成的供方和由有自主用工权的用人单位组成的需方。

大学生就业市场是高校毕业生求职择业和用人单位招聘人才的场所,是高校毕业生就业所涉及的各种社会关系的总和。在大学生就业市场中,供给方是准备走向社会谋职的高校毕业生,他们根据自己的专业知识、择业意向、工作能力等选择工作单位,需求方是企事业单位、机关团体等,他们根据岗位要求和毕业生的综合素质,择优录用所需人员,双方的选择结果由供求关系决定。

大学生就业市场的运作要遵循供需双方在市场中独立自主地进行就业洽谈,实行公平竞争和公开协商的原则。其中,公开协商是前提,它要求就业岗位公开化,所有符合条件的毕业生都可以参与竞争,自主地与用人单位进行就业洽谈。

大学生就业市场的运作结果就是就业协议书,确保就业协议书的法律地位是保证大学生就业市场正常运作的关键。就业协议书要经过鉴证和批准两道程序。对就业协议书的鉴证包括两个方面,即鉴证学生身份和鉴证就业协议书的合理性、合法性。鉴证学生身份是由学校主管毕业生就业工作的部门对毕业生拥有权利的鉴证。例如,定向生、委培生是无权参加自主择业活动的,学校不能给予鉴证。在鉴证学生身份的基础上,才能对就业协议书的合理性、合法性给予鉴证。就业协议书最终需要得到负责大学生就业工作的行政主管部门的批准,这是保证毕业生顺利就业的必要手段。

二、大学生就业市场的类型

大学生就业市场按其外在表现形式可分为有形市场和无形市场。

(一)有形市场

有形市场是指具备固定的场所、具体的时间、特定的参加对象等特点的就业市场,如各种类型的招聘会。

根据举办单位的不同,有形市场可以分为以下几种。

(1)单个学校举办的毕业生就业市场。

(2)地方教育主管部门举办的毕业生就业市场。

(3)企业举办的毕业生就业市场。

(4)学校联合举办的毕业生就业市场。

有形市场还可以分为区域性毕业生就业市场、分科类毕业生就业市场、分层次毕业生就业市场和分行业毕业生就业市场。

（二）无形市场

无形市场主要是指毕业生联系工作不受特定的时间和空间限制的就业市场，如通过互联网、电话、报刊等获取就业信息，与用人单位进行双向选择。

三、大学生就业市场的特点

大学生就业市场作为一种高级人才市场，具有与一般的劳动力市场不同的特点，主要表现在以下几个方面。

（1）初次性。大学生毕业后初次就业，缺乏就业经验，而就业的愿望又比较迫切，对就业的期望值一般都比较高，理想与现实容易产生矛盾。

（2）高层次。高校毕业生具有较高的专业知识水平和较高的学历，在就业竞争中处于十分有利的地位，具有广阔的就业前景。与一般的劳动力市场相比，大学生就业市场的就业率相对较高。

（3）时效性。全国大学生毕业的时间基本相同，要让大多数毕业生在这段时间内就业，任务十分艰巨。

（4）群体性。全国每年有上百万名高校毕业生第一次进入社会就业，这是一个特殊的群体。

（5）年轻化。高校毕业生刚刚走出校园，平均年龄为22岁左右，是一支年轻化的队伍。

四、大学生就业市场的现状

当前，大学生就业市场的现状表现在以下几个方面。

（1）供需形势存在不平衡现象。具体体现在以下几个方面：不同专业之间的需求差距明显；对毕业生学历层次的要求越来越高；不同院校之间的差别很大；不同用人单位之间的需求态势差异明显。

（2）对毕业生的素质要求提高。综合大部分用人单位的招聘条件，可以看出具有下列素质和条件的毕业生比较受用人单位的欢迎：①具有较高的思想政治素质和高尚的品德；②具有强烈的事业心和责任感；③吃苦耐劳；④具有宽广的知识面；⑤具有较强的动手能力和创业意识；⑥具有团结协作的团队精神；⑦身心健康。

（3）就业竞争日益激烈。

（4）以学校为基础的毕业生就业市场已基本形成。

（5）就业管理工作进一步规范。主要体现在以下几个方面：①以学校为基础的就业指导服务体系已基本建立，可以为毕业生和用人单位提供多方面的帮助、指导和服务；②市场机制在毕业生就业工作中的作用越来越明显；③毕业生就业市场的管理正从传统的管理模式向以信息技术为基础的现代化管理模式转变；④就业关系合同化。

五、影响大学生就业的因素

大学生就业问题是由多种因素引发的,主要包括以下几个方面。

(一)人力资源市场供需失衡

从大学生就业市场的供需状况来看,近年来,高等院校培养出来的毕业生不能满足市场对以下几类人才的需求。一是技术技能型人才。各种技术等级的劳动力呈现出供不应求的局面,以机械加工为主的技术技能型人才短缺,但是大学生在大学期间根本不可能学会这些技术技能,并且许多大学生毕业后也不愿意从事这类工作。二是农业人才。据统计,我国每百亩耕地平均拥有科技人员 0.0491 名,远远落后于发达国家水平,大部分农业从业人员都没有接受过高等教育。三是落后地区的人才需求。我国西部地区和农村地区迫切需要引进大量人才,帮助改变贫困、落后的面貌,但是在这些地区,很少见到大学生的身影。

(二)高校教育与社会需求失调

随着国家对教育投入的增加,我国的高等院校虽然在软、硬件设施建设上有了较大的发展,但是并没有缓解高校毕业生与社会需求脱节的压力。

大学生就业与产业结构的调整和地区经济发展的周期有较大的关系。随着产业结构不断调整升级,四年一个周期的高校专业课程设置调整逐渐滞后以致错位。此外,高等院校对经济社会发展趋势的预测能力不足、对学生的教育与培养的重视程度不够,也是导致高校教育与社会需求的结构性矛盾凸现的原因。

(三)大学生自身因素

面对严峻的就业形势,许多大学生职业目标模糊,自信心不足,综合素质不高,这些都对大学生就业造成了消极的影响。

1. 职业目标模糊

许多大学生没有把兴趣爱好与自己所学的专业很好地结合起来,不知道自己的优势和劣势,不知道自己适合做什么,不适合做什么,自己有哪些潜能,没有明确的职业目标,到了快毕业时,才临时抱佛脚。

2. 综合素质不高

许多大学生在学校里只知道学习学校开设的各门课程,而不注重提高自身的综合素质,社会实践经验不足加上语言表达能力不强,导致他们在应聘时紧张、胆怯,不能充分地展示自己,从而错过了许多机会。

(四)国家政策方面的原因

近年来,为了解决大学生就业问题,国家做了大量的工作,并出台了相应的优惠政策。

但是由于种种原因,大学生就业问题依然突出。从总体上来说,国家对大学生就业的引导性政策可行性较差。另外,国家关于高校扩招的政策,也使得大学生就业的难度进一步加大。

六、大学生职业选择的标准和原则

每一位大学生都在为找一份"好"工作而奔波。把握"好"职业的标准和原则,对于大学生求职择业是十分重要的。

(一)大学生职业选择的标准

1. 工资收入水平

一般来说,人才的价值应该在经济收入上表现出来。大学生择业时常把工资收入水平作为重要的因素来考虑。工资收入高的跨国公司或外企是很多毕业生的首选。但是,大学生在择业时目光要长远,决不能一味追求高工资而忽视其他的选择因素。

2. 个人兴趣与爱好

能否发挥个人特长,是否符合个人兴趣与爱好,是广大毕业生在择业时关注的重要问题。大学生只有在职业选择与个人状况的结合匹配、合理时,才能够"干一行,爱一行"。

3. 单位的地理位置

许多大学生在择业时都会考虑单位的地理位置。很多人首先考虑的是大城市,其次是沿海开放城市。选择在大城市、沿海开放城市就业有一定的优越性,生活方便,条件优越,但是也应该考虑到,这些大城市的工作单位人才济济,专业人员齐备,毕业生锻炼的机会较少。中小城市的工作单位虽然条件较差,但由于缺乏人才,因此对大学生极为重视,大学生在这里可以充分发挥自己的才能。

4. 单位的性质

很多大学生受社会舆论的影响,在择业时会考虑单位的性质。据调查,一些毕业生选择单位性质的顺序依次为政府机关、金融机构、高等院校、国有企业、外资企业、合资企业、民营企业。

5. 单位的发展前景

毕业生的发展情况与所在单位的发展前景密切相关,因此,许多毕业生在择业时非常注重单位的发展前景。

6. 学习深造的条件和机会

大学生刚从学校毕业,知识面比较有限,要想在今后发展得更好,必须在工作中继续学习,补充新的知识。因此,在择业时,很多人都会考虑单位是否具备学习深造的条件和机会。

7. 发展的机会

到用人单位工作以后,在预期时间内可以取得什么样的业绩或晋升到什么职位,大学生可以根据该单位的发展前景、人事管理制度等对此做出判断。

(二) 大学生职业选择的原则

1. 符合社会需要的原则

大学生在选择职业岗位时,应该把社会的需要作为出发点,以社会对自己的要求为准绳,去观察、认识问题,进而决定自己的职业岗位。虽然大学生就业实行双向选择、自主择业,但自主择业是相对的、有条件的,不能不顾社会的需要,一味地追求"自我设计"。社会的发展、科技的进步、经济的繁荣,需要大学生为之去奋斗。从另一个方面来看,社会是由人构成的,社会的需要本质上就是人类的需要。人们正是通过不同的职业活动,在满足社会需要的同时,也在满足个体的需要。

2. 发挥个人素质优势的原则

大学生在选择职业岗位时,应该综合考虑自身的素质情况,根据自身的特长和优势选择职业岗位,这样可以使自己在职业岗位上顺利、出色地完成本职工作。

1) 发挥专业优势

经过大学阶段的学习,大学生通常具有较高的专业知识水平,因此,大学生在选择职业岗位时,应当从所学专业的特点出发,做到专业基本对口,这样可以使自己在职业岗位上发挥专业优势,大显身手。

2) 发挥能力优势

根据不同的能力选择不同的职业岗位,是充分发挥个人素质优势的最佳体现。比如:有的人语言表达能力较强,适合从事宣传工作;有的人设计能力较强,适合从事设计工作;有的人组织能力较强,适合从事管理工作;还有的人文字表达能力较强,适合从事文秘、编辑等工作。根据自己的能力优势选择职业岗位,既是胜任工作的需要,也是充分发挥个人潜力的需要。

3) 适当地考虑性格特点

大学生在选择职业岗位时,应当适当地考虑自己的性格特点。例如:在职业活动中,有的人是用理智去衡量一切并配合行动,这样的人就适合从事基础理论研究工作;有的人很有主见,并且善于发现问题和解决问题,这样的人就适合从事科学研究或领导工作。

3. 主动出击的原则

大学生在选择职业岗位时,不能消极等待,而应主动出击,积极参与。这里所说的主动出击,主要包括以下三个方面。

(1) 主动参与职业岗位竞争。竞争机制的引入,冲击着各行各业,也冲击着大学生就业市场。竞争增强了人们的紧迫感和危机感,也增强了人们的责任感。从某种意义上来说,职业岗位的竞争,就是靠才华和良好的素质去争取一份比较理想的工作。

(2) 主动了解用人单位的需求信息。由于社会对大学生的要求在不断地发生变化,所以主动了解用人单位的需求信息,对有的放矢地选择职业岗位具有重要意义。

(3) 主动完善自己。大学生应根据社会发展的需要,加强学习,主动完善自己,这样可以使自己更好地适应新的工作岗位。

4. 分清主次的原则

大学生在选择职业岗位时,往往会考虑多种因素,如单位的性质、工作地点、工作条件、福利待遇等,不可能每一项都满足自己的心愿,这时大学生一定要权衡利弊,分清主次,做出抉择,千万不能因为一味求全,急功近利,好高骛远而错失良机。

5. 着眼未来,面向未来的原则

大学生在选择职业岗位时,不能只看眼前的利益,不看企业的发展前景;不能只看暂时的困难,不看企业的未来。大学生在选择职业岗位时,要站得高,看得远,把自己的命运和祖国的命运紧紧地联系在一起,牢牢地把握职业选择的主动权,找到最适合自己的位置。

任务五 从戎

一、应征入伍报名程序

(1) 参加兵役登记和预征报名。4月份,高校所在地县级兵役机关会同有关部门到高校开展兵役登记,进行征兵普查工作,有应征意向的高校毕业生可向所在高校有关部门报名。

(2) 在高校参加预征。5~6月份,高校所在地县级兵役机关会同教育、公安、卫生等部门到高校组织身体初检和政治初审,符合基本征集条件的高校毕业生会被确定为预征对象,并填写应届高校毕业生预征对象登记表。身体初检时,主要是对视力、肝功能等项目进行检查。

(3) 到户籍所在地报名应征。11~12月份,被确定为预征对象的高校毕业生在冬季征兵开始前持应届高校毕业生预征对象登记表到入学前户籍所在地县(市、区)征兵办公室报名应征。通过体格检查、政治审查并符合其他征集条件的,由县(市、区)征兵办公室优先批准入伍。

二、大学毕业生入伍优惠政策

国家鼓励大学毕业生应征入伍服义务兵役的优惠政策包括以下八个方面。

一是大学毕业生入伍服义务兵役两年,国家按每学年最高6000元返还其在大学期间的学费。

二是正在就读的高职高专毕业班的学生,已完成教学课程仅差实习的,可以提前毕业入伍,在部队完成实习。

三是大学毕业生入伍以后,在选取士官、考军校、安排在技术岗位等方面优先。

四是大学毕业生退役以后,报考公检法系统定向岗位,优先录取。

五是高职高专毕业生退役以后,可以免试入读成人本科,也可以参加所在省专升本考试,入读普通高等教育本科。

六是大学毕业生退役以后,参加硕士研究生招生考试,初试总分加10分,在部队荣立二等功及以上的,免试入读硕士研究生。

七是大学毕业生退役以后,由入伍地方政府接收安置。

八是大学毕业生退役以后,自主择业,凭就业协议,参照应届毕业生,办理就业报到证,迁移户口。

三、士官生报考

我军现役士兵按兵役性质可以分为义务兵役制士兵和志愿兵役制士兵。义务兵役制士兵称为义务兵,志愿兵役制士兵称为士官。义务兵实行供给制,士官实行工资制和定期增资制度。

在部队,义务兵在服兵役的第二年可以报考士官生,可以报考高等职业技术教育、中等职业技术教育层次的士官学校。

报考士官生的程序如下:个人申请、基层推荐、文化测试、军事考核、思想考察、体检、组织审批。个人不申请、基层不推荐、思想考察不合格或受到记过以上处分的,不得报考。

中、高等职业技术教育士官学员招生全部实行网上录取,录取工作在全军士官学员招生办公室的组织和指导下,由军区和招生院校按照有关规定在网上进行。

被批准录取的士官学员,按照士官学员入学的有关规定和院校要求,携带相关资料和物品按时报到。士官学员因故不能按时报到的,由团级以上单位军务部门报请全军士官学员招生办公室同意后向院校请假,未经请假逾期报到的,由院校按照有关规定取消其入学资格。士官学员入学后,院校将组织复查、复试,对于不合格需作退学处理的,报请全军士官学员招生办公室审批后,由原单位接回,并办理退学手续。

1. 劳动合同通常包括哪些条款?
2. 简述促进大学生就业的政策。

项目五

求职择业准备

项目导学

随着高校毕业生就业制度改革的不断深化,形成了毕业生通过与用人单位进行双向选择来确定就业去向的就业格局。双向选择的过程,实际上就是毕业生与用人单位相互认识、相互了解、相互认可的过程。毕业生在认识、了解用人单位的同时,也让用人单位认识自己、了解自己、选择自己,从而实现自己的就业愿望。为了达到就业的目的,毕业生需要利用各种途径和方法正确地展示自己。

不打无准备之仗。

——毛泽东

冬天并不可怕,可怕的是我们没有准备。

——马云

任务一　做好信息准备

一、就业信息的范围

就业信息的内容十分广泛,初次择业的毕业生应当了解以下两个方面的就业信息。

(一)就业政策及相关规定

毕业生应当了解国家的就业政策及相关的法律法规,它们是毕业生就业的出发点和落脚点。毕业生只能在国家就业政策所规定的范围内,根据个人的具体情况来择业。毕业生必须清楚就业法规、制度,学会用法律维护自己的合法权益。

(二)供求信息

(1)当年毕业生总的供求形势。主要是了解本地区与自己同时毕业的大学生有多少,用人单位的需求有多少,是供大于求,还是求大于供,还是两者基本平衡。

(2)人才需求信息。这部分信息是毕业生就业的前提。

(3)用人单位信息。掌握详细的用人单位信息,有利于对用人单位进行客观的评价,避免择业的随意性和盲目性。

二、就业信息的类型

(一)书面信息

书面信息是指通过书面材料获取的就业信息,如毕业生通过有关就业工作的指导性文件、学校和用人单位的书面通知、函件等获取的就业信息。书面信息比较正式,权威性强,可信度高,是毕业生必须重视和把握的就业信息。

(二)媒体信息

媒体信息是指通过各种公开发行的媒介载体获取的就业信息,如毕业生通过报纸、杂志、电视、网络等获得的就业信息。在现代社会,媒介是承载信息的主要载体,特别是网络,它因为信息更新速度快,信息量大而受到广大毕业生的青睐。但是,媒体信息,尤其是网络上发布的就业信息,混杂着许多失效信息和失真信息,甚至混杂着诱人进入"陷阱"的误导信息,对于这类信息,毕业生一定要慎重,要及时向就业指导老师和有关部门咨询,以免上当受骗,误入圈套。

三、就业信息的来源

就业信息的获取对职业选择起着重要的作用,获取的就业信息越广泛,择业的途径就越宽阔,就业信息的准确性越高,择业的成功率就越高。从总体上来说,目前毕业生可以通过以下渠道获取就业信息。

(一)学校就业指导部门

校园内许多地方设有就业信息栏,上面经常张贴着就业信息,学校的就业指导网站上也会发布就业信息,并不断更新。

(二)各级政府主管部门

为了适应大学毕业生就业制度改革的需要,县以上各级政府部门一般都设立了职业介绍服务中心,这些主管部门的主要职责就是制定所辖区域的毕业生就业政策,为毕业生就业提供各种咨询与服务。

(三)人才交流中心

近年来,随着经济的发展,我国的人才中介机构发展迅速,各地区都建立了人才交流中心,其主要任务就是收集、发布人才供求信息,为单位招聘和个人求职提供契机。

(四)各种新闻媒体

毕业生就业已经成为全社会关注的热点之一,在传媒业高速发展的今天,广播、电视、网络、报纸、杂志等新闻媒体都开设了专栏和专题报道,深受用人单位和求职者的喜爱。毕业生可通过各种新闻媒体获取自己所需要的用人单位的信息。

(五)计算机网络

随着网络信息时代的到来,网上求职已成为毕业生求职的一种时尚。网络作为一个庞大的信息和服务资源基地,已发挥了巨大的作用,对于用人单位和求职者来说,它是一个双赢的平台。毕业生可以通过以下几类网站收集就业信息。

(1)专业求职网站。在这类网站上,可以查到上千条招聘信息。求职者可以在线填写简历,简历会被存入数据库,用人单位可以快速查询到符合他们需要的求职者的信息。

(2)用人单位的主页。随着社会的进步,许多用人单位越来越重视建立自己的主页,该主页除了介绍企业文化和所经营的产品之外,还会发布招聘信息。

(3)门户网站的求职频道。例如搜狐求职频道,不仅提供了许多用人单位的招聘信息,而且提供了就业政策等方面的信息。

(六)利用自己的人际关系获取就业信息

毕业生还可以从家人、亲戚、朋友、同学等处获得就业信息。这种就业信息针对性强,通常符合求职者的岗位或地区要求,因而就业成功率较高。

四、收集就业信息的原则

(一)真实性、准确性原则

"真"就是要做到信息准确无误。当你从各种渠道收集到大量就业信息以后,要善于对比鉴别,辨别其真伪,去伪存真。

"实"就是收集的就业信息要具体。毕业生要注意了解用人单位的地址、环境、生产规模、发展前景、人员构成、工资待遇等方面的信息。此外,还需要了解用人单位需要的是什么学历、什么专业、什么素质的人才,在性格、性别、相貌、外语水平等方面有没有特殊要求。

(二)目的性、适用性原则

首先,毕业生要明确收集信息的目的,有了明确的目的,信息收集才有方向,才有针对性;其次,就业信息纷繁复杂,并不是每一条信息都适合自己,因此,毕业生要准确认识自身的专业、特长、能力、性格、气质等方面的因素,明确自己所需的就业信息的范围,做到有的放矢,这样可以增强就业信息的适用性。

(三)系统性、连续性原则

大学生可以将各种相关的、零碎的信息积累起来,经过筛选、加工,形成一个能客观、系统地反映当前的就业市场、就业政策、就业动向的就业信息链,这样可以为信息分析和择业提供更可靠的依据。同时,毕业生要注意保持信息的连续性。一些用人单位因搬迁等原因而导致毕业生原有的信息失真,但是如果毕业生建立了连续的电子就业信息库,就可以根据原有的信息重新发掘信息,并输入信息库,这样毕业生就可以在任何时候使用这些信息。

(四)计划性、条理性原则

计划性原则是指根据事先拟订的计划收集不同类型的用人单位的就业信息,并根据自己希望就业的地区,有针对性地收集,避免大海捞针。同时,毕业生可以按照地区、工资待遇等,对收集到的就业信息进行归类,使就业信息具有条理性,这样毕业生在使用这些就业信息时就会很方便。

(五)时效性原则

毕业生在收集就业信息时,要花最少的时间以最快的速度进行收集,因为就业信息本身具有时效性,只有及时收集,才能保证收集到的就业信息是有效的。

五、就业信息的筛选和运用

一个人拥有就业信息,并不一定就能顺利就业,因为就业信息有真伪之分,必须辨别,即使就业信息是真的,也不一定适合你。因此,必须对所获取的就业信息进行筛选和处理,留下那些适合自己的,然后运用这些就业信息为求职服务。

对就业信息进行筛选和处理的过程,就是求职者结合自身的具体情况,对收集到的就业信息去伪存真、去粗取精的过程。毕业生在筛选就业信息时,应注意以下几点。

(1) 鉴别和确认。毕业生千万不要以为从报纸、广播上获得的就业信息就肯定没有问题,因为用人单位在发布招聘信息时,有时会对一些内容进行粉饰;也不要以为亲自从就业市场上获取的就业信息就绝对可靠,因为目前我国就业市场上仍然存在虚假信息;对于从亲戚、朋友等处获得的就业信息,也要进一步确认,因为他们所掌握的就业信息也可能是经过多次传递而获得的,经过多次传递的就业信息可能会产生很大的偏差。在收集、加工、整理和使用就业信息的过程中,还要增强法律意识和安全意识。

(2) 把握重点。收集就业信息要全面,但是筛选就业信息要有重点。重点就业信息就是最符合自身条件和要求的就业信息,其余的则是一般就业信息。重点就业信息与一般就业信息是因人而异的,有些就业信息对于某些人来说可能是一般就业信息,但是对于另外一些人来说可能是重点就业信息。因此,面对纷繁复杂的就业信息,如果不能把握重点,就不能很好地运用就业信息来为求职服务。

(3) 分析已获取的就业信息的具体情况。毕业生在获取某个用人单位的需求信息后,可从用人单位的用人要求、具体岗位、截止日期、工资待遇及发展前景等方面进行深入、细致的分析,然后对该就业信息做出取舍。毕业生一定要注意把握就业信息的时效性,收集到就业信息后,应及时使用,以免过期。

(4) 就业信息的积累与对比。毕业生通过多种途径获取就业信息以后,应当对自己感兴趣的真实的就业信息进行排序,从中选出最重要的就业信息作为自己的重点求职目标。

(5) 分析就业信息的利用价值。毕业生在面对自己感兴趣的就业信息时,要冷静地分析自身条件与职业要求是否匹配,分析该就业信息的利用价值及可行性,尽力争取求职主动权。

毕业生在运用就业信息时,应注意以下几点。

(1) 及时反馈。就业信息具有很强的时效性,毕业生应把握时机,及时将自己的就业信息传递给用人单位。

(2) 适合自己。有些毕业生不顾自己的专长,盲目求职,即使暂时取得了"成功",在未来的职业发展中也会逐渐暴露出自己的弱势。

(3) 平稳起步。毕业生在第一次面临就业时,都会感到迷惑,因此,准确定位至关重要。毕业生应该找一个让自己有发展空间的平台来展示自己的才能,这样工作起来才会得心应手,否则,容易受到挫折,从而对工作失去兴趣。

(4)修正自我。毕业生可以将收集到的就业信息与自己对照,发现自己的不足之处,进而修正自我,完善自我,使自己更好地适应社会的需要。

(5)资源共享。有些就业信息对自己没有用处或用处不大,但是对他人有用。为了避免浪费资源,毕业生应当学会资源共享。

任务二　做好材料准备

毕业生在求职之前,一定要精心准备求职材料。求职材料一般包括求职信、个人简历、毕业生就业推荐表和附件。准备好一份求职材料,目的是给用人单位描绘一幅立体的自画像,让用人单位了解自己并对自己感兴趣。用人单位一般会根据求职者的求职材料进行初步的比较和筛选,然后通知被选中的人员参加面试。对于是否有机会参加面试,求职材料就像"通行证"一样重要,因此,毕业生必须精心准备求职材料。

一、求职信

求职信是针对用人单位和职位的一种书面的自我介绍,写求职信的目的是吸引招聘人员看自己的简历。毕业生要想在短时间内给招聘人员留下良好的印象,就要高度概括自己的优点、能力、经验、特长等。求职信既要用生动的语言强调自己的素质,又要把自己想要什么、能做什么等个人信息自然、流畅地传递给招聘人员。完美的求职信能使自己的实力得到淋漓尽致的展现,成为通向成功的第一步。

(一)求职信的内容

求职信是求职者把自己的信息传递给用人单位的重要途径,一封标准的求职信应当包括以下几个方面的内容。

1. 个人基本情况

如果你的求职信和简历同时出现,那么你的求职信中可以不介绍个人基本情况。如果你想写一封单独的求职信,可以参照简历中的相关内容,介绍自己的基本情况。

2. 想应聘的岗位

用人单位在招聘时,往往会同时招聘多个岗位的人员,因此,毕业生在求职信中必须说明自己想应聘的岗位。为了提高求职的成功率,在说明自己想应聘哪一个岗位后,还可以表明自己愿意接受其他岗位,以拓宽求职范围。

3. 个人素质条件

个人素质条件是求职信中最重要的部分。其写作要诀是让招聘人员感到你具有胜任某个职位的素质。个人素质条件可以分为四个方面：一是学历层次、所读的专业、自身所具备的技能及持有的与职位需求相关的证书；二是性格、能力、特长；三是在相同或相似的岗位上工作过、实习过的经历；四是在以前的工作中取得的成绩。

4. 个人潜力

这是求职信中最具有个人特色的部分，也是能引起招聘人员注意的部分。在求职信的内容大同小异的情况下，要想使自己在众多的求职者中脱颖而出，可以通过这部分内容来打动招聘人员。

"个人潜力"这一部分可以单独写，也可以与"个人素质条件"合并在一起写，在说明自己的特长、性格和能力的同时，着重介绍自己的潜力。例如，介绍自己曾担任过学生干部并取得了一定的成绩，让招聘人员感到自己具有一定的管理能力。又如，介绍自己在音乐、绘画、写作、摄影、体育等方面的爱好，让招聘人员感到自己是一个多才多艺、有创造力的人。

5. 面试的愿望

在求职信的结尾部分，应表达出自己想得到面试机会的愿望，并写清楚自己的联系方式：一是详细的通信地址和邮政编码；二是电话号码；三是手机号码；四是电子邮箱。写清楚多种联系方式的目的是让招聘人员感受到自己真切的求职愿望，也为对方能及时联系到自己提供方便。

从结构上来讲，求职信一般由四个部分构成，即开头、主体、结尾和落款。

开头部分包括称呼和引言。称呼一般不直呼×××同志，而是称呼其职务或职称。如果不知道对方的身份，可用"尊敬的领导"代替。引言有以下两个方面的作用：一是吸引对方看完求职信，二是引导对方进入主体部分而不感到突然。

主体部分是求职信的重点。一般来说，主体部分主要介绍个人基本情况、个人素质条件、个人潜力等，同时简单介绍自己的求职动机和自己对未来的设想。

结尾部分要令人记忆深刻。你可以恰当地表达你求职的迫切心情。

在求职信的最后，要写清楚姓名和日期。

【小资料】求职信（见右侧二维码）。

（二）撰写求职信时应注意的事项

1. 诚信求职

诚实，是每个用人单位、每个招聘人员都非常重视的品格。求职信应该实事求是，扬长避短。在求职信中，对自己的优点应充分展示，但绝不要说大话、假话，不能让别人感到是自我吹嘘，最好的办法是用具体的事实和成绩恰如其分地介绍自己，不用华而不实的辞藻。例如，求职者可以说明自己做过什么工作、担任过什么职务、组织过什么活动、取得过什么成绩，让招聘人员从这些事情中感到该求职者有组织能力和管理能力，而不要使用"有很强的组织能力"等空洞的自我表扬的言辞。又如，求职者可以介绍自己利用课余时间学习了什么课程、获取得了哪些证书，而不要使用"有远大理想"等言辞。求职者在求职信中可以不写自己的缺点，但不能用与此缺点相反的优点来欺骗用人单位。

2. 内容简洁,重点突出

求职信内容要简洁、明快、清楚、准确。简洁是指用尽量少的文字表达最丰富的内容。准确是指用词恰当,表意准确。固定的内容要表述准确,要符合规范和实际。例如,将"上学期间"说成"我的前半生"就显得夸大,与事实不符。

求职信还要突出重点。求职者在介绍自己的能力、特长、个性、经验等时要有所取舍,与职位无关的内容不要写。

篇幅过长的求职信,容易让招聘人员厌烦;篇幅过短的求职信,则会让招聘人员感到求职者不真诚。有专家指出,求职信的篇幅以1 000字左右为宜。

3. 逻辑严谨,思路清晰

求职信的内容包括个人基本情况、学业成绩、个人素质条件、科研成果等。每个部分的内容都要注意结构合理、布局清晰,要能给人一种思路清晰、逻辑严谨的感觉。

4. 针对性强,一信一投

求职信应该针对某个用人单位的某个岗位来撰写,其中,最好有对该用人单位和需求岗位的描述,这样可以让对方产生亲切感。求职信要富有个性,才能吸引人,而个性的形成主要依赖于材料本身。因此,求职者在写求职信时,一定要用自己的语言风格进行表述,千万不要模仿他人,照抄照搬,否则会给人平庸、呆板的印象,不能引起用人单位的注意。

有些求职者为了省事,打印一份抬头空白的求职信,然后复印很多份,再写上抬头,致使对方一看就知道是"一信多投",这样会让对方感到求职者缺乏诚意。内容千篇一律的求职信也缺乏针对性,很难引起用人单位的注意。

5. 言语考究,避免引起反感

求职信有三忌。一忌抬高身价,如"现在有几家单位正在与我沟通聘用问题,所以请贵单位迅速答复",这样很容易让招聘人员感到你缺乏诚意。二忌为对方规定义务,如"本人盼望得到贵单位的尊重",这里的"尊重"二字,易使对方反感,因为它有"不聘用我就是对我不尊重"之嫌。三忌限定答复时间,如"本人将赴外地探亲,敬请×月×日前回信",表面上看很客气,但是限定了答复时间,容易让对方反感。

二、个人简历

个人简历是求职者生活、学习、工作、成绩的概括,它是用人单位全面了解求职者的重要的书面材料。

(一)个人简历的基本要素

1. 个人基本情况

个人基本情况一般包括姓名、性别、年龄、籍贯、政治面貌、身高、健康状况等信息,这些信息是最基本的。

2. 教育背景

招聘人员通常对求职者受教育的情况很感兴趣。求职者可以简单介绍自己就读的学校、专业及所学的课程。求职者在介绍所学的课程时,要把重点放在与自己应聘的岗位有关的课程上。

3. 工作(实习)经历

应届毕业生一般没有工作经历,可以介绍自己的实习经历,也可以介绍自己在学校里做过的工作,如担任班长等。

4. 技能和品质

现在许多用人单位对求职者的技能和品质有特别严格的要求,并且这种现象越来越普遍。求职者可以罗列一些与求职目标有关的工作技能和工作业绩,同时说明自己是怎样克服困难完成工作的,很多用人单位都对这些内容感兴趣。

5. 兴趣与爱好

求职者可能有很多兴趣与爱好,要认真考虑一下在简历中写下哪些兴趣与爱好对找工作有帮助,可以选择与求职目标有密切关系的两三种兴趣与爱好写在简历中。

6. 对工作的期望或要求

合理的要求会使用人单位得出以下结论:求职者在一定程度上了解这份工作的要求,并且对这份工作表现出了很强的求职愿望。当然,在措辞上要十分小心,建议多提与工作相关的要求,而不是薪水之类的要求。

(二)个人简历的写作要点

个人简历的写作要点详述如下。

(1)干净整洁。简历干净整洁,才会让招聘人员产生好感。

(2)简单扼要。

(3)强调成就,尽量使用适用于工作环境的话语和有说服力的语言,尤其是在介绍自己的技能、能力和取得的成就时,要多使用具体的数字,数字越多,其传递的价值就越明确,越容易引起招聘人员的注意。

(4)真实可信。简历的内容要真实可信,求职者既不可以夸大自己的优点,也不可以过于谦虚,否则会给人留下妄自尊大、自信心不足的印象。

(5)认真检查,避免错误。很多求职者因为忽视了简历中的语法、标点符号等错误而与好工作擦肩而过。求职者应当明白,简历是求职者的第二张面孔,招聘人员可以从简历中看出一个人的性格、工作态度和文化修养。

(三)撰写个人简历时应注意的事项

首先,简历与求职信不同,简历主要反映求职者的客观情况,而求职信主要反映求职者的基本情况和求职意向。从某种意义上来说,求职信是简历的必要说明和补充。

其次,简历重在说明个人的学习经历、生活经历、学习成绩、工作经验等,其目的是让用人单位全面地了解自己。

最后,求职简历不同于工作简历,一般的工作简历只反映自己做过什么,而求职简历不仅要反映自己做过什么,还要反映自己做得如何、自己具备哪些素质和能力,从而给用人单位留下深刻的印象。

个人简历范例如下。

个 人 简 历

姓　名		性　别		
民　族		出生年月		
籍　贯		政治面貌		照　　片
健康状况		身　高		
家庭住址		专　业		
毕业学校		学　历		
教育背景				
社会实践				
奖励情况				
专业能力				
性格特点				
联系方式				

三、毕业生就业推荐表

　　毕业生就业推荐表是求职材料中非常重要的内容,毕业生要按毕业生就业推荐表的栏目认真、如实填写,填写时切忌涂改,以免影响其真实性。一份完整的毕业生就业推荐表应填写所有栏目,学校在规定栏目内签署意见并盖上公章。因为毕业生就业推荐表具有代表学校向用人单位推荐毕业生的作用,所以毕业生就业推荐表具有唯一性,即每个毕业生只有一份原件。对于毕业生来说,只能用毕业生就业推荐表原件和用人单位签订就业协议,为了避免重复签订就业协议,用人单位也要坚持只有使用原件才能签订就业协议这一原则。

　　毕业生在填写和使用毕业生就业推荐表时,应注意以下几点。

　　(1)毕业生就业推荐表的内容应真实可信。奖惩情况、外语水平、各学科成绩等内容应如实填写。现在许多毕业生将学校教务部门存入计算机的各学科成绩直接打印一份附在毕业生就业推荐表后面,比较有说服力,可以借鉴。

　　(2)毕业生就业推荐表中的学校评语应实事求是。有些学校希望毕业生能早日就业,所以只写优点,不写不足,这种做法是不可取的。完整的学校评语,应在充分肯定毕业生的优点和成绩的同时,指出毕业生的不足,这既是如实反映情况,也是对毕业生负责的表现。

　　(3)毕业生就业推荐表原件不可仿制。毕业生就业推荐表原件代表着学校及班主任对毕业生的评价,不可仿制,否则,会影响学校和毕业生的声誉,而最终受影响的还是毕业生自己。

　　(4)充分发挥备注栏的作用。例如,有些毕业生的计算机水平达到了一定的等级,可以在备注栏中加以说明。

　　在双向选择的过程中,毕业生可以使用毕业生就业推荐表复印件进行"自我推销"。必须强调的是,毕业生一旦与用人单位签订就业协议,就必须将毕业生就业推荐表原件交给用人单位,以维护毕业生就业推荐表的严肃性,确保用人单位的招聘计划得以落实。

四、附件

　　无论是简历还是求职信,它们的篇幅都有限,附件则可以起到补充内容和为个人实力提供证明的作用。附件有两种类型:纸质材料和电子材料。

(一)纸质材料

1. 证书

证书通常包括以下几类。

(1)学历证书、学位证书。

(2)三好学生、优秀学生干部、优秀毕业生等荣誉证书。

(3)普通话等级证书、计算机等级证书。
(4)文学、音乐、绘画等方面的成果证书。
(5)在学术期刊上发表论文的图像资料。
(6)各类奖学金证书。

2. 学习成绩单

学习成绩单是大学生在校期间学习成绩的证明,最好加盖学校公章。

3. 推荐信

推荐信可以是老师或社会名流以个人名义向用人单位推荐求职者的材料,也可以是学校以统一格式印发的推荐材料。学校印发的推荐材料由学校填写推荐意见,是学校对求职者的全面评价。用人单位一般比较重视这部分内容。

(二)电子材料

随着职场竞争的加剧,为了充分展示个人风采,求职材料不再仅仅局限于个人简历、求职信及附加的纸质材料,用电脑制作的电子材料也出现在求职材料中,主要有以下几种形式。

(1)个人形象展示光盘:用PPT制作而成,主要从视觉角度展示个人风采,展示内容一般包括个人求学经历、家乡风貌、个人特长、旅游见闻、个人摄影作品等。

(2)个人海报或网页:设计个性化的海报或网页,可以使求职者显得与众不同,获得更多的面试机会。

(3)个人演讲素材光盘:求职者从动态画面、声音等方面展示自己,非常具有冲击力。

任务三 做好心理准备

一、心理素质的重要性

心理素质是一个人的性格、心理能力、心理动力、心理健康状况的水平的综合体现。良好的心理素质包括多种心理适应能力,详述如下。

(1)自我认知、自我评价及自我接纳的能力。
(2)适应自我发展所需的自我定向、自我设计、自我激励、自我监督、自我表现的能力。
(3)适应他人所需的知觉他人、理解他人、人际交往的能力。
(4)适应社会所需的社会知觉能力、价值判断能力、竞争能力及协作能力。
(5)适应生活与环境所需的自理能力、应变能力、决策能力、挫折承受能力、情绪调适能力、心理保健能力、行为自控能力。

大学毕业生在求职的过程中不可能一直走好运,难免会遇到各种困难和挫折,甚至是致命的打击,在这种情况下,个人的心理素质就非常重要了。很多毕业生由于心理素质不好,在遇到困难的时候消极颓废,从而影响顺利就业。但是有些毕业生的心理素质很好,在遇到困难与挫折时,能保持冷静,坚持不懈,勇敢地争取自己心仪的岗位,最后顺利就业。总之,心理素质在大学毕业生求职择业的过程中发挥着非常重要的作用。

二、大学生在求职过程中存在的心理误区

初次就业,大学生在择业时对用人单位和社会的认识是非常模糊的,有时候甚至是幼稚的,因此,在求职过程中难免会遇到一些挫折。一般来说,大学生在求职过程中主要存在以下心理误区。

(一)过分相信求职技巧

在求职过程中,掌握一定的求职技巧对求职是有一定的帮助的,但是不要过分相信求职技巧。大学生就业应该主要依靠自己的实力。如果大学生在求职过程中夸大自己的专业技能和其他方面的能力,在试用期过后,很可能因为不能胜任工作而被辞退,这样会影响自己的发展。

(二)过分相信社会关系的作用

社会关系的恰当运用是求职成功的因素之一,但是不能过分相信社会关系的作用。社会关系涉及多个方面,如大学生和推荐人的关系、推荐人和用人单位的关系、单位招聘主管和单位决策者的关系等,任何一个环节的关系都可能会影响求职的成功,推荐人也会判断大学生的实际水平,考虑自己的情感、利益等多种因素,因此,大学生要充分发挥自己的主观能动性,积极、主动地谋求就业的机会,如果一味地等待他人推荐就业,就会错失良机。

(三)过分追求热门、高薪的岗位

现在热门、高薪的岗位较多,吸引了许多大学生花费大量的时间、精力去应聘,竞争激烈,但是最后大多数大学生都失败了。大学生在求职的时候要进行自我定位,要对自己的特长、优势、岗位的要求进行仔细的分析,同时听取朋友、家人和老师的意见,尽量选择能发挥自己的特长和优势的岗位,适合自己的就是最好的,不能一味地追求热门、高薪的岗位。

(四)过分沉迷于"一次性到位"

有些大学生只寄希望于某一家用人单位,结果最后因为种种原因没有如愿,不仅挫伤了自己的自信心,而且错失了许多不错的就业机会。人才流动是很正常的事情,大学生在求职过程中,要以发展的眼光去衡量用人单位,即使没有优越的工作环境和丰厚的收入,如果在工作中可以积累丰富的工作经验,就可以为自己今后跳槽创造更多的机会。

（五）急功近利，缺乏环境调研

很多大学生缺乏对工作和工作后发展的深刻认知，这也许是因为生活的压力迫使他们不允许自己瞻前顾后，也有可能是因为就业形势严峻，使他们没有时间仔细权衡与选择。但是无论如何，对招聘信息及用人单位进行筛选和取舍都是必不可少的。许多大学生未对求职环境和用人单位进行充分的分析，就仓促上阵，投身到求职大潮中，导致求职结果不是很理想。如果事先能对求职环境进行调研，对用人单位进行仔细的研究，在求职的路上就更容易取得成功。

任务四　做好人际交往准备

一、人际交往的含义和阶段

（一）人际交往的含义

人际交往是指社会上人与人之间相互作用和相互影响的一切行为过程。如果说人际关系是一种状态，那么人际交往就是一种行为。人际交往奠定了一切人际关系的基础，离开了人际交往，一切人际关系就无从建立，人际交往的质和量决定了人际关系的程度和水平。

（二）人际交往的阶段

一般来说，人际交往要经过相遇、注意、吸引、适应、依附五个阶段。

1. 相遇阶段

相遇是人际交往过程中的第一个阶段，也是信息发送者与信息接收者之间的最初联系，这种联系是通过一定的媒介建立起来的。

2. 注意阶段

只有通过相遇，才能引起注意。但是在茫茫人海中，一个人不可能注意所有遇到的人，也不可能无缘无故地注意某人（或某些人），只有当某人（或某些人）具有与众不同的吸引主体的特质时，才可能引起主体的注意。这里所说的特质既包括外在的仪表、谈吐、举止、行为等，也包括内在的气质、精神面貌、知识水平等。注意是人际交往的前奏，只有当人们受到对方与众不同的特质的刺激而注意对方时，才可能产生与对方交往的愿望。

3. 吸引阶段

如果只停留在注意阶段，就不可能产生交往的行为。只有当自己的注意被对方认同和接受，并回报以注意时，才有可能推动交往向前发展。这种相互注意就是吸引。只有当交往的双方都被对方吸引，都对对方有兴趣时，才会关注对方输出的信息和反馈的信息，从而使交往向更深的层次发展。

一般来说,导致交往双方相互吸引的因素有三种。第一种是相似。人们通常对那些与自己有某些相似之处的人感兴趣。相似程度越高,人际交往的吸引力就越强。第二种是互补。除了相似之外,人与人之间的差异也是导致交往双方相互吸引的原因。常言道,金无足赤,人无完人,每个人都有自己的优势或长处,也存在着一些缺点或不足。正视自己的缺点和不足,并能够取人之长补己之短,正是人际交往中相互吸引的心理机制。因此,可以说,互补吸引是交往双方相互倾慕引起的相互吸引,是以交往双方彼此的需求能够在交往中得到满足为前提的。第三种是诱发。诱发吸引是指由于某一刺激因素的出现,引起双方的交往兴趣而导致的相互吸引。

4. 适应阶段

在交往过程中,交往双方彼此被对方吸引,这为双方的进一步交往打下了良好的基础,这时交往会进入一个更高的层次——适应。交往双方为了与对方建立更密切的关系,往往会调节自己的行为以适应对方。在适应阶段,交往双方都开始约束自己,通过一定的方式来表达自己与对方交往的意愿和感受。

5. 依附阶段

当交往双方经过一段时间的接触和了解,都感到彼此能适应对方时,交往就会进入依附阶段。在这个阶段,交往双方都会感到依恋和需要对方,他们之间的联系会更加频繁、密切,进而建立起深厚的友谊。在交往过程中,他们会十分珍惜这种友谊,常常把自己的利益与对方的利益紧密地联系在一起,有时甚至不惜放弃自己的利益来满足对方的需求,以保持双方的亲密关系。这是人际交往的最高境界。

二、人际交往的基本原则

(一)尊重原则

大学生之间的许多人际冲突都是一些小问题引发的,这些小问题本来说一声"抱歉"就能解决,但是双方都不肯放低姿态,结果矛盾越来越严重。从心理学的角度来讲,双方都在用不适当的方法维护自尊。

尊重对方是建立良好的人际关系的前提。古人云:"敬人者,人恒敬之。"尊重是相互的,只有尊重别人的人才能赢得别人的尊重。尊重既不可盛气凌人,居高临下,也不可低三下四,委曲求全。人与人之间的相互尊重需要相互理解,将心比心,换位思考。只有平等地对待所有人,才能换来别人对自己的平等相待,只有这样,我们才能在与别人交往的过程中与其产生心灵上的共鸣。

(二)诚信原则

诚信是人际交往得以延续和深化的保证。诚信包含忠诚和信义两个方面的意思,这两个方面是彼此相通的,"诚"是"信"的内在思想基础,"信"是"诚"的外在集中表现。

在现实生活中,人们呼唤真诚,厌恶虚伪,因为交往最基本的心理保证是安全感,没有安全感的交往是难以维系的。只有抱着真诚的态度与别人交往,才能使对方有安全感,才会使对方觉得你可信,从而引起双方情感上的共鸣。与此相反,如果一个人对人虚情假意、口是心非,那么他在与别人交往的过程中就会让对方感到不安全,甚至会让对方反感。朋友之间要想做到相知,成为知己,就应该以诚相待。鲁迅先生曾说:"友谊是两颗心真诚相待,而不是一颗心对另一颗心的敲打。"只有以自己的真心与他人交往,才能获得他人的真情回报,彼此间才能相互认同、接纳。

(三)宽容原则

宽容是良好的人际交往中必不可少的因素。所谓宽容,就是心胸宽广,对非原则性的问题不斤斤计较,能够以德报怨。

宽容大致包含以下几个方面的要求。

(1)要宽厚待人,不要过分挑剔。常言道,金无足赤,人无完人。每个人都会有这样或那样的缺点和过失,对于小的过失与缺点,我们应该宽容、谅解。

(2)在与他人发生矛盾时,要有宽广的胸襟和宽宏的气量,争取做到宰相肚里能撑船。

(3)要允许他人犯错,尤其是对于那些反对或伤害过自己并被事实证明是他们错了的人,要有宽广的胸怀,宽容他们,谅解他们。

(4)要将心比心,多为他人着想。宽容、克制不是软弱、怯懦的表现,而是有度量的表现。宽容是建立良好人际关系的润滑剂。

宽容在人际交往中具有极其重要的意义,它有助于扩大交往空间,也有助于消除人与人之间的矛盾。当然,宽容不能趋于怯弱,宽容更不等于无原则的容忍和退让。在人与人交往的过程中,我们要把宽容和对不良现象的姑息、迁就区别开来。

善于交往的人,懂得尊重他人,愿意信任他人,也能得到他人的尊重。他们不计较他人的过失,容忍他人有不同的观点和行为,与朋友相处时能真正做到"求大同,存小异"。

(四)互助原则

人际交往是一种双向行为,只有一方获得好处的人际交往是不会长久的,交往双方不仅要有物质上的付出,还要有精神上的付出。

助人应该是真诚、无私的,不应该期望得到他人的回报,这是良好品质的体现。当你帮助别人时,别人不一定立即回报你,而是在内心深处对你充满了感激,这样可以使你们之间的关系变得更融洽。人总是需要帮助的,在我们需要帮助的时候,别人的一点点帮助就可能使我们受益。互助是人际交往的一条基本原则,也是人生成功与快乐的一大源泉。

三、大学生人际交往的主要障碍

随着大学校园文化生活的日益丰富以及学校与社会联系的不断扩大,大学生人际交往的内容越来越丰富,但是,我们也应该注意到,大学生在人际交往中常常会产生一些矛盾和冲突。造成大学生人际交往障碍的心理因素主要有以下几个方面。

(一)羞怯心理

羞怯心理是指人们在人际交往中所产生的害羞、畏惧心理。每个人都有羞怯心理,只是程度不同而已,因此,它是一种正常的情感反应。

(二)自卑心理

自卑心理是一种自己轻视自己的消极心理。具有自卑心理的大学生往往会自惭形秽,怀疑自己的能力,缺乏自信心,总是认为自己不行。他们在人际交往中一般会有以下表现:过多地约束自己的言行,以至于无法充分地表达自己的思想感情;对与自己有关的议论特别敏感,会生产极强的情绪体验;被迫采用多种心理防御机制,有时候会表现得狂妄自大、目中无人。

奥地利心理学家阿德勒认为,自卑感源于人在幼年时期由于无能而产生的不自信和痛苦的体验。事实上,自卑心理形成的原因是多方面的,大致有生理的、社会的、心理的三个方面的原因。

(1)就生理因素而言,生理方面的缺陷容易使人感到自卑,如身材矮小、相貌丑陋等。生理缺陷会在人们的心里留下一些阴影,有生理缺陷的人对自己的缺陷特别敏感,因此,生理缺陷会影响其自尊和自信程度。

(2)就社会因素而言,家庭出身卑微、社会地位低下、人际交往中遭受挫折的经历等,都会使人们丧失自信心,产生自卑感。

(3)就心理因素而言,自卑感的产生与个体的性格和气质有关。一般,自卑感严重的人,大多性格内向。心理学家研究发现,性格内向的人,大多愿意接受别人的低评价而不愿意接受别人的高评价,在与他人进行比较的过程中,他们往往会拿自己的短处与他人的长处进行比较。自卑心理的形成也与气质类型有关。与胆汁质者和多血质者相比,抑郁质者和黏液质者更容易形成自卑心理。

(三)嫉妒心理

从古至今,许多人都对嫉妒进行了阐述。

古希腊的一位哲学家认为,嫉妒是对别人幸运的一种烦恼。

黑格尔指出,嫉妒是平庸的情调对于卓越才能的反感。

斯宾诺莎认为,嫉妒实际上是一种恨,这种恨表现为对他人遇到坏事感到快乐,对他人遇到好事感到痛苦。

日本学者本明宽认为,嫉妒心是指当自己所需要的物品、爱情、地位、权力等被他人夺走时,对阻碍者所产生的愤怒的感情。

我国文学家王逸则认为,害贤为嫉,害色为妒。

虽然他们对嫉妒的表述不一样,但是他们对嫉妒的内涵的理解是一致的。嫉妒是由于别人在某些方面优于自己而产生的由焦虑、悲哀、羞愧、愤怒、怨恨等组成的复合情感。日本学者诧摩武俊指出,所谓嫉妒,就是当别人占据了比自己优越的地位,或者自己喜欢的东西被别人夺走的时候所产生的感情。这种感情是一种非常想抢夺别人优越的地位,或者破坏别人优越的状态,含有憎恨的强烈的感情。

（四）猜疑心理

猜疑心理是一种由主观推测而产生的不信任的复杂的情感体验。在人际交往中，人们难免带有猜疑心理，只是每个人的程度不一样而已。一般来说，羞怯心理大多存在于与陌生人的交往中，嫉妒心理大多存在于与自己相似或相近的人的交往中，猜疑心理则大多存在于恋人、夫妻等关系非常亲密的人及有利害关系的人之间。

猜疑是人们在认识和思考问题时因为缺乏充分的证据而引起的猜测。猜疑有许多危害。第一，猜疑会导致信任危机。猜疑心重的人常常无中生有，认为所有人都不可信。第二，猜疑会导致自己对他人的误会。培根曾说过，猜疑之心犹如蝙蝠，它总是在黑暗中起飞。猜疑会使人们陷入迷惘，分不清敌友。猜疑会使君王变得暴戾，使智者陷入困惑。第三，猜疑会酿成人间悲剧。在现实生活中，由猜疑引起的人间悲剧屡见不鲜。

案例分析

复旦大学投毒案

2013年4月，复旦大学研究生黄洋遭到他人投毒后死亡。

该案件发生在复旦大学枫林校区，犯罪嫌疑人为被害人的室友林森浩，毒品为有剧毒的化学品N-二甲基亚硝胺。2013年11月27日，在上海市第二中级人民法院的庭审中，林森浩表示，他于2013年3月31日找到同学吕鹏，从吕鹏那里拿到实验室钥匙后，将装有75毫升N-二甲基亚硝胺的药瓶和一支已经吸了约2毫升N-二甲基亚硝胺的注射器从实验室拿走了。当天下午5点多，他回到寝室，看到寝室里没有人，便将所有药液都倒进了饮水机。经警方查明，林森浩因为生活琐事而对黄洋心怀不满。日积月累，以致最后因为一念之差而做出了疯狂的举动。

最终，林森浩因为犯故意杀人罪而被判处死刑，剥夺政治权利终身。

> 点评：每位大学生都应当以此为鉴，在生活、学习和工作中，培养自己与同学、老师、领导打交道的能力。与同学交谈，可以争论不同的学术观点，可以谈论对社会现象的不同认识，在辩论中提高自己的思维能力；与老师交谈，可以交流学习心得，从中受到启迪；与领导交谈，可以充分交流对问题的不同看法，锻炼自己不怯场的能力。在与他人交往的过程中，我们可以学到很多在书本上学不到的东西。

安徽省教育部门的一项调查表明，50%的用人单位希望应聘的毕业生当过学生干部，因为他们觉得当过学生干部的毕业生一般具有较强的组织能力、领导能力和人际交往能力。

❖ 小资料

人际关系测试

这是一份大学生人际关系诊断量表，一共有28个问题，请你根据自己的实际情况，逐

一 对每个问题做出"是"或"否"的回答。为了保证测试的准确性,请你认真作答。

(1) 对于自己的烦恼,有口难开。

(2) 和陌生人见面时,感觉不自然。

(3) 过分地羡慕和嫉妒别人。

(4) 与异性交往太少。

(5) 对连续不断的会谈感到困难。

(6) 在社交场合,感到紧张。

(7) 时常伤害别人。

(8) 与异性交往时,感觉不自然。

(9) 与一大群朋友在一起时,常感到孤寂或失落。

(10) 极易受窘。

(11) 与别人不能和睦相处。

(12) 与异性交往时,不知道如何适可而止。

(13) 当不熟悉的人向自己倾诉时,常感到不自在。

(14) 担心别人对自己有不好的印象。

(15) 总是尽力使别人赏识自己。

(16) 暗自思慕异性。

(17) 时常避免表达自己的感受。

(18) 对自己的仪表(容貌)缺乏信心。

(19) 讨厌某人或被某人讨厌。

(20) 瞧不起异性。

(21) 不能专注地倾听。

(22) 自己的烦恼不知道向谁倾诉。

(23) 受别人排斥,感到冷漠。

(24) 被异性瞧不起。

(25) 不能广泛地听取各种意见和看法。

(26) 常因为受到伤害而暗自伤心。

(27) 经常被别人谈论、愚弄。

(28) 与异性交往时,不知如何更好地相处。

计分标准:回答"是"加1分,回答"否"加0分。

测试结果说明:

(1) 如果你的总分为0~8分,说明你在与别人相处时,困扰较少。你善于交谈,性格比较开朗,能主动关心别人。你对周围的人比较好,愿意和他们相处,他们也都喜欢你,你们相处得不错。你的生活是比较充实的,你与异性朋友也能很好地相处。

(2) 如果你的总分为9~14分,说明你在与别人相处时,存在一定程度的困扰。你的人缘一般,你和朋友的关系并不牢固,时好时坏。

(3) 如果你的总分为15~28分,说明你在与别人相处时,有比较严重的困扰。你可能不善于交谈,也可能是一个性格孤僻的人,不够开朗。

1. 运用所学的计算机知识和多媒体技术,制作一份精美的电子求职材料,力求实用、新颖、美观,并与同学们交流,讨论其优点和缺点。

  2. 整理自己的各种证书及证明材料,准备一份完善的纸质求职材料。

项目六

求职礼仪与求职技巧

项目导学

铁饭碗的真实含义不是在一个地方吃一辈子饭,而是一辈子到哪儿都有饭吃。

——茅以升

我自己不愿意聘用一个经常在竞争者之间跳跃的人。

——马云

世界上只有想不通的人,没有走不通的路。

——于丹

任务一　求职礼仪

一、形象设计

(一) 服饰展现你的自信

面试时,着装要郑重一点,但是你也不必为了面试而改变你一贯的形象。如果你从来不穿西装,你就不必为了面试而勉强自己穿西装。你要学会从你的日常形象中选择和面试相匹配的地方,你要相信自己的审美能力和你身旁众多参谋的审美能力。

求职者面试时的穿着打扮对面试结果有着非常重要的影响。因此,求职者在参加面试之前,一定要花心思为自己塑造一个良好的外在形象,有以下几点需要注意。

(1) 头发整洁,如果过长,应修剪一下。

(2) 避免穿过于老旧的西装。

(3) 不要穿短裤。

(4) 衬衫最好为白色。

(5) 尽量选择颜色明亮的领带。

(6) 若领带不平整,应尽量别上领带夹。

(7) 西装和皮鞋的颜色以保守为原则。

(8) 戴眼镜的求职者,镜框最好能给人稳重的感觉。

面试时,服饰的选择在自我表现中起着非常重要的作用。美国行为学专家迈克·阿盖尔曾经做过这样一个实验:他以不同的穿着打扮出现在某市的同一个地方,当他手执文明棍,头戴礼帽,身穿西装,风度翩翩地出现时,很多人跟他打招呼,并且大多是穿着讲究的绅士;当他衣衫褴褛、蓬头垢面地出现在同一个地方时,接近他的大多是流浪汉和无业游民。这个实验表明,同一个人穿着不同的服装会产生不同的社会效果和礼仪效果。

(二) 仪容展现你的气质

仪容能给人造成直接而敏感的第一印象,美好的仪容总是令人敬慕和青睐。求职者在面试时一定要注意自己的仪容,争取赢得面试官的好感,促使面试成功。

有人说,女人的美,一半在于头发。的确,女性若有一头秀发,就能为其增添无限的魅力。对于男士而言,头发也非常重要。头发的造型是仪容美的重要组成部分,恰当的发型可以使人容光焕发,风度翩翩。总之,发型的设计只有与你的风度、气质、脸型相协调,才能达到和谐美。求职者在面试前,一定要精心梳妆打扮,女性一般不留披肩发,男士不烫发,不卷发。如果戴眼镜,应该将镜片擦干净。

二、言行举止

面试是面对面的情感交流,面部表情是一个人情感的晴雨表,人的内心世界的各种活动都是通过面部表情的不断变化来表现的。

狄德罗曾指出,每一个人心里的每一个活动都表现在他的脸上,刻画得很清晰、很明显。面部表情能反映人的喜、怒、哀、乐,因此,求职者在面试过程中,不仅要把握好自己的面部表情,而且要善于观察面试官的面部表情。

求职者在面试过程中一定要面带微笑。微笑是一种世界通用的语言,它是善意的标志、友好的使者、成功的桥梁。它不仅可以沟通情感,缓解矛盾,消融坚冰,而且可以帮助人们战胜自卑和胆怯心理。在面试过程中,面带微笑不仅可以增强自己的自信心,还可以温暖面试官的心,引起他对你的注意和好感。如果在面试前,你不能面带微笑,你应该努力调整自己的情绪,设法改变自己的心境。你可以回想过去快乐、成功的瞬间,勉强露出笑容,装成快乐的样子,然后小声地吹吹口哨、唱唱歌,在不知不觉中,你会真的高兴起来,你的脸上自然会露出轻松、愉快的笑容。

求职者还要仔细观察面试官的面部表情,并根据他的表情变化及时调整自己的面试内容。当他对你的谈话心不在焉时,你应该立即停止谈论;当他对你所谈论的某一个话题不感兴趣时,你应该立即转换话题。总之,求职者一定要善于观察面试官的面部表情,洞悉他的内心情感,迎合他的情绪变化,争取给他留下好的印象。

在面试时,很多面试官都会注意求职者的言行举止,那些言行举止得体的求职者往往可以获得面试官的青睐。下面介绍面试过程中的一些基本礼节。

(1) 准时是最基本的礼节。当求职者预计自己要迟到时,应该马上给约自己面试的人打电话,告诉对方自己可能要迟到多长时间,并道歉。

(2) 应聘单位如果没有设置面试接待人员,求职者到达应聘单位后,可向前台的接待人员做简短的自我介绍,然后直接走到面试会场,切忌东张西望。

(3) 在到达面试会场前,不论是在走廊里还是在电梯内,如果遇到招聘单位的员工,都应该礼貌地打招呼,并注意自己的言行举止。

(4) 假如要敲门进入面试会场,敲两下比较合适。敲门时,千万不要太用劲。进门后,不要随手将门关上,而要转过身正对着门,用手轻轻地将门关上。

(5) 要等面试官示意自己坐下时才能坐下,不要擅自决定坐在哪里。

(6) 避免与面试官套近乎,否则容易给面试官留下不够成熟的负面印象。

任务二　求职技巧

一、自我推销

自我介绍是展示自我的重要机会，是自我推销的绝佳时机。虽然面试官已看过你的求职信和个人材料，但是自我介绍仍是面试中不可缺少的一个环节，通过自我介绍，面试官可以考察你的口才和气质。自我介绍不仅涉及第一印象，而且涉及后续的问答，关系到面试的成败。因此，你一定要准确地把握自己的特长和优势，用简短却能给人留下深刻印象的语言流畅地介绍自己各方面的情况，如姓名、毕业学校、专业、学习成绩、获奖情况、特长、兴趣、爱好等。

一段简短的自我介绍，其实是为了展开更深入的面谈而设计的。2～3分钟的自我介绍犹如商品广告，要在有限的时间内，针对"客户"的需要，将自己最好的一面毫无保留地表现出来，不但要给对方留下深刻的印象，而且要使其产生"购买的欲望"。

求职者在做自我介绍时，要注意以下几点。

（1）清晰地说出自己的名字。

（2）自我介绍不用太长，但是要思路清晰，重点突出，要使面试官听了之后能对你产生兴趣和好感。如果条理不清楚，重点不突出，不但不能使面试官对你产生兴趣和好感，反而会让面试官一开始就对你产生一种厌烦的情绪。

（3）不要完全重复自己简历上的内容，而应陈述自己的优点、技能、专业知识、学术背景等，并突出你的知识技能与应聘岗位之间的联系。

（4）你所谈论的话题要能突出自己可以为该公司做出的贡献，如增加营业额、降低成本、发掘新市场等，并且要用数字来说话。

自我介绍是面试双方交谈的引线，从礼仪的角度来看，在交谈的过程中，你作为求职者，千万不要打断面试官的话，否则，面试官会认为你不尊重他。面试官提问时，你一定要听清楚问题后再回答，不能答非所问。

如果面试官问你被录用后愿意做什么工作，最好不要回答得太具体。有许多求职者会回答愿意从事与所学专业相关的工作，这本来无可厚非，但是这样回答，面试管很可能会认为你的工作适应范围太窄，从而导致面试失败。你可以回答自己适合做什么性质的工作或者哪一方面的工作，千万不要具体到某一个职位。

面对意想不到的提问，你必须迅速回答，因为面试官提出这类问题，就是想考察你的应变能力。如果你表现得不知所措，就很容易给面试官留下不好的印象。你可以抓住问题的重点,一边分析一边思考对策,做出不同的回答,即使出一点小差错,也不会有太大的关系。

二、面试时的技巧

(一) 七秒钟确定第一印象

当你出现在面试官面前后,给面试官留下第一印象只需要七秒钟。也就是说,当你出现在面试官面前后,面试官从头到脚把你打量一番,大概需要七秒钟的时间,此时,你的外表、言谈举止等印象,就已经在面试官的脑海里留下了。因此,在面试开始后,你一定要把握好七秒钟留下第一印象的机会,用最棒的开场给面试官留下一个好的第一印象。

大学生面对面试官,应该树立一个什么样的形象呢?自卑怯懦、狂妄自大、自我封闭、虚伪势利等都是不可取的。大学生应该根据自身条件,不卑不亢、实事求是地和面试官沟通。大学生只有以真诚的态度与面试官沟通交流,才会给面试官留下良好的第一印象。

(二) 面试时的说话技巧

面试是通向职场的桥梁,成功了,则可能被录用,失败了,则可能错过机会。因此,求职者在面试中既要灵活机智、反应敏捷,又要坦率真诚,给面试官留下既稳重又有智慧的印象,从而使自己在面试中取得成功。

1. 谈话技巧

(1) 适当地补充面试官的话。面试中有一个"二八原则",即在面试中,求职者说的话应该占80%,面试官说的话占20%。在与面试官交谈时,你可以适当地补充面试官的话。比如面试官说完,你可以接着说:"我觉得您的想法很好,我基本上同意您的看法,但是有一个小地方,我跟您的观点不一致,那就是……"

(2) 在说话的时候,语速不要太快,也不要太慢。

(3) 可以使用"真的吗""是吗"等简短的话表明自己在专注地听。

(4) 即使你不同意面试官的某个观点,也不要打断面试官的话,一定要等面试官说完以后再说出自己的意见。

(5) 如果你讲完话以后,面试官保持沉默,千万不要表现得不知所措,你可以把刚才所说的话总结一下,也可以直接问面试官:"这只是我的看法,您觉得呢?"

2. 到什么山唱什么歌

针对所应聘的公司和职位精心准备一份自我介绍,不同的职位应有不同的侧重点,千万不要所有的职位都用一份自我介绍。

3. 如何反问面试官

如果在面试中,面试官向你提问,你由于太紧张而没听明白,你可以及时地反问。反问面试官,不仅不会造成不良影响,反而可以显得你比较负责任。你可以说:"对不起!我刚才没有听清楚,麻烦您再重复一下您的问题,好吗?"这时候面试官一定会重复的。求职者在面试中,可以反问面试官一些问题,以表现出自己对该公司的关注。如果能够反问面试官,问以下问题比较合适。

(1)企业的情况。求职者可以问企业最近的经营状况、企业今后几年的发展规划、企业的竞争对手等方面的问题。

(2)公司对员工的培训计划。

(3)所应聘的职位具体的工作情况。

求职者应当注意,千万不要问工作条件、薪水等方面的问题,否则,会给面试官留下不好的印象。

(三)一些常见问题的回答技巧

(1)为什么来本单位应聘?说出该单位吸引你的地方,如公司品牌形象好、规模大、培训发展的机会比较多等,表达你想到该单位工作的愿望。

(2)为何选择这份工作?分析自己的兴趣和特长,说明自己所学的专业、工作经历,以及自己对这份工作的期待。

(3)你对这份工作了解多少?最好事先收集有关资料,做到心中有数。

(4)你认为自己具有哪些优点和缺点?说自己的优点时,最好能够说出跟自己所应聘的岗位比较吻合的优点;说自己的缺点时,最好说一些不重要的、与自己所应聘的岗位不相冲突的缺点。

(5)你是否可以加班?一般情况下,不要否定,但是可以告诉面试官你加班的限度。

(6)何时可以正式上班?根据自己的具体情况来回答,不要回答"我明天就可以来上班",也不要回答"只要公司需要,我随时可以来上班"。面试官这样问,很可能是想测试你是不是只应聘了一家单位。你可以反问面试官:"请问贵公司希望我什么时候来上班呢?"然后根据自己的具体情况来回答。

(7)除了本单位外,你是否还应聘了其他单位?回答时应考虑该面试官可能知道你还应聘了其他单位,可能认为你志向不稳定。这时你不妨说:"我对××方向感兴趣,只要是合适的单位,我都会去看看。"

(8)你期望的月薪是多少?应提前做好以下准备工作。

①调查所申请的相关职位的社会平均薪酬,仔细权衡自己所具有的能力和经验,得出一个较为准确、客观的数据。

②收集应聘单位相关职位的信息,如果缺乏这方面的信息,你可以问面试官:"您可不可以告诉我贵单位这个职位所提供的月薪的范围?我思考之后再答复您。"在掌握一定的信息之后,再回答面试官的问题。

(四)面试中要注意的细节问题

1. 坐姿

不要将两手放在膝盖中间,否则,会显得你局促不安。不要背靠椅子,也不要弓着腰,但是也不用把腰挺得很直,否则,会给面试官留下死板的印象,应该很自然地将腰伸直。

2. 眼神的交流

眼神自然,如果因为太紧张而不敢直视面试官,可以看面试官脑门到两颊的三角区域,这样,对方也能感觉到你在直视他。千万不要目光呆滞地盯着面试官,这样会让对方感到不舒服。如果有好几个面试官,你说话的时候要用目光扫视所有人,以示尊重和平等。

3. 积极地聆听

在听面试官说话时,要不时地做出点头同意的动作,表示自己听明白了,同时还要面带微笑地给予对方回应,不要笑得太僵硬,要发自内心。在面试中,如果面试官说话多,说明他对你感兴趣,愿意向你介绍情况,愿意与你交流。许多大学生误认为只有自己说话才是最好的自我推销,往往会抢着说话,这种行为是很不礼貌的,会使自己陷入被动。

4. 握手

很多人认为握手是一件非常简单的事情,不需要什么技巧。然而,对于如何与陌生人握手、握手时应该怎样摇动、握手时间多长比较合适等问题,如果拿捏得不好,就容易出问题。

一般来说,如果你入场之后,面试官坐着没有起身,你就不必与之握手。通常情况下,若面试官是男性,求职者是女性,求职者应该主动向面试官伸手,这在一定程度上可以体现出求职者乐于与人交往的优点。除此之外,求职者不应该主动伸手,尤其是在求职者是男性,面试官是女性的时候,更要等待面试官先伸手。可以这样说,面试握手对女性求职者来说是"该出手时就出手",对男性求职者来说是"该出手时才出手"。

5. 交换名片

交换名片时,应该用双手捏着名片的下角,名字向着面试官,然后用弧线的方式把名片递给对方,接过面试官递给你的名片时,不能一把就接过来,应该用双手捏着名片的下角,然后轻轻地用弧线的方式把它接过来。接过名片后,还要仔细地看一下名片,正面和反面都要看,如果有不认识的字,千万别读,可以问面试官:"对不起!这个字我不认识,请问怎么读?"在日本和韩国,为了表示礼貌,接过对方的名片后,正面和反面都至少要看半分钟,并把上面的内容读出来。如果你去日资企业或韩资企业应聘,要特别注意这方面的礼仪。

(五)面试中易犯的错误

(1) 不善于打破沉默。面试中,有些求职者不善于打破沉默,使面试出现冷场。实际上,无论是在面试前还是在面试过程中,求职者对面试官过于热情,与面试官套近乎,面试官都非常反感。

(2) 被自己的主见或偏见左右。有时候,求职者会被自己之前听到的一些关于面试官、应聘单位或应聘职位的评价左右,从而影响自己的思维。

(3) 慷慨陈词,却举不出例子。有些求职者在谈自己的特长、技能时滔滔不绝,用很多形容词来形容自己的特长、技能,但是当面试官要求他们举例子说明时,他们却举不出例子。这样会给面试官留下很不好的印象,面试官很可能会认为求职者是不懂装懂。

(4) 缺乏积极的态度。在面试的时候,求职者要表现得积极一点,争取给面试官留下一个好的印象。

(5) 对某个人大加批判。面试官在面试中可能会戳到求职者的痛处,这时候,有些求职者会对某个人大加批判,这样会使面试官对求职者的印象不好。

(6) 不善于提问。沟通是双向的,在面试中,求职者不要只回答面试官的问题,可以适当地问一些让面试官眼前一亮的问题,给面试官留下好的印象。

(7) 对自己的职业生涯规划模糊。有些应届毕业生对自己的职业生涯规划很模糊,这是面试官非常忌讳的,你不一定完全清楚未来的职业发展方向,但至少应该知道自己未来几年的职业发展方向。

(8) 把自己说得很完美。有些求职者非常想给面试官留下一个好的印象,因此在面试中把自己说得很完美。实际上,面试官心里很清楚,人无完人,所以不妨在面试中谈一些自己的不会影响工作的缺点。

(9) 主动打探薪酬、福利。有些求职者会在面试快结束的时候向面试官打探薪酬、福利,实际上,如果面试官对你有意的话,会主动告诉你的。面试官非常忌讳求职者主动打探薪酬、福利。

(10) 面试即将结束时,不知道如何收场。在面试即将结束的时候,有些求职者不知道如何收场。实际上,当面试官说"行,就到这里吧"时,求职者不妨站起来,向面试官表示感谢,然后离开。

(11) 谈论个人隐私等敏感问题。有些求职者在面试中为了显示自己的热情,会谈论个人隐私等敏感问题,实际上,这是面试官非常忌讳的。

(六) 如何应对小组面试

现在,小组面试这种面试方式越来越被企业重视。求职者被分成若干组,每组4~8人,不指定负责人,大家地位平等,对大家都比较陌生的问题进行讨论,达成一致意见。这种面试方式也称为无领导小组讨论,能够很好地考察求职者的管理能力、组织能力、协调能力等,便于面试官进行对比筛选。

在无领导小组讨论中,面试官会从以下几个方面进行评分:发言次数的多少;是否善于提出新的见解和方案;是否敢于发表不同的意见;是否敢于坚持自己的意见;是否善于消除紧张的气氛;是否善于调解争议;是否尊重别人。除此之外,面试官还会从语言表达能力、问题分析能力、发言的主动性、反应的灵敏性等方面进行评分。

求职者要想在小组面试中有好的表现,应当注意以下几点。

(1) 放下包袱,诚心发言。在小组面试中,最忌讳的就是什么话都不说,这样会给面试官留下很不好的印象。拿到题目之后,不妨对大家说:"时间不多,我们不妨先考虑五分钟,然后开始讨论!"五分钟之后,如果大家还没有开始讨论,可以及时提醒大家开始讨论。

（2）尊重别人，给别人发言的机会。有些求职者认为在小组面试中发言越多越好，因此，总是抢着说话，不给别人说话的机会。实际上，在小组面试中，要根据自己应聘的职位来决定发言的多少。如果你应聘的是一个管理职位，这时候你就要显示出自己的管理才能，比如看到有人没有说话，你可以适当地给他创造发言的机会。

（3）提前准备好纸和笔，适当地做记录。提前准备好纸和笔，及时地记录大家的观点，同时也适当地记录自己的观点，以便最后有机会做总结。同时，你的这种举动也会给面试官留下好的印象。

（4）小组讨论快结束时，勇敢地站出来做总结。这要根据自己应聘的职位来决定。如果你应聘的是节目主持人、管理人员等职位，就一定要勇敢地站出来做总结，如果你应聘的是出纳、会计等职位，就没有必要这么做了。

（5）小组面试结束后，将自己所做的记录交给面试官，给面试官留下一个好的印象。如果你在小组面试中做了记录，最后一定要记得把自己所做的记录交给面试官，这样可以给面试官留下一个好的印象。

（6）不要抢着去做上述事情。一定要注意的是，要根据自己应聘的职位来决定要不要做上述事情，不要抢着去做，否则会给面试官留下不好的印象。

（七）如何谈薪资

1. 谈薪资时要注意的一些问题

在宝贵的面试机会中主动谈薪资，从某种意义上讲，是给对方一个拒绝自己的理由。但是在有些面试中，即使你尽力避免谈薪资，有些面试官还是会要求你正面回答问题，这时候你就只能正面回答问题了，否则会给面试官留下不好的印象。在谈薪资的时候，应该注意以下几点。

（1）了解市场行情。在求职过程中，你可以了解市场上同类岗位的薪资水平，这样就可以针对不同的企业为自己争取到满意的薪资。

（2）采用迂回战术。如果你对面试官提出的薪资标准不太满意，可以尝试采用探讨式、协商式的口气争取满意的薪资。比如，你可以对面试官说："我认为工作最重要的是开心，薪酬是其次的，不过我原来的月薪是××元，跳槽的目的就是希望自己能有所进步，如果不是让您太为难的话，您看薪资能不能提高一点？"如果对方表示不能提高薪资，你可以采用迂回战术，争取缩短试用期。

（3）善于提问。求职者谈薪资是需要一定的技巧的。第一步是了解对方可以提供的薪资水平，这里的关键是善于提问，便于自己了解足够的信息。面试快结束时，面试官可能会问你："你还有什么问题想要了解的？"你可以这样问面试官："像贵公司这样的大企业一般都有自己的薪酬体系，您可以简单介绍一下吗？"这时面试官一般都会简单介绍一下薪酬体系。第二步是根据以上信息，提出自己的期望薪资。

（4）赢得面试官的心。谈薪资的关键在于充分展示自己的实力，如果面试官很认同你的实力，只要你提出的期望薪资不是高得太离谱，一般情况下都是可以成功的。

(5) 额外"工资"要多争取。很多企业除了基本工资以外，还会有一些奖金、福利等额外"工资"，在这一方面，你要大胆争取。你要注意察言观色，掌握分寸，不要过度要求，否则，你进公司以后，对方会以更高的标准来考核你，也有可能答应了你，最后不兑现。

(6) 期望薪资不要太高，也不要太低。当面试官问你期望薪资是多少时，你可以根据自己提前了解的行业薪资情况，取平均薪资作为自己的期望薪资，最后可以加上一句："这只是我个人的期望，我相信公司有合理的薪酬体系，我愿意遵守公司的薪酬制度。"

2. 不要拘泥于薪资，可以从工作的角度考虑

你可以告诉面试官薪资是重要的，但是你更在乎的是工作本身，将话题从薪资引到工作上来，体现出自己诚恳的态度和希望在该公司工作的愿望。

三、面试后的技巧

许多求职者只留意面试时的礼仪，而忽略了面试后的工作。事实上，面试结束并不意味着求职过程的结束，求职者不应该被动地等待聘用通知的到来，而应主动做好相关工作，提高求职的成功率。

（一）面试结束后的礼仪

人们通常会提到首因效应和近因效应，首因效应就是我们在前面所说的"第一印象"，近因效应是指发生的事情离自己目前的状态越近，记得越清楚。在经历了面试的准备、开始、进行、结束后，如果能够再给面试官留下一个良好的印象，由于近因效应的存在，可以提高面试的成功率。

越到面试快要结束的关头，越要注意一些细节问题。那么要注意哪些细节问题呢？通常有以下几点。

(1) 把自己坐过的椅子放回原位。一定要记住，要轻轻地把椅子放回原位。

(2) 看看桌子上的东西是不是被自己弄乱了。有时候面试官可能会把公司的一些资料拿给你看，在面试结束后，一定要迅速地把桌子上的东西整理好。

(3) 如果你在面试中喝过水，在你离开之前，一定要把水杯丢到垃圾桶里。

(4) 如果你发现桌子上或者地上有很多纸团等凌乱的东西，一定要把它们清理好，因为这很可能是一道考题。

(5) 面试结束后，与面试官握手时，力度要适中，同时要鞠躬。

(6) 面试结束后，记得要跟面试官说"谢谢您花这么长时间面试我"。

(7) 走出面试会场后，转过身来面对着门把门关上，不要背对着门把门关上。

(8) 还有很重要的一点，就是在面试结束后一定要到公司的前台，对前台的接待人员说一声"谢谢"，给她们留下一个好的印象。前台接待人员也是一个很重要的角色，不要以为走出面试会场后，就没有人在看着你了。

（二）自行测验面试的成功率

面试是求职聘用的关键环节,求职者在等待面试结果时,内心肯定极为焦虑,这时,不妨自行测验一下面试的成功率。面试之后,回想一下自己面试时的表现,回答下面的10个问题,可以大致测出自己面试的成功率。

（1）我是否尽可能地让自己的外表看起来舒服?

（2）面试后,我对这家公司的了解与先前的了解,相符合的程度有多大?

（3）我在面试时是否能保持轻松的状态,并能很好地控制自己的情绪?

（4）我在回答面试官的问题时,是否在强调三件事:我的能力、我的意愿与我对工作的适应性?

（5）我是否一直在专心地听面试官说话?

（6）我是否能将问题引到我想强调的重点上?

（7）我是否做到了察言观色?

（8）面试官对我的回答是否有兴趣?

（9）我是否对回答的内容进行了修正,以配合面试官的调查?

（10）我是否将自己的能力和优点准确地描述出来了?

测验方法如下:回答时用1~10分来代表你曾做到的程度,每题最高分为10分,总共10题,总分为100分,得分越高,面试成功的可能性越大。

（三）写感谢信

不要以为走出了应聘单位的大门,面试就结束了。其实,面试的后续工作才刚刚开始。你在面试结束后及时的行动,可能会改变面试结果。在面试结束后,你可以及时给面试官或者应聘单位写一封感谢信,一封好的感谢信也许可以扭转局面。

1. 感谢信的书写方式

一般来说,手写、打印或者发送电子邮件都可以。由于现在手写的书信越来越少,所以如果你寄一封手写的感谢信给面试官,会给他留下深刻的印象。如果你的字写得不好看,那么最好是给面试官发电子邮件或者将感谢信打印出来。如果是发电子邮件,一定不要用附件,否则,面试官可能会把它当成垃圾邮件处理。

2. 感谢信的内容

一封标准的感谢信应包括如下内容。

（1）写明面试的时间、地点和应聘的职位。

（2）感谢面试官为你提供了面试的机会。

（3）可以适当地夸夸面试官,例如面试官哪一点给你留下了深刻的印象。

（4）简单地写一下对职位的看法,不宜过多。

（5）简单地说明一下自己与职位要求相吻合的才能。

（6）适当地表明你非常希望得到这个职位,你正在等待回复。

3. 注意事项

(1) 内容不要太多,200~300字即可。

(2) 在结尾处说明你正在等待回复,但是一定不要要求对方在几天之内给你回复。

(3) 最好随信附上一张自己的照片,照片最好与简历上的照片一样。

(四) 何时询问面试结果比较合适

一般来说,如果应聘单位没有明确地说什么时间你会收到通知,那么在面试结束一个星期后询问面试结果比较合适。但是也要看你应聘的公司是什么类型的公司,是外企、国企还是私企。一般来说,国企会慢一点。对于外企,欧洲的公司会慢一点,美国的公司会快一点。如果超过一个月,你还没有收到通知,那么基本上没有询问的必要了。

案例分析

大学生求职历程:从三次被拒到成功签约名企

别人挂横幅时,他主动帮忙;别人选简历时,他维持秩序;别人面试时,他送上矿泉水。从最初连初选都没有通过到最后成功签约,武汉科技大学中南分校2009届市场营销专业毕业生黎云耀日前与中国500强企业雨润集团签约。并非名牌大学毕业的他用实际行动告诉大学生,求职的机会要靠自己努力地去争取。

湖北省高校明年的毕业生比今年略有增加,大学生就业形势十分严峻。大学生就业难,进入大企业更难,进入知名大企业则难上加难。日前,黎云耀从武汉理工大学赶到中南财经政法大学参加雨润集团的宣讲会。招聘人员挂横幅时,他主动帮忙。宣讲会结束之后,他又主动帮助招聘人员收简历。招聘人员筛选简历时,他就在旁边帮忙维持秩序。但随后的笔试名单中,却没有他的名字。黎云耀有点不甘心,他积极争取到了与那些通过初选的同学同时参加笔试的机会,希望能证明自己。

但是黎云耀又一次被打击了。尽管他对自己的笔试成绩感到满意,但是笔试后的面试名单中仍然没有他的名字。他认为自己并不比那些重点大学的毕业生差,他仍然不愿意放弃。当晚,他打听到了面试的时间和地点,并成为第二天面试现场唯一一名名字不在面试名单里的求职者。当他准备跟在一名面试者后面向面试官"推销"自己时,还没进门,就被拦在了门外。就这样,他从上午8点多一直等到11点多。"我都累了,面试官应该也累了吧!"想到这里,他买了三瓶矿泉水给三名面试官送进去,然后退了出来。

直到下午1点多,面试才结束。当面试官走出门看到还在门口等待的黎云耀时,他们都愣住了,问:"你怎么还在这里?"黎云耀说:"我希望你们能给我一次面试的机会。"面试官看了黎云耀的简历之后,边摇头边说:"对不起,我们暂时不考虑招聘三本高校的学生。"这让黎云耀有点懊丧,他说:"你们招聘不就是为了找到能给公司创造利润的人吗?我并不比那些重点大学的毕业生差!我只是缺少被证明的机会!"黎云耀的这番话,激起了面试官的兴趣。

黎云耀的家在湖北孝感的农村,在大学期间他有着丰富的社会实践经历。尽管现在大学生的就业形势不容乐观,但是他对自己充满了信心。作为一名从农村走出来的大学生,大一暑假,留在武汉的他,找了三份兼职,在咖啡厅做服务生的同时还做了两份家教。每年暑假,有很多大学生都会留在武汉做兼职,很多人并不如意,但是黎云耀能同时找到三份兼职。他说:"找家教,许多大学生只会拿着牌子站在新华书店门口等待,而我选择主动出击,我当时到处贴广告找家教。"

黎云耀的经历和执着最终打动了面试官,成为雨润集团此次招聘的15名高校毕业生中的一位,而他也是唯一一名来自三本高校的毕业生。面对黎云耀的"谢谢你们给我这次机会"的感谢,雨润集团的招聘负责人坦诚地说:"不是我们给你机会,是你自己确实不错。"

(资料来源:中国广播网,2008年11月19日)

【小资料】面试良方:高校毕业生就业指导医院处方笺(见右侧二维码)。

四、笔试技巧

(一)笔试的种类

1. 专业考试

这种考试主要是为了考察求职者的专业知识水平和相关的实际能力。一名合格的大学毕业生经过几年的深造,各门功课都取得了一定的成绩,所以他们在求职时,一般都不用参加专业考试,用人单位看一下他们的成绩单,就可以大致了解他们的知识水平,但是也有一些特殊的用人单位,会通过笔试对求职的毕业生进行专业知识的考核。

2. 心理测试

心理测试要求求职者完成事先编制好的量表或问卷,用人单位根据求职者的答题情况判断其心理素质或个性特点。用人单位常常采用心理测试的方法来测试求职者的态度、兴趣、动机和个性。

3. 命题写作

这种考试的目的在于考察求职者的文字表达能力、分析问题的能力和逻辑思维能力。这种考试可以采用以下方式进行:要求求职者在规定时间内写一份会议通知或工作总结;提出一个论点,让求职者进行论证或批驳。

4. 综合考试

为了考察求职者的综合素质,用人单位往往会选择综合考试,试题一般与求职者所应聘的岗位有关。

（二）笔试的准备技巧

（1）良好的笔试成绩与平时的努力学习是分不开的。在校期间刻苦学习,培养逻辑思维能力和分析问题的能力,这样才能在笔试中取得好成绩。

（2）保持良好的身心状态。笔试前,一要适当地减轻思想负担,二要保证充足的睡眠,三要适当地参加一些文体活动,这样可以使自己以良好的身心状态去参加考试。

（3）进行简单的复习。复习已学过的知识是笔试准备的重要方式。一般来说,笔试内容都有大概的范围,可围绕这个范围翻阅一些有关的资料。有些课程内容,因为是很早之前学的,可能忘了,进行简单的复习,有助于恢复记忆。

（4）学以致用,理论联系实际。现在,用人单位越来越重视大学生运用理论知识解决实际问题的能力,因此,大学生在平时的学习和生活中,要多培养自己运用理论知识解决实际问题的能力。

（5）增强口头表达能力,提高快速反应的能力。某学校每天组织学生看中央电视台的新闻联播,然后要求三名学生针对新闻联播里的某个新闻进行即兴演讲,发表自己的观点,这样可以培养学生的口头表达能力和快速反应的能力。

案例分析

求职的经验和心得

（刘津璐 喜来登大酒店西餐厅经理助理）

毕业实习的时候,我挤破头进了一个工作环境、福利待遇等各方面都不错的幼教机构。我经常受到打击,但是我会擦干眼泪继续勇往直前。我一直认为勤能补拙,我相信机会一定会眷顾有准备的人,我幻想着自己一步一个脚印地向着更高的目标前进——班组长、带头人、园长助理、园长、幼教领域的佼佼者、行业的明星……

但是现在的我在一个酒店工作。很多人都觉得不可思议,也有很多人问我为什么选择这样一个与幼教完全不相关的职业。

时间倒流,回到毕业那年春天的某一天,那天我兴奋地攥着就业协议,走在回家的路上,我看到了现在我所在的酒店的招聘现场。起初我没有想太多,我认为自己是一名准教师了,美好的未来就在前方。

但是那个火爆的竞聘场面在我的脑海中久久不能散去。为什么这么多人都来应聘服务员这个岗位?"你不了解酒店这个行业!"这个念头一直旋绕在脑际。是啊,我不了解酒店这个行业。我了解的只是幼教这一个领域,真的要我和其他领域的人聊天,我也只会围绕着幼教这个话题转。这是我想要的生活吗?这真的是我想要的未来吗?经过一段时间的思考,我放下了已经获得的就业协议,重新做了一份简历,来到该酒店应聘。

面试非常顺利,我很幸运地被分到了西餐厅。优雅的工作环境,员工高雅的气质、丰富的工作经验都深深地刺激着我。同事们都是拥有10年以上工作经验的老员工,每一个都是我学习的榜样,我的压力非常大。累的时候,我也想过放弃。疲惫不堪的我,那时候根本没有什么职业目标。每天各种各样的新知识、领导考察、客人提出的种种问题,让我根本没有时间去想其他的事情,我每天能做的就是咬牙坚持。

2008年北京奥运会过后,我在工作期间的表现以及较强的学习能力得到了领导们的一致肯定,他们决定让我去参加天津市服务技能大赛。在高手如云的比赛现场,我有点怀疑自己的能力。不过,最终,我以初赛第一的成绩进入了决赛,并在决赛中获得了第三名。我的斗志一下子被点燃了。光明的职业道路仿佛就此为我展开。

之后,我充满激情地工作,不再有之前的犹豫和彷徨,一切都非常顺利。我在一个对我来说很陌生的行业得到了一些肯定,这对我来说是非常重要的。2009年,我再接再厉,参加了全国服务技能大赛,获得了金奖,并获得了高级服务员、天津市十佳服务师、酒店服务名师等光荣称号。我再一次证明了我的实力,同时,我也更加肯定,我没有输掉"转行"这一盘棋。

同行的鼓励、客人的赞誉并没有迷乱我的双眼,熟练的专业技能让我有了更多的时间去审视自己的这份职业。酒店业人才辈出,我深知,以我当时掌握的知识,我不可能在酒店业立足,我必须努力掌握更多的知识,提高自身的修养。我打算用两年的时间来深造,拿到天津大学的学士学位,同时参加调酒、英语、管理等方面的培训。我也随时准备迎接工作中的挑战,力争在30岁之前做到在自己所在的领域中独当一面。

现在的我已经成为西餐厅经理助理,带领我的团队奔跑在酒店的一线。我觉得我很幸运,刚进入酒店行业就参加了2008年北京奥运会的服务工作,在懵懵懂懂中得到了各种奖励。在工作中,我有许多机会接待各界的领导,达到了当初选择酒店业为了看看世界的目的。

很多人都会轻视酒店业的服务员,甚至有些家长在教育孩子时会说"不好好学习,以后就会像他们一样伺候人!"遇到这种情况,我总是一笑置之。燕雀安知鸿鹄之志,不知者不罪。一个人不能看轻自己,也不能看轻自己的职业。我就是一个小小的服务员,服务的过程和客人的微笑都会让我觉得满足。这,就是我的职业。

> 点评:刘津璐是一个成功者,她以一种与众不同的方式完成了从转行、打拼到成熟的职业转折。回溯她的成长经历,我们可以发现,在她身上,许多事情看似偶然,其实是必然的。转行,对许多毕业生来说,是一种无奈的选择,他们必须放弃自己的职业理想,舍弃专业,重新开始。刘津璐在其职业上升期尝试向未知行业转行,首先要完成对适合自己的职业目标的重新定位,这需要勇气,也需要付出很大的努力。同时,从她转行成功的案例中,我们可以发现,与在校期间学习的专业理论和技能相比,职业信念、职业态度和职业素养更重要。
>
> 刘津璐在转行后面临的是比其他人更多的困难,她抱着"机会一定会眷顾有准备的人"的信念,认准目标,一路走来。打拼不是盲目地挣扎,而是在一定目标的驱动下,锲而不舍地努力奋斗。

许多人会问,什么是成熟的标志?如果你做每一件事,都能成功地实现自己预定的目标,这就是成熟。从刘津璐的职业经历中,我们可以看到,目标无论大小,一定要定得合理,这样才能实现目标,才不会让自己有挫折感。

刘津璐之所以能成功,是因为她每天生活在对自己的生命价值的设计之中。

1. 毕业生在求职过程中应该注意哪些问题?
2. 毕业生在面试中应该注意哪些细节问题?

项目七

就业程序与就业陷阱防范

项目导学

　　促进毕业生充分就业是高等院校当前和今后一个时期重大而艰巨的任务。实现毕业生充分就业，是落实科教兴国战略，全面建设小康社会的客观需求。解决毕业生就业问题，不仅关系到毕业生的切身利益，也关系到科教兴国战略的顺利实施。

　　不为失败找理由，只为成功找方法。

　　智慧、诚信、勇气是成功的特质。

——马云

任务一　毕业生派遣与报到

一、毕业生就业工作流程

（1）毕业生与用人单位进行双向选择。
（2）毕业生与用人单位达成就业意向。
（3）用人单位所在地毕业生主管部门签发录用函。
（4）毕业生领取就业协议书（该程序也可提前）。
（5）毕业生与用人单位签约，一式三份，把其中一份已签订的就业协议书交给学校，以便学校保存、统计。
（6）学校对就业协议书进行鉴证登记。
（7）学校制订毕业生就业方案，上报省毕业生就业主管部门。
（8）省毕业生就业主管部门制订全省高校毕业生就业方案，上报教育部。
（9）教育部向各省市下达高校毕业生就业方案。
（10）毕业生办理离校手续，领取报到证。
（11）毕业生到用人单位所在地毕业生主管部门办理报到手续。
（12）用人单位办理毕业生接收手续。

二、毕业生就业派遣规定

在规定时间内落实了工作单位并签订了就业协议书（必须有厅级或局级主管部门的签章）的毕业生，应及时回学校签章登记，学校就业指导中心审核、省就业指导中心审批同意后，学校将其列入就业计划并于规定时间前派遣。对于在规定时间内未落实工作单位的毕业生（办理暂缓就业的毕业生除外），省就业指导中心将其派遣关系统一发回生源地人事局（师范生的发回生源地教育局），报到证、档案等资料由学校统一转回生源地毕业生就业服务机构。

由用人单位、学校和毕业生本人签订的就业协议书，要统一汇总纳入学校的毕业生就业方案，报上级就业主管部门调整平衡，形成正式的毕业生就业方案后下达执行。

三、毕业生派遣单位

（1）派遣到国家行政机关和事业单位。申办时需要提交以下材料：①毕业生的报到证及毕业证；②用人单位接收毕业生的函件；③进入事业单位的，要有进人卡；④进入国家行政机关的，要有公务员录用通知书。人才中心收到材料后，报请局分管领导或局长办公会议审批，在七个工作日内将调动手续办妥或给予明确的答复。

（2）派遣到企业及其他单位。申办时需要提交以下材料：①毕业生的报到证及毕业证；②用人单位接收毕业生的函件。人才中心收到材料后，在一个工作日内将调动手续办妥或给予明确的答复。

四、派遣与报到证

（1）获得毕业资格的应届毕业生，由省就业指导中心审批后发放报到证，毕业生持报到证到就业单位报到。

（2）应届毕业生如果在毕业派遣前在学校申报了出国留学或移民等，按省教育厅的规定，不予发放报到证，不能派遣，其户籍关系和档案分别移交给生源地户籍管理部门和毕业生档案管理部门。

（3）因学习成绩不合格或其他原因不能获得毕业资格只能结业的应届毕业生，按省教育厅的规定，不能派遣。如果本人已落实就业单位，并要求派遣，按省就业指导中心的规定，可以发放报到证，但是必须在报到证上的"备注"一栏内写上"结业生"。

（4）毕业生到就业单位报到时需要提供报到证和户口迁移证明，党员还需要向就业单位的党组织提交介绍信。另外，有些单位在毕业生报到时，会鉴证毕业证和职业资格证书。

五、就业信息的处理和应用

（1）未落实工作单位的毕业生，其报到证开到市人事局、市高校毕业生就业指导中心等机构，毕业生持报到证到指定的机构报到。应届毕业生应在毕业当年7~10月份对档案的去处进行核查，以防遗失。

（2）报到证开到用人单位的毕业生，直接到用人单位主管部门报到，档案在其人事部门核查收管。

任务二　毕业生改派手续及档案

毕业生因特殊原因要离开原报到单位到新单位工作，需要办理改派手续。

一、毕业生改派需准备的材料

（1）退函。退函是原接收单位及其上级主管部门同意改派并出具的书面材料。

（2）接收函。接收函是新接收单位出具的经其上级主管部门批准同意接收的书面材料。

（3）毕业生本人申请改派的书面材料、原报到证、户口迁移证明。

二、毕业生改派的程序

（1）本省内省直或省直以上单位之间调整的，持退函、接收函、就业协议书到省就业指导中心审批并办理改派手续。

（2）本省内由地市级单位改派到省直或中央驻省单位的，持地市级毕业生主管部门盖章的退函和就业协议书，到省就业指导中心办理改派手续。

（3）本省内两个地市级单位之间调整的，持原单位所在地毕业生主管部门盖章的退函、报到证和接收函到省就业指导中心办理改派手续。

（4）跨省区调整的，退函和接收函必须经过单位所在地省级毕业生就业主管部门盖章同意，否则无效。

三、毕业生档案

毕业生档案是大学生毕业前家庭情况、学习成绩、政治思想表现、身体状况等方面的文字记载材料。毕业生档案是用人单位选拔、聘用毕业生的重要依据。用人单位通常会根据毕业生档案中的记载，将毕业生安排到适当的工作岗位上。因此，大学生毕业后，其档案是否能准确、及时、安全地到达用人单位手中是非常重要的。

（一）毕业生档案的主要材料

毕业生档案中主要有以下几种材料。

（1）中学时期的资料。

（2）毕业生登记表。

（3）毕业生成绩登记表。

（4）党团材料。

（5）奖惩材料。

（二）毕业生档案的迁移

学校派遣毕业生后，应将毕业生档案按规定寄送到有关部门。

（1）部属单位接收的毕业生档案，直接寄送到用人单位。

（2）省、市属单位接收的毕业生档案，寄送到用人单位业务主管部门。

（3）县及县以下所属单位接收的毕业生档案，寄送到县人事局。

（4）三资企业、私营企业、股份制企业等无主管部门的企事业单位以及采用聘用方式录用毕业生的单位接收的毕业生档案，寄送到其人事关系委托代理的县以上人才流动机构。

在毕业生离校后两周内，学校将按毕业生报到证上的单位地址或就业协议书上的档案交寄地址，通过市机要通信局集中整理交寄毕业生档案。由于客观原因，有时交寄时间会延续至8月底。

毕业生在报到后3个月内，应向就业单位人事部门了解本人档案是否已交寄到单位。若就业单位未收到毕业生档案，毕业生可凭单位人事部门开具的证明到学校查询，也可以由单位人事部门向有关就业指导中心查询。

任务三　毕业生办理暂缓就业

一、毕业生暂缓就业的范围

（1）直到大学毕业，仍未落实就业单位的毕业生。

（2）派遣前，用人单位仍在考虑而尚未签署接收意见的毕业生。

（3）自主创办企业但是暂未获得有关部门正式批准的毕业生。

（4）报考本科的毕业生。

二、毕业生办理暂缓就业的程序

```
毕业生于当年5月31日前向学院提出申请并填写暂缓就业申请表
            ↓
学校上报省就业指导中心审批,经批准后,打印条形码,发放暂缓就业协议书
            ↓
学院向毕业生发放条形码和暂缓就业协议书(一式三份)
            ↓
毕业生与省就业指导中心签订暂缓就业协议书(一式三份),贴条形码,其中一份由毕业生本人保管
            ↓
学院在规定时间内收回暂缓就业协议书(一式两份),并交给学校
            ↓
学校整理后连同毕业生档案一起交给省就业指导中心
```

三、毕业生暂缓就业期间的档案管理

（1）暂缓就业期间,毕业生档案由省就业指导中心统一管理,暂不发放报到证,不收取档案管理费。

（2）由省就业指导中心为报考本科、公务员的学生提供证明。

（3）落实就业单位的毕业生,凭自己手中的暂缓就业协议书、就业单位开具的有效接收

证明和学校开具的证明到省就业指导中心办理派遣手续和档案迁移手续,然后凭报到证到学校开具户口迁移证明,再凭报到证和户口迁移证明到学校保卫处办理户口迁移手续。

(4) 若暂缓就业期满,毕业生还未落实就业单位,由省就业指导中心将其档案转回生源地毕业生就业主管部门。

四、毕业生暂缓就业期间的户口管理

(1) 办理暂缓就业的毕业生的户口暂留学校2年。

(2) 在暂缓就业期间落实就业单位的毕业生,凭省就业指导中心签发的报到证和学校开具的户口迁移证明到学校保卫处办理户口迁移手续。

(3) 在暂缓就业期间未落实就业单位的毕业生,在期满后,由学校将其户口迁回生源地。

五、毕业生暂缓就业期间的党组织关系管理

(1) 暂缓就业的党员或预备党员的党组织关系,以系为单位,归学校党委统一管理。

(2) 党员定期向党组织交纳党费,原则上要参与党组织生活,确实有困难的,经学校党委同意,可以书面形式汇报思想动态。

(3) 预备党员每半年以书面形式向学校党委汇报思想动态,转正手续找学校党组织按有关程序办理。

六、毕业生暂缓就业期满的处理办法

暂缓就业期满仍未落实就业单位的毕业生,按照暂缓就业协议书的规定,必须在暂缓就业期满后的十天内,由本人回学校按程序办理相关手续。对于期满不办理相关手续的,省就业指导中心将把报到证统一发到学校,由毕业生本人在一个月内到学校领取并办理相关手续。逾期不办理的,报到证将由学校统一寄出,如有遗失,后果自负。

任务四　就业陷阱及其防范

一、常见的就业陷阱

大学毕业生要想成功防范各种就业陷阱,首先要了解和认识形形色色的就业陷阱,常

见的就业陷阱有以下几种。

（一）传销陷阱

众所周知，传销是非法活动。虽然国家加大了对传销的打击力度，使传销在一定范围内、一定程度上得到了较为有效的控制，但是有的传销人员并未死心，他们转为"地下"活动。一些传销组织利用大学毕业生求职心切的心理，以知名企业或单位的名义招聘毕业生，或通过要求毕业生在网上投递简历等方式套取毕业生的联系方式，然后主动与毕业生联系，以到单位参加面试或实习为由，将毕业生骗至外地，收取其有效证件，限制其人身自由，强迫、诱骗毕业生加入传销组织，给毕业生造成了重大损失。

（二）承诺陷阱

"高薪诚聘，年薪××万""包吃包住，立即上岗""工作轻松，待遇一流"……翻开报纸，许多单位在招聘广告中所做的承诺都会让求职者怦然心动、心驰神往。

俗话说，人往高处走，水往低处流，每一个大学毕业生都希望找到一份理想的工作，这是情理之中的事。然而，近年来，由于国家机关分流人员、国有企业减员增效、一些用人单位人才相对饱和、毕业生自身期望值过高等原因，大学毕业生的就业压力越来越大，大学生就业难，甚至毕业后出现待业现象，已成为不争的事实。

上述情况使一些毕业生产生了急躁的情绪，这是可以理解的。但是，毕业生在就业时，千万不要因为求职心切而忽视或放松对用人单位的考察。

与此同时，一些用人单位恰恰利用了大学毕业生求职心切的心理和缺乏社会经验、单纯、易轻信别人等特点，在介绍本单位的情况时言过其实、夸大其词、避重就轻，或者做一些让人心动的承诺，以迷惑并吸引毕业生前来应聘。常见的承诺包括以下几种。

（1）高薪承诺。求职者在向用人单位询问薪酬时，用人单位通常会用高薪来吸引求职者，而到月底发工资的时候，很多用人单位都会给求职者"一刀"，或称其工作任务没有完成，或称其工作中存在失误，以此来扣除部分工资。

（2）职位承诺。社会上流传着一些顺口溜，如"说是招经理，让你发小报""岗位是财务，工作在车间"等，这就是许多用人单位设置的职位陷阱。很多毕业生到了用人单位后才发现实际从事的工作与所谓的"职位"相差甚远，这时才发觉上当受骗了。

（3）福利承诺。一些用人单位口头上给求职者许下的福利承诺格外让人心动，如包吃包住、免费培训、每天工作8小时等，而实际上要得到这些福利又有许多苛刻的条件，要想实现，比登天还难。

（三）感情陷阱

不可否认，有时候社会关系（如亲戚、朋友、老乡、同学等）在毕业生就业中起着重要的作用，他们在提供就业信息、疏通就业渠道等方面发挥着学校无法替代的作用。但是，也有人会打着老乡、同学，甚至亲戚的幌子给毕业生介绍工作，既不签合同，也不办手续，稍有不满，就将其一脚"踢"出。还有人会非常热情地帮毕业生找工作，在取得毕业生及其家长的信任以后,逐渐提出各种要求,结果往往是毕业生及其家长花了不少钱,工作却没有落实。因此,毕业生要切记,求职归根结底还是要靠自己,不要把自己的命运寄托在别人身上。

(四)合同陷阱

毕业生由于缺乏社会经验,在与用人单位签订合同时,往往会落入用人单位设置的合同陷阱中。合同陷阱主要有以下几种。

(1) 霸王合同。一些企业,尤其是乡镇企业和私营企业,在与劳动者签订合同时,严重违反签订合同时所应遵循的"平等自愿、协商一致"的原则,在合同中,只规定和强调劳动者应当承担的义务和自己的权利,而对自己应当承担的义务和劳动者的权利,则规定得很少,甚至没有这方面的规定。

(2) 生死合同。这种合同的主要特征是劳动保险条款中有关病、伤、残及死亡的规定不符合《中华人民共和国劳动法》及国家社会保险的相关规定。发生上述情况,企业以较低的金额给职工一次性补偿,其支付的补偿金额远远低于医疗费用。签订这种合同的主要是建筑施工企业和私营企业。这些企业劳动保护条件差,设施不齐全,安全卫生管理不符合国家标准,在生产中很容易造成人员伤亡。

(3) 保证合同。一些用人单位为了确保劳动者履行自己的义务,在与劳动者签订劳动合同时,要求劳动者写保证书,以此来约束劳动者。

(4) 双面合同。有些用人单位会与劳动者签订双面合同,即真、假两份合同。假合同是按照劳动部门的要求签订的,用来应付有关部门的检查,在劳动过程中并不实际执行。真合同则是用人单位按照自己的意愿与劳动者签订的不规范的或违法的合同,用来约束劳动者。

(五)试用陷阱

用人单位根据求职者在试用期的表现来决定其去留本来是一件无可厚非的事情,但是近年来,不少毕业生都遭遇这样的陷阱:一些用人单位与很多毕业生签约,但是在试用期即将结束时,以各种理由辞退绝大多数毕业生。用人单位这种考察毕业生的方式对毕业生造成了很大的伤害。

(六)中介陷阱

一些不法分子租一间屋,找两个工作人员,无证提供中介服务,他们与企业勾结,合伙蒙骗求职者,遇到有关部门检查,便人去屋空。这类机构就是所谓的"皮包公司",他们到处行骗,却又无从查找,其手段原始,但隐蔽性很强。在这里,我们要奉劝毕业生不要到无营业执照的中介机构去求职,以免自己的合法利益受到侵害。

(七)抵押陷阱

虽然国家劳动部门早就规定,任何企业在招聘员工时,不得以任何理由、任何形式向求职者收取押金,或者以身份证、毕业证等作为抵押,但是,目前仍有很多企业在招聘员工时向求职者收取押金,或要求求职者提供身份证,理由是便于管理。不少企业在收取押金或拿到身份证之后,便为所欲为,如延长劳动时间、增加劳动强度、不改善生活条件等。更有甚者,有些用人单位拿求职者的身份证注册公司,求职者在不知不觉中成了公司的"总经理",当然,如果该公司出了问题,很多责任都要由求职者来承担。

(八) 网络陷阱

传统的集市型的人才市场通常会受到时间、地域等因素的限制,不利于统一、开放的大型人才市场的形成。而网上人才市场则突破了这些局限,通过网络将各地的人才市场联系在一起,打破了市场信息分割、封闭的局面,实现了市场信息的共享。网络具有便捷、快速、信息量大等特点,使得越来越多的企业和求职者选择人才招聘网站作为招聘和求职的中介。网上人才市场以其独特的优越性和巨大的潜能,受到了越来越多的人的青睐,利用网络求职的大学生也非常多。

虽然网上求职方便、快捷、信息共享的优越性,是报刊、电视等传统广告载体与现场招聘会难以企及的,但是网上求职也有其难以克服的障碍。如果求职者轻易相信网上的招聘信息,可能会遇到很多麻烦。

首先,网上人才市场缺乏相应的管理机构。网上的招聘信息一旦引发问题,求职者将投诉无门。有媒体报道,某大学的一个女生在网上按照一家公司的要求寄去个人求职资料后,很快就得到了答复,对方说她的条件很合适,但需要进行职业培训,要求她购买公司的培训教材,她交了50元钱后,就再也没有下文了。她想投诉这家公司,但是既没有看到这家公司的营业执照,也不知道公司的地址,实在不知道该怎样投诉。还有一个女生余某,想找一份兼职,她在网上看到招聘翻译员的信息后,按对方提供的邮箱发送了个人简历,没过多久,对方通知她她被正式录用了。工作方式是对方通过网络将需要翻译的资料发送到余某的邮箱,余某翻译完后再发送回去,每月月底按工作量付酬。余某通过这种方式为对方翻译了很多资料,但是到了月底,对方却迟迟不将钱汇到她提供的账户。余某这才知道自己上当了。

其次,由于网络的安全性比较差,个人或企业在网络上输入的信息,有可能被他人窃取、利用,造成名誉上、经济上的损失。

再次,与其他广告载体相比,网上的招聘广告的真实性值得推敲。在人才招聘网站上,有许多招聘信息已过期,还有一些招聘信息虽然没有到期,但是职位已招满,已经成为无效信息。还有很多小型人才招聘网站为了提高访问量,从其他大型人才招聘网站上下载一些即将过期的招聘信息,虽然招聘信息的内容没有错,但小型人才招聘网站在完成下载、处理、制作等程序后,绝大部分招聘信息已经过期无效。还有一些人才招聘网站发布招聘信息时,招聘单位的地址是错的,使得求职者的求职信无法寄到招聘单位,这样会耽误求职者的宝贵时间。

二、就业陷阱的防范

对于就业陷阱,只要毕业生提高警惕,增加对相关知识的了解,就可以在求职过程中避免落入就业陷阱,提高求职的成功率。

(一)就业陷阱防范意识的培养

1. 毕业生应加强对相关法律法规的学习

一些与求职就业密切相关的法律法规,如《中华人民共和国劳动法》《中华人民共和国劳动合同法》《普通高等学校毕业生就业工作暂行规定》《关于进一步深化普通高等学校毕业生就业制度改革有关问题的意见》《中华人民共和国企业劳动争议处理条例》等,对大学毕业生就业时的权利与义务做了详细的规定。大学毕业生在求职前或求职过程中,应主动学习这些法律法规,提高自己辨别就业陷阱的能力。例如,国家相关部门规定,企业不得向职工收取货币、实物等作为"入厂押金",也不得扣留职工的身份证、暂住证和其他证明个人身份的证件。如果毕业生了解这个规定,遇到招聘单位向自己收取押金、报名费、培训费时,就会坚决拒交了。

2. 毕业生应树立正确的就业观

不可否认,市场规律给就业观带来了巨大的冲击,但不能以此作为就业观的基准。不正确的就业观会使毕业生在求职过程中迷失方向,不能客观地评价自己,不能准确地自我定位。过高的期望值和功利性的就业观会使毕业生在求职时,把经济收入因素放在首要位置,对工资、奖金、福利等因素过于关心。这些都会使毕业生在求职时迷失方向,落入"高薪诱惑"的陷阱。

3. 毕业生应保持良好的就业心态

再完美的就业陷阱都会有破绽,有的就业陷阱甚至漏洞百出,但是不少毕业生在求职时由于缺乏良好的就业心态,失去了应有的判断力,结果落入了就业陷阱。因此,毕业生在求职时,应保持良好的就业心态,这对就业陷阱的防范具有重要作用。当毕业生出现以下几种不良的就业心态时,应该提高警惕。

(1)急于求成。急躁是毕业生常见的一种心理,是毕业生在求职过程中焦虑心理的一种特殊表现,尤其是在工作迟迟未能落实的情况下,毕业生普遍都有急躁的心理,这会使他们在求职过程中产生急于求成的心态。这种心态的存在使毕业生对就业陷阱失去了应有的警惕。面对就业陷阱,他们以为求职有了转机,未仔细考察用人单位就匆匆签约。

(2)爱慕虚荣。由于虚荣心作怪,一些毕业生在找工作时,不顾现实条件的限制,一心想找一份让人羡慕的工作,而对渴望经济独立的大学毕业生而言,高薪无疑是令人羡慕的。一些用人单位正是抓住了毕业生爱慕虚荣的心理,给他们设置了种种非常具有诱惑力的陷阱。

(3)消极依赖。一些自卑、怯懦的毕业生过低地评价自己,总是自惭形秽,自己看不起自己。在求职过程中,他们往往缺乏自信心和勇气,不敢和别人竞争。在多次遭受挫折之后,这些毕业生很容易产生强烈的自卑心理,对自己找工作失去信心,进而产生消极依赖的心理。他们寄希望于父母、亲戚、朋友、老乡,不少毕业生因此落入了感情陷阱。

(二)就业陷阱的防范对策

对就业陷阱有了防范意识,毕业生就迈出了防范就业陷阱的第一步,接下来,还要掌握一些基本的防范就业陷阱的对策。

1. 对就业信息的防范

就业信息既蕴藏着机会,也可能是一个陷阱。毕业生面对各种各样的就业信息,应当擦亮眼睛,仔细辨别,要学会去伪存真。

首先,要对获取就业信息的途径有所了解。一般来说,从高校或当地毕业生就业主管部门组织的毕业生供需见面会、正规的人才招聘网站、值得信赖的社会关系、广播、电视等途径获取的就业信息比较真实可信。

其次,对于自己重点关注的就业信息,即使其来源可靠,毕业生也要对其内容进行进一步的核实,防止就业信息中有夸大、不实的部分。毕业生在投递简历前,应充分了解用人单位的情况,可以托人打听,也可以向老师咨询,最好是亲自到用人单位去看一下。

对就业信息进行认真的分析,在一定程度上可以使就业陷阱无法向自己靠近。

2. 对中介机构的防范

如果毕业生希望通过中介机构实现就业,那么,对中介机构的防范是必不可少的。

首先,要弄清楚所选的中介机构是否正规。正规的中介机构具有合法的经营资格,并且处于管理部门的严格监督之下。一般,中介机构必须经过劳动行政部门批准,必须持有职业介绍许可证或人力资源服务许可证。两证中至少具备其中一证的中介机构才是正规的中介机构,否则就是非法中介机构。那些无营业执照、无职业介绍许可证或人力资源服务许可证、无固定办公地点的非法中介机构常常设置在一些正规的中介机构旁边,伺机寻找"猎物",诱惑求职者入套。为了确保自己的合法权益不受损害,求职者千万不要和非法中介机构打交道,否则,难免会上当受骗。

其次,即使是正规的中介机构,也要看其运行、操作是否合法。一些中介机构虽然取得了营业执照和许可证,但是如果缺乏严格有效的管理,也会做出一些损害求职者利益的事情。

再次,仔细了解中介机构的收费情况。劳务骗子的收费项目很多,包括证件费、服装费、押金、体检费、培训费等,并且只开具普通的收据。正规的中介机构的收费必须严格按照相关规定执行,并且必须开具有效的票据。求职的大学生一定要向收费的中介机构索要正式发票。有了正式发票,就相当于多了一道护身符,一旦发现上当受骗,就可以凭发票编号找到该机构的法定代表人和领票人。正式发票是维权的依据,而普通的收据是难以成为法律依据的。

3. 对面试的防范

大多数用人单位都会提出面试的要求。就业陷阱的设置者常常以面试为幌子欺骗求职者。因此,面试也是毕业生需要特别防范的环节。如果条件允许,毕业生应避免单独去面试,尤其是女大学生更要避免到私人场所去面试。正常的面试,用人单位一般会安排在白天,面试地点大多安排在上班的地方,面试的时间、地点一经确定,没有特殊的原因,一般不会改变。如果用人单位要求求职者夜里去面试,或要求求职者前往非上班地点面试,或无缘无故地要求更换面试的时间、地点,求职者就要提高警惕,以免落入就业陷阱。

在人才市场中,常常有人利用大学毕业生急于求成的心理,伪造招聘信息,然后通知大学毕业生去面试,并要求大学毕业生在面试前把面试费汇到他们的账户。其实,面试是一个双向选择的机会,无论是求职者还是用人单位,并没有为对方提供任何具体的服务,所以根本不应该涉及费用。

另外,毕业生到外地参加面试时,不要轻易地将身份证、毕业证等重要证件交给他人,如果遇到紧急情况,应设法向当地的公安机关寻求帮助。

4. 对签约的防范

签订就业协议书是一种法律行为,就业协议书一经签订,便具有法律效力。签订就业协议书,既是确认签约双方权利和义务的必要程序,也是处理就业纠纷的主要依据,毕业生应该正确认识和严肃对待就业协议书,慎重签订就业协议书。

对于选择和确定职业这件人生大事,毕业生应当慎之又慎,不能仅凭用人单位的一面之词就与之签约。在与用人单位签约前,毕业生应对用人单位的运行情况、工作条件、用工制度、工资报酬、福利待遇等进行详细的了解,做到心中有数,以免日后产生纠纷。

毕业生要仔细研究准备签订的就业协议书,协议内容必须公平、公正,明确双方的权利与义务。就业协议书应对工作岗位、工作内容、劳动保护、工作条件、工资报酬、福利待遇、协议终止的条件、违反协议的责任等做出明确的规定。

需要提醒毕业生的是,一定要签订合法、有效的就业协议书,千万不要口头协议,特别是在涉及工作内容、工资报酬、福利待遇等敏感内容时,一定要与用人单位达成书面协议。

5. 发觉被骗,及时报案

如果毕业生发觉自己上当受骗了,应当及时向用人单位所在地的工商部门、劳动部门或公安机关寻求帮助。

总之,只要毕业生具有防范意识,掌握了防范对策,就能够避免落入就业陷阱。毕业生不能因为就业陷阱的存在而对求职产生消极、恐惧的心理,在求职的道路上束手束脚,是不利于就业目标的实现的。

1. 简述毕业生就业工作流程。
2. 毕业生应当如何防范就业陷阱?

项目八

大学生就业权益

项目导学

就业是民生之本。由于就业法规、就业市场和大学生自身素质等方面的不完善,大学毕业生在求职过程中会遇到各种困扰。如何提高大学生的维权意识,完善大学生维权机制,保障大学生的合法权益,成了当下高校面临的一个新课题,开展大学生维权工作已成为新时期全面深化高等教育改革的必然要求。

促进高校毕业生就业创业,关系基本民生,也是加快创新型国家建设的重要支撑。

——李克强

任务一　大学生就业政策

一、大学生就业的基本政策

中华人民共和国成立以后,我国的政治、经济体制发生了很大变化,高校毕业生就业制度也在不断地发展变化,主要经历了以下几个发展阶段。

(一)计划经济体制下的统包统分

中华人民共和国成立以后,我国建立了计划经济体制,政府对高等教育按照计划经济模式进行管理,形成了由国家统一招生,统包学生的所有费用,毕业生就业全部由政府按计划分配到全民所有制单位的制度,即统包统分制度。

(二)社会主义市场经济初期的双向选择

1989年,国家教委在《关于改革高等学校毕业生分配制度的报告》中指出,高等学校毕业生分配制度改革的目标是在国家就业方针、政策的指导下,逐步实行毕业生自主择业,用人单位择优录用的双向选择制度。

社会主义市场经济初期的双向选择的毕业生就业政策实现了人才资源的合理配置,促进了我国的经济发展;扩大了用人单位选才的自主权,有利于用人单位择优选才;扩大了高等学校的办学自主权,促进了学校的教学改革,增强了学校适应社会需要的主动性和积极性;扩大了高等学校毕业生择业的自主权,有利于大学生发挥自身的素质优势;转变了在校大学生的思想观念,提高了他们的学习积极性和竞争意识;保证了企事业单位和基层科研、教学、生产第一线的人才需要。

(三)社会主义市场经济体制改革下的自主择业

1994年,国家教委在《关于进一步改革普通高等学校招生和毕业生就业制度的试点意见》中指出,高等教育不属于义务教育,从招生开始,通过建立收费制度,改变学生上大学由国家包下来,毕业时国家包安排职业的做法。同时,建立相应的奖学金、贷学金制度,鼓励大学生努力学习,引导大学生毕业后参与人才市场的竞争,国家不再以行政分配而是以方针政策指导、奖学金制度和社会就业需求信息来引导毕业生自主择业,逐步建立起"学生上学自己缴纳部分培养费用,毕业后多数人自主择业"的就业体制。

2000年,我国基本上实现了毕业生新旧就业体制转轨。从2002年开始,高校毕业生就业工作进入了一个新的阶段,国家更加重视毕业生就业工作。目前,市场机制在配置毕业生资源方面发挥着基础性的作用,毕业生就业工作已经完全突破了国家包就业的观念和体制,形成了由政府调控指导,学校推荐,毕业生和用人单位双向选择的就业模式。

二、大学生现行就业政策

(一)大学生现行就业政策的框架

(1)实行中央和地方两级管理,以地方管理为主的工作机制。各地区、各有关部门和高等学校建立高校毕业生就业工作目标责任制,明确工作目标,制定具体措施,解决实际问题,确保高校毕业生就业。

(2)积极拓宽毕业生就业渠道,引导毕业生面向西部、基层就业。拓宽高校毕业生到基层就业的渠道,鼓励高校毕业生到基层、中小企业和艰苦地区就业。各级政府积极地为高校毕业生创造工作条件,主要充实城市社区和农村乡镇基层单位,鼓励毕业生从事教育、卫生、公安、农技、扶贫和其他社会公益事业。鼓励和支持毕业生到西部地区工作,到西部贫困县的乡镇一级教育、卫生、科技、扶贫等单位服务两年,服务期间计算工龄。

(3)培育和建设更加完善的毕业生就业市场。各级政府采取有效措施,积极推动高校毕业生就业市场建设,并与人才市场和劳动力市场相互贯通和资源共享。严格规范各种毕业生招聘会的秩序,禁止以营利为目的举办高校毕业生招聘活动,切实维护毕业生的合法权益,保护毕业生的人身安全。高校毕业生就业主管部门及其他有关部门要建立用人单位招聘毕业生信用制度,对发布虚假招聘信息、利用招聘信息进行欺诈和损害毕业生权益的用人单位,将做出严肃处理。

(4)建立高校毕业生社会服务体系,构建更加完善的毕业生就业工作服务体系。高等学校毕业生就业指导和服务体系建设是现代大学制度和教育教学改革的一项重要内容。

(5)加大对毕业生就业工作的政策支持力度。深化人事制度和劳动用工制度改革,完善并严格执行职业资格准入制度。对于国家规定实行就业准入的职业,从业者和初次就业者必须取得相应的资格证书后,方可上岗,对其中新增加的就业岗位,优先录用符合相应资格条件的高校毕业生。党政机关录用公务员和国有企事业单位新增专业技术人员、管理人员时,主要面向高校毕业生,公开招考或招聘,择优录用。各级党政机关,特别是地(市)、县、乡级机关录用公务员时,严格执行"凡进必考"制度。切实解决非公有制单位聘用高校毕业生的有关问题。积极放宽建立集体户口的审批手续,及时、便捷地办理落户手续。用人单位要按照国家有关规定与所聘毕业生签订劳动合同,为其办理社会保险手续,缴纳社会保险费,保障其合法权益。

(6)建立完善的就业状况报告、公布、督查和评估制度。各省、自治区、直辖市要建立并不断完善高校毕业生就业监测体系,科学、准确、快速地报告高校毕业生就业工作进展情况,及时公布当地高等学校的毕业生就业率。

(7) 鼓励自主创业和灵活就业。从事个体经营和自由职业的高校毕业生要按当地政府部门的规定,到社会保险经办机构办理社会保险登记手续,缴纳社会保险费。鼓励高校毕业生自主创业,为其提供创业培训、项目开发、小额贷款和担保、税费减免、跟踪服务等一条龙服务。

(二)促进大学生就业的政策

1. 大学生志愿服务西部计划

为了鼓励高校毕业生积极参加大学生志愿服务西部计划,2003年,共青团中央、教育部、财政部、人事部联合下发了《关于实施大学生志愿服务西部计划的通知》(中青联发〔2003〕26号),规定参加大学生志愿服务西部计划的志愿者除了享受国家规定的高校毕业生就业优惠政策外,还可以享受以下优惠政策:

(1) 服务期间,享受一定的生活补贴(含交通补贴和人身意外伤害、住院医疗保险)。

(2) 服务期间,计算工龄,党团关系转至服务单位。本人要求户口和档案保留在学校的,按规定保留两年,在此期间,档案管理机构对保管其档案免收服务费用;本人要求将户口转回入学前户籍所在地的,公安机关按照规定为其办理落户手续,人事、教育部门所属人才交流机构负责办理相关手续,人事部门所属人才交流服务机构免费提供人事代理服务。服务期满落实工作单位后,公安机关按有关规定办理户口迁移手续。

(3) 服务期间,可兼职或专职担任所在乡镇团委副书记、学校及其他服务单位的管理职务。

(4) 服务期满考核合格的,报考研究生给予加分,在同等条件下,优先录取,具体规定在当年的研究生招生政策中予以明确。

(5) 服务期满考核合格报考党政机关公务员的,可适当加分,同等条件下,应优先录用,具体规定由省级公务员考试录用主管机关在当年招考中予以明确。

(6) 服务期满,对志愿者做出鉴定,存入本人档案。考核合格的,颁发证书,作为志愿者服务经历和就业、创业的证明。

(7) 服务单位应向志愿者提供住宿等必要的生活条件。在录用党政机关公务员和新增国有企事业单位专业技术人员、管理人员时,优先录用、招聘志愿者。

(8) 服务期为1年、服务期满考核合格的,授予中国青年志愿服务铜奖奖章。服务期为2年、服务期满考核合格的,授予中国青年志愿服务银奖奖章,表现优秀的授予中国青年志愿服务金奖奖章,表现特别优秀的推荐参加中国青年五四奖章、中国十大杰出青年、中国十大杰出青年志愿者、国际青少年消除贫困奖等评选。

2. 引导大学生到基层就业的基础性政策

2005年颁发的《关于引导和鼓励高校毕业生面向基层就业的意见》(中办发〔2005〕18号)是引导大学生到基层就业的基础性政策文件,是"三支一扶""特岗计划"等后续具体政策设计的依据。大力支持各类中小型企业和非公有制单位聘用高校毕业生;探索并建立高校毕业生就业见习制度;加大选调应届优秀高校毕业生到基层锻炼的工作力度;实施高校毕业生到农村服务计划;大力推广高校毕业生进村、进社区工作等指导性意见。

3."三支一扶"(支教、支农、支医和扶贫)计划

根据 2006 年颁布的《关于组织开展高校毕业生到农村基层从事支教、支农、支医和扶贫工作的通知》的要求,以公开招募、自愿报名、组织选拔、统一派遣的方式,从 2006 年起连续 5 年,每年招募 2 万名高校毕业生,主要安排到乡镇从事支教、支农、支医和扶贫工作。工作时间一般为 2~3 年,工作期间给予一定的生活补贴。工作期满后,毕业生自主择业,择业期间享受一定的政策优惠。招募计划侧重于经济欠发达地区。

4.农村义务教育阶段学校教师特设岗位计划(简称"特岗计划")

"特岗计划"通过公开招募高校毕业生到西部"两基"攻坚县县以下农村义务教育阶段学校任教,引导和鼓励高校毕业生从事农村教育工作,逐步解决农村师资总量不足和结构不合理等问题,提高农村教师队伍的整体素质。

"特岗计划"的教师聘期为 3 年。"特岗计划"的岗位设置相对集中,一般 1 个县(市)安排 100 个左右,1 所学校安排 3~5 人。原则上安排在县以下农村初中及小学,适当兼顾乡镇中心学校。

1)招募对象

(1)全日制普通高校师范类专业应届本、专科毕业生。

(2)全日制普通高校具备教师资格条件的非师范类专业应届本科毕业生。

(3)取得教师资格,同时具有一定的教育教学实践经验,年龄在 30 岁以下且与原就业单位解除了劳动合同或未就业的全日制普通高校往届本科毕业生。

2)"特岗计划"的保障政策

(1)参加过大学生志愿服务西部计划和"三支一扶"计划且服务期满的志愿者、参加过半年以上实习支教的师范院校毕业生及生源地毕业生,在同等条件下,优先招聘。

(2)"特岗计划"教师在聘期内,由县级有关部门对其进行跟踪评估。对成绩突出、表现优秀的,给予表彰;对工作不扎实、不按合同要求履行义务的,要及时进行批评教育,督促改正;对不履行合同要求的义务,经教育仍无转变,不适合在教师岗位继续工作的,应解除协议。

(3)各设岗县(市)和学校,要为"特岗计划"教师提供必要的周转房,方便教师工作和生活。

(4)"特岗计划"教师享受国家《关于引导和鼓励高校毕业生面向基层就业的意见》《关于组织开展高校毕业生到农村基层从事支教、支农、支医和扶贫工作的通知》和各省规定的有关优惠政策。

(5)"特岗计划"的实施可与农村学校教育硕士师资培养计划的实施相结合。符合相应条件要求的特设岗位教师,可按规定推荐攻读免试教育硕士。特设岗位教师 3 年聘期

视同农村学校教育硕士师资培养计划要求的3年基层教学实践。

（6）"特岗计划"教师3年聘期结束后，对考核合格，自愿留在本地学校的，经县级政府教育行政部门审核，县级政府人事行政部门批准，办理事业单位人员聘用手续，并报省人事厅、教育厅备案，同时将其工资发放纳入当地财政负担范围，保证其享受当地教师同等待遇。

（7）"特岗计划"教师聘用期间，其户口根据本人自愿，可留在原籍，也可迁至工作学校所在的县城。

三、大学生自主创业优惠政策

近年来，为了支持大学生创业，国家和各级政府出台了许多优惠政策，涉及融资、开业、税收、创业培训、创业指导等方面。

（1）应届高校毕业生在毕业后2年内自主创业，到创业实体所在地的工商部门办理营业执照，注册资本在50万元以下的，允许分期到位，首期到位资金不低于注册资本的10%（出资额不低于3万元），1年内实缴注册资本追加到50%以上，余款可在3年内分期到位。

（2）应届高校毕业生新办从事咨询业、信息业、技术服务业的企业或经营单位，经税务部门批准，免征企业所得税2年；新办从事交通运输、邮电通信的企业或经营单位，经税务部门批准，第一年免征企业所得税，第二年减半征收企业所得税；新办从事公用事业、商业、物资业、对外贸易业、旅游业、物流业、仓储业、居民服务业、饮食业、教育文化事业、卫生事业的企业或经营单位，经税务部门批准，免征企业所得税1年。

（3）凡应届高校毕业生从事个体经营的，除国家限制的行业（包括建筑业、娱乐业、广告业、桑拿、按摩、网吧、氧吧等）外，自工商部门批准其经营之日起，1年内免交登记类和管理类的各项行政事业性收费。从事个体经营的高校毕业生免交的具体收费项目主要包括下列几项。

① 工商部门收取的个体工商户注册登记费（包括开业登记、变更登记、补换营业执照及营业执照副本）、个体工商户管理费、集贸市场管理费、经济合同鉴证费、经济合同示范文本工本费。

② 税务部门收取的税务登记证工本费。

③ 卫生部门收取的民办医疗机构管理费、卫生监测费、卫生质量检验费、预防性体检费、预防接种劳务费、卫生许可证工本费。

④ 民政部门收取的民办非企业单位登记费（含证书费）。

⑤ 劳动保障部门收取的劳动合同鉴证费、职业资格证书费。

⑥ 公安部门收取的特种行业许可证工本费。

⑦ 烟草部门收取的烟草专卖零售许可证费（含临时的零售许可证费）。

（4）各国有商业银行、股份制银行、城市商业银行和有条件的城市信用社要为自主创业的毕业生提供小额贷款，并简化程序，提供开户和结算便利，贷款额度在2万元左右。贷款期限最长为2年，到期确定需要延长的，可申请延期一次。贷款利息按照中国人民银行公布的贷款利率确定，担保最高限额为担保基金的5倍，期限与贷款期限相同。

（5）政府人事行政部门所属的人才中介服务机构，免费为自主创业的毕业生保管人事档案（包括代办社保、职称、档案工资等有关手续）2年；提供免费查询人才、劳动力供求信息，免费发布招聘广告等服务；适当减免参加人才市场或人才劳务交流活动收费。

以上优惠政策是国家针对所有自主创业的大学生制定的，各地政府为了扶持当地大学生创业，也出台了相关的政策法规，而且更加具体，更贴近实际。例如，天津市为了鼓励大学生创业，出台了注册"零出资"，住宅可经营的优惠政策。对于高校大学生申办公司，降低首次出资门槛，若高校毕业生申请注册资本50万元以下的公司，允许"零出资"进行工商登记，核发3个月有效期的营业执照，营业执照核准之日起3个月内注册资本到位10%，余款在2年内到位。申办个体工商户的大学生，可享受管理费、注册登记费、证照费等行政性收费全免的优惠政策。开辟"绿色通道"，为自主创业的大学生提供优先咨询、优先受理、优先登记的服务。针对大学生创业面临租赁、购买经营场地困难的实际情况，允许从事服务业、创意产业等行业的大学生创业者，将住宅作为经营场所登记注册。

◈ 小资料

你问我答

1. 在校期间，高校毕业生可以获得哪些就业指导和服务？

高校毕业生在校期间，可以到学校就业指导中心等部门获得就业咨询、用人单位招聘及实习信息、求职技巧及实用技能培训、职业生涯辅导、毕业生推荐、实习实践能力培训和就业手续办理等多项就业指导和服务。目前，各高校已普遍建立了毕业生就业指导机构。

2. 从哪些机构可以获取就业信息？

（1）学校就业主管部门。学校就业主管部门作为负责毕业生就业工作的核心部门，是毕业生获取就业信息、顺利实现就业的主要渠道。

（2）公共就业服务机构。主要包括省（区、市）高校毕业生就业指导中心、市（区、县、镇、街道）人才交流服务中心、职业介绍服务中心、人力资源市场、街道社区劳动服务站等。

（3）市场经营性服务机构。主要包括从事人力资源服务的经营性企业或机构。

3. 获取就业信息的主要渠道有哪些？

（1）浏览各类就业信息网站，包括中央有关部门主办的全国性就业信息网站、地方有关部门主办的就业信息网站、各高校的就业信息网站及其他专业性就业信息网站。

（2）参加各类招聘活动，包括国家有关部门、学校、用人单位等组织的招聘活动。

（3）参与校企合作实习，包括社会实践、毕业实习等。

(4) 查阅媒体广告,如报纸、刊物上的招聘广告。

(5) 他人推荐。

(6) 主动到用人单位求职。

4. 在校期间,高校毕业生可以通过哪些途径提升就业能力?

(1) 学好专业知识。

(2) 根据学校的要求或安排,选修就业指导课程。

(3) 参与学校组织的就业实习、模拟招聘等活动。

(4) 参加社会实践活动。

5. 困难家庭高校毕业生包括哪些毕业生?

困难家庭高校毕业生包括来自城镇低保家庭、城镇低保边缘家庭、农村贫困家庭和残疾人家庭的毕业生。

6. 就业困难高校毕业生包括哪些毕业生?

一般认为,就业困难高校毕业生是指在心理、身体、学业、经济、综合素质等方面处于弱势的毕业生。

7. 各级机关、事业单位对招录(聘)困难家庭高校毕业生有何优惠政策?

各级机关招录公务员、事业单位招聘工作人员时,免收困难家庭高校毕业生的报名费和体检费。

8. 离校后未就业的高校毕业生如何获得相应的就业指导和服务?

回到户籍所在地报到的未就业的高校毕业生,可以享受当地政府部门所属的公共就业服务机构、人才交流服务机构和高校毕业生就业指导服务机构提供的就业指导和服务。就业指导与服务的内容包括就业政策法规咨询、职业岗位供求信息、市场工资指导价位信息、职业培训信息、职业指导、职业介绍等。

9. 离校后未就业的高校毕业生可以在哪里办理求职登记和失业登记?

离校后未就业的高校毕业生可以在户籍所在地县及县以上公共就业服务机构办理求职登记和失业登记,具体办理办法可咨询当地的公共就业服务机构。

10. 离校后未就业的高校毕业生如何申请参加职业培训?

职业培训由各地政府部门所属的公共就业服务机构组织。离校后未就业回原籍的高校毕业生可到当地人力资源和社会保障局或相关部门了解职业培训开展情况,选择适宜的培训项目参加。

11. 国家鼓励毕业生到基层就业的主要优惠政策有哪些?

(1) 对到农村基层和城市社区从事社会管理和公共服务工作的高校毕业生,符合公益性岗位就业条件并在公益性岗位就业的,按照国家现行促进就业政策的规定,给予社会保险补贴和公益性岗位补贴。

(2) 对到农村基层和城市社区其他社会管理和公共服务岗位就业的,给予薪酬或生活补贴,同时按规定参加有关社会保险。

(3) 对到中西部地区和艰苦边远地区县以下基层单位就业并履行一定服务期限的高校毕业生,以及应征入伍服义务兵役的高校毕业生,按规定给予相应的学费补偿和国家助学贷款代偿。

(4) 对具有基层工作经历的高校毕业生,在研究生招录和事业单位选聘时实行优先,在地市级以上党政机关招录公务员时也要进一步扩大招考录用的比例。

任务二　就业协议书

一、就业协议书与劳动合同的联系与区别

就业协议书是毕业生和用人单位在签订劳动合同前,双方确定就业意向和权益的依据。劳动合同是劳动者与用人单位确立劳动关系,明确双方权利和义务的协议。

就业协议书与劳动合同的区别详述如下。

(1) 主体不同。就业协议书的主体是毕业生、用人单位和学校,其中,毕业生与用人单位的主体作用不言而喻,学校作为一个主体,其作用是维护毕业生就业工作的良好秩序,保障毕业生和用人单位的合法权益,证明毕业生毕业信息的真实性。而劳动合同是劳动者与用人单位在遵循平等自愿的原则下依法签订的,只有劳动者和用人单位两个主体。

(2) 依据不同。就业协议书依据的是教育部颁发的部门规章,劳动合同依据的是《中华人民共和国劳动法》和《中华人民共和国劳动合同法》。

(3) 内容差异。就业协议书可规定毕业生自身情况、就业意向、用人单位同意接收、学校审核派遣等,一般不涉及具体的劳动关系,而在劳动合同中,必须具备劳动合同期限、工作内容、劳动保护、劳动条件、劳动报酬、劳动纪律、劳动合同终止的条件、违反劳动合同的责任等条款。除此之外,双方还可以协商约定其他内容。

(4) 签订时间不同。就业协议书一般在学生毕业前签订,而劳动合同一般在学生毕业后签订。

(5) 效力不同。就业协议书只是毕业生在择业过程中签订的协议,其效力始于签订之日,终于毕业生与用人单位签订劳动合同之时。劳动合同的有效期,是劳动者与用人单位以合同的方式确定的,除法律规定的情形外,双方不得随意变更、中止。对毕业生来说,到用人单位报到后,在双方签订劳动合同之后,原就业协议书随之失效。从这点来看,就业协议书不能代替劳动合同。

二、学校、用人单位、毕业生的权利与义务

项　目	权　利	义　务
学校	（1）了解用人单位的基本情况； （2）管理和规范毕业生就业工作； （3）审核就业协议书； （4）维护学校的声誉	（1）推荐毕业生； （2）确保推荐毕业生资料的真实性； （3）按规定办理就业手续； （4）按规定寄送档案材料，协助保卫处办理户口迁移手续
用人单位	（1）在国家就业政策规定的范围内，通过双向选择自主录用毕业生； （2）到学校举办招聘会； （3）了解毕业生生源信息	（1）在招聘活动中实事求是地宣传； （2）严格履行就业协议，按时做好毕业生接收工作； （3）违约应承担违约责任
毕业生	（1）了解国家的就业方针和政策； （2）在国家就业政策规定的范围内，自主选择用人单位； （3）了解用人单位的基本情况； （4）参加公开竞争； （5）通过双向选择自愿签订就业协议书； （6）如果用人单位违约，毕业生可以要求用人单位承担违约责任和赔偿损失	（1）实事求是地介绍自己，保护原就读学校的技术秘密； （2）自觉履行就业协议； （3）服从国家的需要； （4）违约应承担违约责任

三、签订就业协议书的程序

（1）毕业生按就业协议书上的说明填写就业协议书（一式三份，同时填写）。

（2）毕业生与用人单位达成就业协议后，毕业生在就业协议书上签名或盖章，用人单位在就业协议书上签署意见并加盖公章。

（3）用人单位报上级主管部门审批、签署意见、加盖公章。

（4）用人单位在与毕业生签订就业协议书之日起的十个工作日内，将就业协议书寄送到学校就业指导中心。

（5）学校就业指导中心鉴证后加盖公章，将就业协议书反馈给用人单位和毕业生本人。

四、人事代理和人事关系挂靠

到私企、外资企业、独资企业、合资企业就业的毕业生,其用工的性质属于聘用制的签约合同工。如果毕业生的人事关系挂靠在人才市场或人才交流中心等人事代理部门,则必须与用人单位签订就业协议书。如果毕业生不需要办理人事关系挂靠,不需要解决户口迁移问题,可不签订就业协议书。

用人单位办理委托人事代理时,须向当地的人才流动服务机构提交下列材料。
(1)委托人事代理申请书。
(2)企业营业执照复印件、企业章程复印件。
(3)单位批准成立的批件复印件。
(4)委托代理人员的履历表、身份证复印件。
(5)与代理项目有关的材料。

个人办理委托人事代理时,须向当地的人才流动服务机构提交下列材料。
(1)应聘到外地工作的人员,须提交委托人事代理申请书、聘用合同复印件、身份证复印件、聘用单位证明信(证明其单位性质、主管部门、业务范围)等。
(2)辞职、解聘且尚未落实工作单位的人员,须提交委托人事代理申请书、辞职或解聘证明、身份证复印件等。
(3)自费出国留学的人员,须提交委托人事代理申请书、原单位同意由人才流动服务机构保存人事关系的函件、出国的有关材料等。

人事关系挂靠是指把国家干部身份、人事档案、行政关系挂靠在政府人事部门管辖的人才交流服务中心。毕业生办理人事关系挂靠,可享有以下权益。
(1)保留毕业生的国家干部身份。
(2)计算连续工龄。
(3)出具以档案为依据的出国、升学、结婚等证明,办理相关事宜。
(4)代办国家规定的档案工资调整、转正定级、职称评定等工作。
(5)代办社会保险、证件年审等工作。

任务三 劳动合同和劳动争议

一、劳动合同

(一)什么是劳动合同

劳动合同是劳动者与其所在的用人单位为了实现一定的劳动过程而签订的明确双方

权利和义务的协议。这种协议具有法律约束力。

《中华人民共和国劳动法》第十六条规定,劳动合同是劳动者与用人单位确立劳动关系,明确双方权利和义务的协议。这一概念表明,劳动合同的主体是特定的,必须一方是劳动者,另一方是劳动者所在的用人单位。劳动者与劳动者之间、用人单位与用人单位之间,不能形成劳动合同。一般情况下,劳动合同不强调劳动的结果,只强调劳动的过程,这是由劳动本身的复杂性决定的。

(二) 劳动合同的特征

1. 劳动合同的主体是特定的

劳动合同的主体是特定的,必须一方是劳动者,另一方是用人单位。劳动过程、劳动者和拥有生产资料经营管理权限的用人单位的结合是实现劳动过程的基本条件。劳动合同主体的特定性,不仅使之区别于民事合同、经济合同(平等主体之间),也使之区别于集体合同(工会组织与用人单位之间)。

2. 劳动合同是具有身份性质的合同

劳动者和用人单位在履行劳动合同的过程中,存在着劳动管理关系。劳动合同订立后,劳动者一方必须加入到用人单位一方,作为该单位的一名职工。从劳动者的角度来看,对内享有和承担本单位职工的权利和义务,对外以本单位的名义从事生产、经营活动。从用人单位的角度来看,用人单位有权利,也有义务组织和管理本单位职工,把他们的个人劳动组织到集体劳动中。这一特征决定了劳动者在同一时期内,一般只能同一个用人单位签订劳动合同,而不能同时与两个或两个以上的用人单位签订劳动合同。《中华人民共和国劳动法》第九十九条明确规定,用人单位招用尚未解除劳动合同的劳动者,对原用人单位造成经济损失的,该用人单位应当依法承担连带赔偿责任。

3. 签订劳动合同的目的在于劳动过程的完成而不是劳动成果的实现

劳动过程是一个相当复杂的过程,有的劳动成果当时就能衡量,如编织劳动,有的劳动成果当时无法衡量,如教师教课、医生治病,有的劳动成果具有独立性,如小件行李搬运,有的劳动成果融合在集体劳动之中,如机床零件的某一道加工工序。一般情况下,劳动者只要按照规定的时间和要求,完成用人单位交给自己的工作,用人单位就应该按照劳动合同支付劳动报酬。用人单位不能因为经营状况不好而克扣劳动者的应得收入。《中华人民共和国劳动法》第二十条规定,劳动合同的期限分为有固定期限、无固定期限和以完成一定的工作为期限。这一规定就是强调劳动过程。

4. 劳动合同是通过双方选择确定的

一般情况下,劳动合同要通过用人单位公布招工简章、劳动者自愿报名、考核录用等程序才能正式签订,即劳动者根据自身条件和志向选择用人单位,而用人单位则对劳动者的身体素质、劳动技能、经验及知识水平等提出一定的要求。在签订劳动合同之前,劳动者和用人单位之间有一个相互选择的过程。《中华人民共和国劳动法》第十七条规定,订立和变更劳动合同,应当遵循平等自愿、协商一致的原则。

5. 劳动合同是有偿合同

劳动合同是有价标的物,没有价标的物不是合同,例如,委托合同属于没有价标的物,就不是劳动合同。

6. 劳动合同一般都有试用期的规定

劳动合同规定试用期的意义在于通过劳动者在试用期的表现,考察其是否适应劳动的要求。如果符合录用条件,则确定劳动关系;如果不符合录用条件,则解除劳动关系,以避免人力、物力的浪费。《中华人民共和国劳动法》第二十一条规定,劳动合同可以约定试用期,试用期最长不得超过六个月。

7. 劳动合同在一定条件下会涉及第三人的物质利益

劳动合同的内容不仅有当事人权利和义务的规定,而且涉及劳动者的直系亲属在一定条件下所应享有的物质帮助权。《中华人民共和国劳动法》第七十三条规定,劳动者死亡后,其遗属依法享受遗属津贴。

8. 劳动合同具有相对的限制性

劳动合同的主要内容不能完全按照双方当事人的意愿约定,其中有些内容是受有关法律、法规限制的,如最低工资、劳动保护、劳动保险等,当事人对此不能自由变更,不依据法律、法规而自行约定劳动合同是不合法的。

(三)劳动合同应具备的条款

《中华人民共和国劳动法》第十九条规定,劳动合同应该具备以下条款。

1. 劳动合同期限

劳动合同期限是指劳动合同规定的双方当事人权利和义务的有效时间。《中华人民共和国劳动法》第二十条规定,劳动合同的期限分为有固定期限、无固定期限和以完成一定的工作为期限。

有固定期限的劳动合同是指规定了有效期限的劳动合同。其有效期限不宜规定得过长,以免变成变相的无固定期限的劳动合同。

无固定期限的劳动合同是指劳动者与用人单位约定无确定终止时间的劳动合同。这里所说的无确定终止时间,是指劳动合同没有一个确切的终止时间,并不是没有终止时间。如果出现了法律规定的情形,无固定期限的劳动合同就会解除。

以完成一定的工作为期限的劳动合同是指用人单位与劳动者约定以某项工作的完成为合同期限的劳动合同。西方发达国家普遍采用这种形式的劳动合同,从某种意义上讲,这类合同带有承包性质。例如,修建一座桥梁,桥梁建成,即视为合同履行完毕。

2. 工作内容

工作内容包括职务、工作岗位、工种、任务、技术要求、质量、数量、工作时间、地点、方法等。具体内容包括两个方面:①对于那些产品比较单一、生产比较稳定、销路比较正常、可以实行定额管理的工作,劳动合同中可以约定数量和质量指标;②对于那些期限较长或无固定期限的劳动合同,劳动者的操作熟练程度不断变化,不可能约定具体的数量和质量指标,劳动合同中可以约定应当完成的任务。

3. 劳动保护和劳动条件

这一条款主要包括工作时间、休息时间、劳动安全与卫生、女职工与未成年工的特殊保护等。

这一条款主要分为两类:一类是硬性规定,即我国法律、法规规定的双方必须遵守的规定,如工作时间和休息时间;另一类是在不与前一类相矛盾的情况下,双方协议规定的条件,即约定的条件,如职工住房问题、交通费问题、子女上学问题等。

4. 劳动报酬

劳动报酬是劳动者的衣食之源,也是劳动合同的重要条款。对于劳动报酬,国家确定了最低工资标准,以这一标准为基础,劳动者与用人单位可以协商确定具体内容。劳动报酬条款力求数字明确,并注明劳动报酬发放的方式、时间与地点。一般情况下,不能在节假日支付工资,不能在公共场所、娱乐场所支付工资。

5. 劳动纪律

《中华人民共和国劳动法》第三条规定,劳动者应当完成劳动任务,提高职业技能,执行劳动安全卫生规程,遵守劳动纪律和职业道德。劳动纪律作为必要条款载入劳动合同,可以提高劳动合同的规范化操作性,劳动合同中有关劳动纪律的规定主要是用人单位根据有关法规,结合本单位的特点制定的"厂纪厂规","厂纪厂规"不能违背国家法律、法规。

6. 劳动合同终止的条件

劳动合同终止的条件分为国家强制性终止条件和双方约定的终止条件,本条款主要针对后者,即双方约定的终止条件,如劳动者连续迟到5次,劳动合同终止。

7. 违反劳动合同的责任

在一般的劳动合同中,劳动者与用人单位都会约定违反劳动合同应当承担的责任,这样可以提高劳动合同的严肃性,也可以为履行劳动合同中的其他条款提供保障。追究用人单位的责任时,原则上依照双方商定的结果;追究劳动者的责任时,要适当考虑劳动者的经济承受能力。

8. 其他条款

《中华人民共和国劳动法》第十九条规定,劳动合同除前款规定的必备条款外,当事人可以协商约定其他内容。协商约定的其他内容也称为辅助条款,即使没有辅助条款,劳动合同照样成立。若双方同意订立辅助条款,则辅助条款与必备条款一样具有法律效力。

(四)劳动合同的形式

《中华人民共和国劳动法》第十九条规定,劳动合同应当以书面形式订立。劳动合同是双方当事人达成协议后,用文字形式固定下来的经双方当事人签字作为调整劳动关系、解决劳动争议的凭证。目前,很多用人单位不与劳动者签订劳动合同,在这种情况下,劳动者一定要主动与用人单位签订劳动合同。如果劳动者没有与用人单位签订劳动合同,那么考勤簿、工资单、工会会员证、工作证等能证明劳动者在该用人单位工作的东西,都可以视为与劳动合同有关的证据。

(五)劳动合同的订立

劳动合同的订立与一般合同的订立不一样,一般合同的订立一般包括要约和承诺两个过程,而劳动合同的订立有其特殊性,即在订立劳动合同之前,有一个招收录用程序。

1. 招收录用

1)公布招工简章

用人单位在招收劳动者之前,通常会公布招工简章。招工简章通常包括两个方面的内容:一是招工条件,包括工种、名额、招收对象及应具备的条件、招收地区等;二是应招人员被录用后的权利、义务,包括工资、福利待遇、劳动保护、保险、应遵守的规章制度等。

2)自愿报名

凡符合条件的人,均可以根据自己的志向、爱好选择报名。应招人员需要提交有关证明文件,如学历证明、户籍证明,以及反映应招人员技术水平和工作能力的文件。同时,用人单位应向应招人员详细介绍本单位的有关情况,对应招人员提出的问题,用人单位有义务做出回答。

3)全面考核

用人单位对应招人员进行德、智、体、美、劳等方面的考核,考核的内容和标准可以根据工作需要有所侧重,例如,招用技术人员,可以侧重于专业知识和技能考核,招用体力劳动人员,可以侧重于体能考核。

4)择优录用

用人单位对于考核合格者择优录用,在有些情况下,还需要张榜公布。

招收录用是劳动合同订立的第一个阶段,以上四个程序的核心是"五个公开",即政策公开、招工名额公开、报名公开、考核标准公开及录用公开。通过这些程序,可以为符合招工条件的劳动者提供公平竞争的机会。在招工之前,劳动合同不能有特定的受约人。劳动合同的受约人从不特定的对象到特定的对象,须通过公开竞争确定。

2. 订立劳动合同

劳动合同订立的第二个阶段,也是具体签订劳动合同的阶段。这是双方当事人对劳动合同的具体内容通过平等协商达成一致意见的过程。

通过第一个阶段确定了劳动合同的双方当事人,用人单位作为要约方,应提出劳动合同草案(也称为要约)。如果受约方(被录用的应招人员)对用人单位提出的劳动合同草案没有异议,劳动合同即告成立。如果受约方对劳动合同草案提出了修改意见,用人单位应当提出新的要约,直到双方当事人达成一致意见。这个协商的过程不仅体现了双方当事人的平等地位,也可以充分反映他们的要求和利益,使订立的劳动合同令双方满意。

上述两个阶段是密不可分的,用人单位招用劳动者,只有依次通过这两个阶段,才能在双方当事人之间确立劳动关系。

（六）订立劳动合同应当遵循的原则

双方当事人在订立劳动合同时,应遵循以下原则。

1. 合法原则

这一原则是劳动合同生效的必要前提,基本要求如下。

（1）主体合法,即订立劳动合同的双方当事人必须具备相应的劳动权利能力和劳动行为能力。用人单位应具有用人的权利,劳动者的年龄应达到 16 周岁,并且身体及精神健康状况应符合国家对本行业的规定。

（2）内容合法,即双方当事人在确定具体的劳动权利和义务时,不得违反国家法律、法规和政策的规定。劳动合同之所以具有法律效力,受国家法律保护,是因为它符合国家法律、法规的有关规定,如果它违反了国家法律、法规的有关规定,就不能受国家法律保护,甚至还要追究当事人的责任。

（3）程序合法。用人单位招收劳动者,应经过公布招工简章、自愿报名、全面考核、择优录用、订立劳动合同等程序。

2. 平等自愿原则

平等是指双方当事人的法律地位平等,在政治上、经济上不存在任何依附关系。自愿是指在订立劳动合同时,劳动者与用人单位之间不存在谁命令谁、谁服从谁的问题。订立劳动合同时,双方当事人的法律地位平等主要体现在以下两个方面。

（1）双方当事人自由地表达自己的意思。

（2）双方当事人既要享受权利,也要承担义务,不允许任何一方只享受权利,不承担义务。

3. 协商一致原则

双方当事人对合同条款发生分歧时,必须采用讨论的办法来达成一致意见。在讨论劳动合同中国家法律法规没有规定的内容时,任何单位和个人不得干预,应允许双方当事人充分地表达自己的真实意思,用欺骗、威胁等手段订立的劳动合同是无效的,甚至会追究相应的法律责任。

（七）劳动合同的效力

1. 劳动合同的成立和生效

劳动合同的成立与生效是两个既有联系又有区别的法律概念。双方当事人就劳动合同的内容协商一致,劳动合同即告成立。但是,劳动合同成立并不意味着劳动合同一定能生效。劳动合同生效的时间,是指劳动合同具有法律效力的起始时间。劳动合同依法订立,既具有法律效力,又对双方当事人具有约束力。因此,只要是依法订立的劳动合同,其生效时间始于劳动合同签订之日。劳动合同订立后,需要鉴证或公证的,其生效时间始于鉴证或公证之日。

2. 劳动合同的无效

无效的劳动合同,是指当事人违反法律、行政法规订立的不具有法律效力的劳动合同。它虽然是双方当事人经过协商订立的,但是违反了法律、行政法规,因此,国家不予承认,法律不予保护。无效的劳动合同,从订立的时候起,就没有法律约束力。

《中华人民共和国劳动法》第十八条规定下列劳动合同无效:①违反法律、行政法规的劳动合同;②采取欺诈、威胁等手段订立的劳动合同。采取欺诈手段订立劳动合同,是指当事人一方隐瞒或歪曲事实真相,致使对方信以为真,同意签订劳动合同。采取威胁手段订立劳动合同,是指当事人一方要挟对方,迫使对方同意签订劳动合同。违反法律、行政法规,以及采取欺诈、威胁等手段订立劳动合同,都违反了订立劳动合同应当遵循平等自愿、协商一致的原则和不得违反法律、行政法规的规定,因此,所订立的劳动合同无效,属于全部无效劳动合同。

另外,劳动合同还有部分无效的情况,主要是指劳动合同的部分条款违反了法律、行政法规,如工资、工作时间等,这些条款违反了法律、行政法规,只是这些条款无效,不影响合同其他条款的履行。《中华人民共和国劳动法》第十八条规定,确认劳动合同部分无效的,如果不影响其余部分的效力,其余部分仍然有效。

确认劳动合同无效的机关是劳动争议仲裁委员会和人民法院。劳动合同被劳动争议仲裁委员会或人民法院确认全部无效的,劳动合同规定的双方当事人的权利、义务关系自然终止,终止履行劳动合同;被确认部分无效的,由劳动争议仲裁委员会或人民法院监督改正并赔偿损失。

(八) 劳动合同的鉴证

劳动合同的鉴证,是指劳动行政部门依法审查、证明劳动合同的真实性和合法性。实行劳动合同鉴证制度,对于纠正无效和违法的劳动合同、加强劳动合同管理、保证劳动合同的严格履行、维护劳动合同双方当事人的合法权益,具有重要意义。

劳动合同的鉴证机关是各地劳动行政部门,具体由劳动合同签订地或履行地的劳动行政部门承办。申请劳动合同鉴证时,当事人应提交下列材料。

(1) 签订的劳动合同文本一式三份。

(2) 用人单位为法人的,应提供其法定代表人的身份证明或授权委托书;用人单位不是法人的,应提供其主要负责人的身份证明、上级主管部门的授权委托书和工商管理部门颁发的营业执照。

(3) 劳动者身份证明。

(4) 鉴证机关认为需要提交的其他材料。

劳动合同鉴证应审查下列内容:双方当事人是否具备签订劳动合同的主体资格;合同内容是否符合国家法律、法规和政策;双方当事人是否在平等自愿和协商一致的基础上签订劳动合同;合同条款是否完备,双方当事人的责任、权利及义务是否明确;如果用人单位是外商投资企业,还要审查其中外合同文本是否一致。

对审查合格的劳动合同,鉴证机关应予以鉴证,鉴证人员应当在合同文本上签名、盖单并注明鉴证日期。对不真实、不合法的劳动合同,不予鉴证,鉴证人员应向当事人说明理由,并在合同文本上注明。

(九)劳动合同的变更、解除和终止

1. 劳动合同的变更

劳动合同的变更,是指劳动合同双方当事人对依法成立的劳动合同的条款进行修改或者增删。没有生效的劳动合同,就谈不上劳动合同的变更,这也是劳动合同变更和劳动合同订立的区别。劳动合同的变更不包括双方当事人的变更,双方当事人的变更是原合同的消灭、新合同的订立。

劳动合同一经签订,就具有法律效力,任何一方不得擅自变更合同内容。《中华人民共和国劳动法》第十七条明确规定,订立和变更劳动合同,应当遵循平等自愿、协商一致的原则。在实际生活中,会发生一些不可预见的客观情况,例如:①订立劳动合同时所依据的法律、法规已经修改;②用人单位经国家有关部门批准转产,调整了生产任务,使得原合同无法全面履行;③在履行劳动合同的过程中,出现了不可抗拒、不可预见的情况,使得原合同无法继续履行。如果出现这些情况,经双方当事人协商同意,在不违反国家法律、法规,不损害社会公共利益的情况下,可以变更劳动合同。

2. 劳动合同的解除

劳动合同的解除,是指劳动合同签订以后,履行完毕之前,由于某种因素导致双方当事人提前终止劳动合同效力的法律行为。《中华人民共和国劳动法》第二十四条规定,经劳动合同当事人协商一致,劳动合同可以解除。此外,《中华人民共和国劳动法》对解除劳动合同还做了以下规定。

(1)因劳动者的责任解除劳动合同。《中华人民共和国劳动法》第二十五条规定,劳动者有下列情形之一的,用人单位可以解除劳动合同:①在试用期间被证明不符合录用条件的;②严重违反劳动纪律或者用人单位规章制度的;③严重失职,营私舞弊,对用人单位利益造成重大损害的;④被依法追究刑事责任的。

(2)因劳动者的原因解除劳动合同。《中华人民共和国劳动法》第二十六条规定,有下列情形之一的,用人单位可以解除劳动合同,但是应当提前三十日以书面形式通知劳动者本人:①劳动者患病或者非因工负伤,医疗期满后,不能从事原工作也不能从事由用人单位另行安排的工作的;②劳动者不能胜任工作,经过培训或者调整工作岗位,仍不能胜任工作的;③劳动合同订立时所依据的客观情况发生重大变化,致使原劳动合同无法履行,经当事人协商不能就变更劳动合同达成协议的。

(3)因用人单位的原因解除劳动合同。《中华人民共和国劳动法》第二十七条规定,用人单位濒临破产进行法定整顿期间或者生产经营状况发生严重困难,确需裁减人员的,应当提前三十日向工会或者全体职工说明情况,听取工会或者职工的意见,经向劳动行政部门报告后,可以裁减人员。

（4）关于不能解除劳动合同的条件。《中华人民共和国劳动法》第二十九条规定了不能解除劳动合同的情形：①患职业病或者因工负伤并被确认丧失或者部分丧失劳动能力的；②患病或者负伤，在规定的医疗期内的；③女职工在孕期、产期、哺乳期内的；④法律、行政法规规定的其他情形。《中华人民共和国劳动法》的这一规定是对特殊情况下劳动者就业的一种保障。

（5）对劳动者行为的限制。《中华人民共和国劳动法》第一百零二条规定，劳动者违反本法规定的条件解除劳动合同或者违反劳动合同中约定的保密事项，对用人单位造成经济损失的，应当依法承担赔偿责任。《中华人民共和国劳动法》第九十九条规定，用人单位招用尚未解除劳动合同的劳动者，对原用人单位造成经济损失的，该用人单位应当依法承担连带赔偿责任。《中华人民共和国劳动法》的这一规定是针对当前存在的某些劳动者在未与原用人单位解除劳动关系的前提下，与第二方、第三方等建立劳动关系的现象做出的。它对保障用人单位的合法权益，维护社会经济生产秩序起着重要作用。

（6）劳动者一方提出解除劳动合同。《中华人民共和国劳动法》第三十一条规定，劳动者解除劳动合同，应当提前三十日以书面形式通知用人单位。第三十二条规定，有下列情形之一的，劳动者可以随时通知用人单位解除劳动合同：①在试用期内的；②用人单位以暴力、威胁或者非法限制人身自由的手段强迫劳动的；③用人单位未按照劳动合同约定支付劳动报酬或者提供劳动条件的。

3. 劳动合同的终止

《中华人民共和国劳动法》第二十三条规定，劳动合同期满或者当事人约定的劳动合同终止条件出现，劳动合同即行终止。劳动合同的终止可分为以下几种类型。

（1）自然终止。自然终止是指双方当事人按照合同规定的条款履行全部义务，实现了所应取得的全部权利，合同期限届满，合同即告终止。这种全面履行的合同终止，是合同终止最圆满的形式。

（2）因故终止。因故终止是指劳动合同因出现下列情况之一而告终止。

① 经双方当事人协商同意而终止。在履行劳动合同的过程中，由于主观情况发生变化，双方当事人本着平等自愿、协商一致的原则，同意终止合同。

② 劳动关系主体消灭。主体一方不存在，履行劳动合同成为不可能，如用人单位破产、劳动者死亡等。

③ 经仲裁机关裁定或人民法院判决而终止。一旦裁决书或判决书发生法律效力，劳动合同即告终止。

（3）因不可抗拒的情况而终止。在履行劳动合同的过程中，由于自然因素或社会因素而出现当事人无法预料或虽然能预料却无法防止的不可抗拒的情况，使得劳动合同无法继续履行，劳动合同即告终止。

（十）劳动合同的续延

劳动合同的续延，是指原劳动合同期限届满，根据双方当事人的需要，经协商一致，继续签订劳动合同。劳动合同的续延是在原劳动合同的基础上,对原劳动合同的条款进行修改。如果没有原劳动合同,那就是新订立劳动合同,而不是劳动合同的续延。

劳动合同的续延不是劳动合同的延长。劳动合同的延长是指劳动合同期限届满,双方当事人对原劳动合同均无任何异议,根据原劳动合同的附加条件延长劳动合同条款的期限,使原劳动合同的期限延长。如果当事人对原劳动合同的某些条款提出异议,则需要对相应的条款进行修改,这就是劳动合同的续延。

劳动合同续延和劳动合同延长的法律效力是不同的。劳动合同的续延是在原劳动合同的法律效力已消灭的情况下,双方当事人对原劳动合同重新协商一致,是新劳动合同法律效力的开始。劳动合同的延长,是原劳动合同期限的延长,原劳动合同的条款在延长期限内仍具有法律约束力,也就是原劳动合同法律效力的延续。

二、劳动争议

(一)什么是劳动争议

劳动争议是指劳动关系当事人之间因劳动权利、义务发生分歧而引起的争议,也称为劳动纠纷。学习这部分内容,对大学生就业后,解决与用人单位之间的劳动争议非常有用。

根据《中华人民共和国劳动法》的规定,劳动争议仅指用人单位与劳动者之间发生的争议,即劳动争议的主体是劳动者和用人单位。劳动者与劳动者之间、用人单位与用人单位之间发生的争议不是劳动争议。

(二)劳动争议的分类

根据劳动争议的主体,劳动争议可分为以下三类。
(1)个人劳动争议,即劳动者个人与用人单位之间发生的劳动争议。
(2)集体劳动争议,即劳动者集体与用人单位之间发生的劳动争议。
(3)团体劳动争议,即工会组织与用人单位之间发生的劳动争议。

根据劳动争议的性质,劳动争议可分为以下两类。
(1)因用人单位未执行法律、法规及劳动合同的规定而发生的劳动争议,即权利之争。
(2)因劳动者和用人单位确定或变更劳动权利、义务而发生的争议,即利益之争。

(三)劳动争议处理的范围

我国劳动争议处理的范围是在中国境内的用人单位与劳动者之间发生的下列劳动争议:①因用人单位开除、辞退职工和职工辞职、自动离职而发生的争议;②因用人单位未执行国家有关工资、保险、福利、培训及劳动保护的规定而发生的争议;③因履行劳动合同而发生的争议;④法律、法规规定的应当处理的其他争议。

（四）劳动争议的处理程序

劳动争议的处理程序是指法律规定的处理劳动争议的步骤和规则。

《中华人民共和国劳动法》第七十九条规定，劳动争议发生后，当事人可以向本单位劳动争议调解委员会申请调解；调解不成，当事人一方要求仲裁的，可以向劳动争议仲裁委员会申请仲裁。当事人一方也可以直接向劳动争议仲裁委员会申请仲裁。对仲裁裁决不服的，可以向人民法院提起诉讼。

由此可见，劳动者与用人单位发生劳动争议时，可以按照调解、仲裁和诉讼的程序解决。其中，调解不是必经程序，劳动者可以申请调解，也可以不申请调解。

1. 协商

劳动者与用人单位发生劳动争议时，可以主动就争议事项进行协商，以协调双方的关系，消除矛盾，解决争议。协商不是处理劳动争议的必经程序。当事人可以自愿协商，国家提倡但不强迫，当事人不愿协商或者协商不成的，可以向本单位劳动争议调解委员会申请调解。

2. 调解

这里所说的调解是指用人单位劳动争议调解委员会对劳动争议进行的调解，而不是劳动争议仲裁或诉讼程序中的调解。用人单位劳动争议调解委员会的调解程序不是必经程序。劳动者与用人单位发生劳动争议时，可以向本单位劳动争议调解委员会申请调解，调解不成的，可以向劳动争议仲裁委员会申请仲裁，同时，当事人也可以直接向劳动争议仲裁委员会申请仲裁而不经过调解程序。调解达成协议后当事人反悔的，也可以向劳动争议仲裁委员会申请仲裁。

3. 仲裁

仲裁是处理劳动争议的重要程序，也是必经程序。如果不经过仲裁，当事人就无权向人民法院提起诉讼。劳动争议当事人只有在劳动争议仲裁委员会裁决后，对仲裁裁决不服时，才能向人民法院提起诉讼，否则，人民法院不予受理。我国劳动争议的仲裁实行的是一裁终局制度，对仲裁裁决不服的，可以向人民法院提起诉讼。

4. 诉讼

依照《中华人民共和国劳动法》和《中华人民共和国民事诉讼法》的规定，劳动争议当事人对仲裁裁决不服的，可以向人民法院起诉，提起劳动争议诉讼，但是不能将劳动争议仲裁委员会作为被告起诉。人民法院审理劳动争议案件，实行两审终审制，即劳动争议当事人向人民法院起诉后，对一审判决不服的，可以在法定上诉期内向上级人民法院提起上诉，上一级人民法院做出的判决，为终审判决，至此劳动争议处理的诉讼程序终结。当事人一方不服的，可以向人民法院提起申诉。

（五）劳动争议的处理原则

《中华人民共和国劳动法》第七十八条规定，解决劳动争议，应当根据合法、公正、及时处理的原则,依法维护劳动争议当事人的合法权益。这一规定确立了处理劳动争议的基本原则:①着重调解原则;②及时处理原则;③以事实为依据、以法律为准绳原则;④当事人在适用法律上一律平等原则。

1. 着重调解原则

着重调解原则,是指劳动者与用人单位发生劳动争议后,要尽量通过调解的方式解决。首先,在发生劳动争议后,当事人应当先向本单位劳动争议调解委员会申请调解,在互谅互让的基础上达成协议,并认真遵守履行,只有在调解确实无效时,才由劳动争议仲裁委员会和人民法院来解决。其次,劳动争议调解委员会在处理劳动争议时,要认真做好调解工作,尽量使劳动争议通过调解得到解决。再次,在劳动争议的仲裁、诉讼过程中,必须进行调解。

着重调解在仲裁程序中表现为劳动争议仲裁委员会受理劳动争议案件后,在查清事实、分清责任的基础上先进行调解,只有在调解不成的情况下才能进行裁决,而在做出裁决前的任何阶段都可以进行调解。仲裁程序中的调解与裁决具有同等的法律效力。

着重调解在诉讼程序中表现为人民法院在不同的审判阶段都应该先进行调解,只有在调解不成的情况下才能做出判决。在人民法院的主持下达成的调解协议与判决具有同等的法律效力。

着重调解原则并不意味着强制调解,而是在自愿的前提下,尽量调解解决劳动争议。着重调解原则与自愿原则是密不可分的,当事人是否申请调解、是否接受调解协议,完全自愿,不得强迫。调解协议的内容必须符合有关法律、法规的规定,否则,即使是自愿达成的调解协议,也是无效的。

2. 及时处理原则

及时处理原则要求劳动争议当事人、劳动争议调解委员会、劳动争议仲裁委员会及人民法院在处理劳动争议的过程中,必须按照法律规定及时行使权力,履行职责。当事人应及时申请调解或仲裁,超过法定时效,将不予受理。当事人应及时参加调解、仲裁活动,否则,调解无法进行,仲裁则可能被视为撤诉或被缺席仲裁。当事人不服仲裁裁决而起诉的要及时,不服一审判决而上诉的也要及时,否则可能会失去起诉权、上诉权,合法权益将得不到保障。劳动争议调解委员会调解争议要及时,不能超过30天。劳动争议仲裁委员会受理案件要及时,不能超过7天,且仲裁要及时,不能超过60天。人民法院审理劳动争议案件要及时,不能超过6个月,否则,应承担相应的法律责任。及时处理原则有助于及时维护双方当事人的合法权益。

3. 以事实为依据、以法律为准绳原则

以事实为依据、以法律为准绳是我国法治的基本原则。在处理劳动争议时,劳动争议调解委员会、劳动争议仲裁委员会及人民法院都必须对劳动争议的事实进行深入、细致、客观的调查和分析,查清事实,这是公正处理劳动争议的基础。在查清事实的基础上,应当依照法律规定进行调解、仲裁和审判。处理劳动争议是一项政策性很强的工作,既不能主观臆断,也不能徇私枉法。以法律为准绳,要求相关部门处理劳动争议、判断是非与责任时,要以劳动法律、法规为依据,处理争议的程序要合法,处理的结果要合法,不得侵犯社会公共利益和他人的利益。

4. 当事人在适用法律上一律平等原则

《中华人民共和国劳动法》规定,要依法维护劳动争议当事人的合法权益,体现了当事人在适用法律上一律平等的原则。这一原则要求劳动争议调解委员会、劳动争议仲裁委员会及人民法院在处理劳动争议时,对劳动争议双方当事人要同等对待。劳动者与用人单位在参加调解、仲裁和诉讼活动时,享有同等的权利,承担的义务也是同等的。

(六) 劳动争议的诉讼

劳动争议的诉讼,是指人民法院根据劳动法律、法规审理劳动争议案件的活动,是人民法院通过司法程序最终解决劳动争议的手段。审判的最大特点在于其具有权威性。

1. 受案范围

人民法院介入劳动争议案件一般有三种情况。

(1) 经劳动争议仲裁委员会仲裁而当事人一方或双方对仲裁裁决不服的,在收到仲裁裁决书之日起 15 日内向人民法院起诉。

(2) 女职工劳动保护权益受到侵害,发生劳动争议时,可直接向人民法院起诉。

(3) 当事人一方不执行仲裁裁决,另一方要求法院强制其执行。

劳动争议诉讼的程序适用《中华人民共和国民事诉讼法》的规定。

2. 案件审理

人民法院受理劳动争议案件后,按照《中华人民共和国民事诉讼法》规定的程序进行审理。人民法院审理劳动争议案件,实行两审终审制,即对劳动争议案件,首先由一审人民法院审理,当事人对一审判决不服的,可以向上级人民法院提起上诉,上级人民法院对上诉的劳动争议案件做出的判决为终审判决,当事人不能再提起上诉,只可申诉。

3. 劳动争议诉讼的管辖

劳动争议诉讼的管辖,是指划分各级法院或同级法院受理第一审劳动争议案件的职权范围,明确它们相互审理案件的权限和分工。劳动争议诉讼的管辖,应当遵循《中华人民共和国民事诉讼法》的管辖规定。

1) 级别管辖

级别管辖是指根据案件的性质、影响的范围,划分上下级法院审理第一审劳动争议案件的分工和权限。

(1) 基层人民法院的管辖。

基层人民法院管辖第一审劳动争议案件,但《中华人民共和国民事诉讼法》另有规定的除外。

(2) 中级人民法院的管辖。

由中级人民法院管辖的第一审劳动争议案件包括在本辖区有重大影响的案件和最高

人民法院确定由中级人民法院管辖的案件。

(3) 高级人民法院的管辖。

高级人民法院管辖在本辖区有重大影响的第一审劳动争议案件。

(4) 最高人民法院的管辖。

由最高人民法院管辖的第一审劳动争议案件包括在全国有重大影响的案件和认为应当由本院审理的案件。

2) 地域管辖

按照当事人的所在地（户籍所在地、居住地）划分案件管辖法院的，通常实行原告就被告原则，即由被告所在地的法院管辖。

3) 移送管辖和指定管辖

人民法院发现受理的案件不属于本院管辖的，应当移送有管辖权的人民法院，受移送的人民法院应当受理。受移送的人民法院认为受移送的案件依照规定不属于本院管辖的，应当报请上级人民法院指定管辖，不得再自行移送。有管辖权的人民法院由于特殊原因，不能行使管辖权的，由上级人民法院指定管辖。人民法院之间因为管辖权发生争议，由争议双方协商解决，协商解决不了的，报请上级人民法院指定管辖。上级人民法院有权审理下级人民法院管辖的第一审劳动争议案件，也可以把本院管辖的第一审劳动争议案件交给下级人民法院审理。下级人民法院对其管辖的第一审劳动争议案件，认为需要由上级人民法院审理的，可以报请上级人民法院审理。

❖ 案例分析

小建与某公司签订了为期两年的劳动合同，并在劳动合同中约定了3个月的试用期。在试用两个半月后，公司突然通知他第二天不用上班了。小建请公司给出解除劳动合同的理由，公司说："你不符合公司的要求，并且你现在处于试用期，解除劳动合同不需要理由。"小建让公司把上述理由写进解除劳动合同的协议，公司同意并照办。小建向劳动争议仲裁委员会申请仲裁，要求公司维持劳动关系。小建向劳动争议仲裁委员会提供了几份有力的证据：公司在招聘时对他所在的岗位的具体要求、他与公司签订的劳动合同中关于岗位的要求、公司对他所在岗位的考核要求、他在两个半月中完成的工作……他提供的证据证明他完全符合公司的招聘录用条件。相反，公司在这些有力的证据面前，无法证明小建不符合招聘录用条件。最后，劳动争议仲裁委员会裁定公司不得解除劳动合同。

点评：劳动者在试用期内的地位很脆弱，不少用人单位利用试用期侵犯劳动者的合法权益，主要表现为不签订劳动合同、单独签订"试用合同"、随意决定试用期期限、有意延长试用期、在试用期内随意解除劳动合同等。在这些违法违规的行为中，对于前四种行为，法律法规有明确的规定，劳动者可以依据法律法规的规定通过劳动仲裁等方法来维护自己的合法权益。而对于用人单位在试用期内随意解除劳动合同的行为，许多劳动者都会认为是自己倒霉。其实，在这个问题上，劳动者也有办法维护自己的合法权益。

在试用期内，用人单位要想解除劳动合同，必须证明对方不符合招聘录用条件。因此,劳动者要想在试用期内不被随意炒鱿鱼,就必须证明自己符合招聘录用条件。从小建的成功经验中,我们可以知道,证明自己符合招聘录用条件,可以从以下个几方面来收集证据。

(1) 用人单位在招聘时对岗位的具体要求。

(2) 劳动合同中关于岗位的要求。要想使其成为证据,劳动者在与用人单位签订劳动合同时,应当让用人单位把岗位职责、岗位要求描述得详细一些。

(3) 劳动者在试用期内工作数量与质量的记录。在这一点上,劳动者要做一个有心人,因为有的工作是无法用数量来衡量的,劳动者可以将自己与同一岗位上的其他人进行对比,以证明自己是称职的。

1. 简述劳动合同应具备的条款。
2. 简述促进大学生就业的政策。

项目九

职业角色

项目导学

成功根本没有秘诀,如果有的话,就只有两个:第一个是坚持到底,永不放弃;第二个就是当你想放弃的时候,回过头来照着第一个秘诀去做。

——丘吉尔

任务一　角色的转换

一、学校和职场的差别

学生完成学业，离开学校，走向社会，走上工作岗位，这无疑是人生中的一次重大转折。实践表明，由学生向职业人转换比较顺利的人，可以更快地获得用人单位的认可，更容易享受到事业成功和生活幸福的喜悦。对于刚刚走上工作岗位的毕业生来说，最重要的是了解学校和职场的差别，努力提高自己的职业素质，尽快实现从学生向职业人的转变。

学校和职场的差别，主要体现在以下几个方面。

第一，学校和职场的目标不同。学校的目标是培养人，学生在学校里是学知识的，而职场是用知识的，公司的目标首先是赚钱，然后才是培养人。因此，所有的公司都希望招到有工作经验的员工。

第二，在学校里学生基本上是"单兵作战"，独自完成各类作业。但是在职场上，几乎所有的任务，都需要通过团队协作来完成，并且你完成任务的情况会受到上一个环节的制约，也会影响下一个环节，甚至影响到整个公司。因此，在职场上，如果你不善于交流和沟通，是很难取得好的工作成绩的。

第三，学校和职场都看重成绩，学校看重的是学习成绩，职场看重的是工作成绩。由于学校里的考试是限时进行的，对学生短时间记忆、处理复杂信息的能力要求比较高，所以高智商的学生在考试中很容易取得好成绩。要是想在工作中取得好的成绩，除了要有较高的智商外，还要有较高的情商。研究表明，一个人的职业成就20%取决于智商，80%取决于情商。

第四，在学校里，你可以闷头读书，不向老师和同学请教，也能轻松地通过考试，但是在职场上，如果你还是这样闷头做事，不向领导和同事请教，你不仅很难完成工作任务，还可能给自己和公司带来意想不到的麻烦。

第五，在学校里犯错，一般不会造成非常严重的后果，至少不会对学校造成太大的影响，而在职场上，你的一个小小的失误，有可能会对公司造成重大的损失。

学校和职场的差别如表 9-1 所示。

表 9-1　学校和职场的差别

	身份	目标	经济	称呼	领导	要求	时间	环境
学校	学生	培养人	花钱	同学	老师	可出错	有限	简单
职场	员工	赚钱	挣钱	同事	上司	不能出错	长期	复杂

校园环境与职场环境的区别如表9-2所示。

表 9-2　校园环境与职场环境的区别

校 园 环 境	职 场 环 境
弹性的时间安排	时间比较固定
有规律的反馈	无规律的反馈
有寒假和暑假	没有寒假和暑假
问题通常有正确答案	问题通常没有正确答案
奖励大多以客观性标准和优点为基础	奖励大多以主观性标准和个人判断为基础

老师与老板的区别如表9-3所示。

表 9-3　老师与老板的区别

老　师	老　板
鼓励学生发表不同的看法	对讨论不感兴趣,更关心执行
通常用宽容的态度对待不能按时完成学习任务的学生	通常对不能按时完成工作任务的员工感到不满,甚至会处罚他们
基本上会公平对待所有的学生	有时很独断,通常不能公平对待所有的员工
知识导向	结果(利益)导向

二、角色转换过程中容易出现的问题及解决对策

大学生在从学生向职业人转换的过程中,往往会面临各种冲突。有些人由于受到社会因素、家庭因素,尤其是认知能力、意志品质、情绪、情感等因素的影响,不能正确认识角色转换的实质,从而出现一系列问题。

(一)角色转换过程中容易出现的问题

1. 依恋和畏惧并存

许多大学毕业生走上工作岗位后,怀着对学生角色的依恋,对全新的职业角色充满了畏惧,即在角色转换过程中依恋学生角色,出现怀旧心理。

2. 自傲与浮躁同在

有些大学毕业生对人才的理解不够全面、准确,认为自己接受了比较系统、正规的高等教育,已经是比较高层次的人才了,因此看不起基层工作和基层工作人员,甚至认为大学毕业生干一些琐碎的不起眼的工作是大材小用。还有一些大学毕业生在角色转换过程

中受社会环境的影响,表现出了浮躁的作风和不稳定的情绪。

3. 心理问题

面对充满挑战的新环境,刚刚走上工作岗位的大学毕业生容易产生苦闷、压抑的孤独心理,消极、退缩的自卑心理,观望、等待的依赖心理。

(二)解决问题的对策

1. 调整就业心态,做好心理准备

调整就业心态,做好心理准备是角色转换的基础。过硬的职业技能对职业成功固然重要,但是充分的心理准备也是不可缺少的,因此,大学毕业生要有承受挫折的心理准备。

2. 热爱本职工作,培养职业兴趣

热爱本职工作,培养职业兴趣是角色转换的前提。刚刚走上工作岗位的大学毕业生,应当尽快地从学生学习、生活的模式中解脱出来,全身心地投入到工作中去。

3. 虚心学习知识,提高工作能力

虚心学习知识,提高工作能力是角色转换的重要手段。大学毕业生在学校里学习到的知识毕竟是有限的,很多知识需要在工作实践中去学习。面对全新的职业,大学毕业生需要像小学生那样从头学起,虚心向有经验的技术人员、领导和同事请教,不断丰富自己的专业知识,提高自己的专业技能,最终达到自我完善。

4. 勤于观察思考,善于发现问题

勤于观察思考,善于发现问题是角色转换的有力保障。大学毕业生走上工作岗位以后,只有善于观察,才能发现问题;只有运用自己掌握的知识去解决问题,才能提高自己独立开展工作的能力,更好地承担角色责任。

5. 正确对待评价

要想知道自己的表现是否符合角色的要求,要想对自己的行为做出比较准确的判断,都需要借助于他人对自己的评价。大学毕业生必须学会正确对待他人对自己的评价。

三、角色转换的原则

(一)重视岗前培训

岗前培训对于刚刚走上工作岗位的大学毕业生的角色转换是非常重要的。岗前培训不仅可以让新员工了解公司的基本情况,熟悉公司的规章制度,还可以让新员工树立集体主义观念。从某种意义上讲,岗前培训可以直接反映出新员工的综合素质,因此,许多公司都非常重视岗前培训。大学毕业生一定要把握好这样一次表现自己、提升自己的机会。事实证明,很多大学毕业生就是因为在岗前培训中表现出色而被委以重任的。

（二）善于展现自己的知识

刚刚走上工作岗位的大学毕业生在同事面前一定要表现得谦虚、随和，在尊重同事丰富的工作经验的同时，适时、适度地展现自己的知识，例如，可以在同事遇到麻烦的时候，以谦虚、诚恳的态度从理论上提出自己的见解，共同商讨，共同解决问题。

（三）树立责任意识

大学毕业生在刚刚走上工作岗位的时候，一般不会被委以重任，而是先从简单的工作做起，这也符合人才成长的基本规律。但是，有不少大学毕业生认为这是大材小用，对一些工作不愿意干，甚至会闹情绪。

（四）要培养实事求是的工作作风

大学毕业生具有较强的自尊心和自立意识，在工作中总是想独当一面，取得成就。尽管很多大学毕业生对待工作非常认真、谨慎，但是在很多时候，难免会出现失误。工作中出现失误并不可怕，可怕的是不能正确地认识失误，不能实事求是地承认失误。

任务二　树立良好的第一印象

一、树立良好的第一印象的意义

在心理学上，第一印象也叫首因效应，是指当人们第一次与某物或某人接触时，会留下深刻的印象。良好的第一印象可以为日后的交往打下良好的基础，而消极的第一印象则会产生深远的负面影响，不利于日后的交往。

二、如何树立良好的第一印象

在第一印象中，55％来自外表，包括衣着、发型等，38％来自仪态，包括行为举止、说话的语调等，7％来自谈话的内容。

那么，如何树立良好的第一印象呢？

（一）印象整饰

我们给别人的第一印象是可以自己控制的。这种通过对自己的装束、语言、表情以及动作的控制来影响和改变他人对自己的印象的过程在心理学上叫印象整饰。

1. 修饰外表

社会心理学家艾根研究发现,在刚开始与别人交往时,按 SOLER 模式来表现自己,可以明显增加别人对自己的接纳性,给别人留下良好的第一印象。SOLER 是由五个英文单词的首字母组成的,五个字母的含义详述如下。

(1) S 表示坐或站的时候要面对别人。

(2) O 表示姿势要自然、开放。

(3) L 表示身体要微微前倾。

(4) E 表示目光接触。

(5) R 表示放松。

2. 修饰语言

(1) 不滥用感叹词。第一次与别人见面时,尤其是在比较正式的场合,不要随便用"啊""哎""哟"等感叹词。

(2) 说话前必须经过思考。信口开河会给人一种不诚实、不认真的感觉。

(3) 养成准确、清楚地表达自己的意见的习惯。

(4) 注意表达的艺术。语速不要太快,语调应抑扬顿挫,摇头晃脑、指手画脚等不雅观的动作应尽量避免。

3. 修饰态度

(1) 交谈时要保持真诚、热情、大方的态度。虚情假意、言不由衷、口是心非、转弯抹角、贸然发问、多嘴多舌等都会破坏谈话的氛围。

(2) 善于倾听。听别人讲话时,不要心不在焉,只有留心对方所说的一切,才能更好地与对方交谈。打断对方的讲话一般是不礼貌的。不管对方讲的内容自己有没有兴趣,都要耐心听完,这不仅是一种正确的谈话方式,也是尊重别人的表现。

(二)掌握职业礼仪,塑造完美形象

(1) 衣着整洁,仪态大方。

(2) 待人接物,举止得体。

(3) 工作认真,踏实肯干。

(4) 讲信用,守纪律。

(5) 从小事做起,不因事小而不为。

(6) 注意细节,不要因小失大。

 小资料

办公室自我检查

(1) 头发是否干净、整齐?

(2) 衬衫、外套是否清洁?

(3) 指甲是否过长？
(4) 皮鞋是否无灰尘？
(5) 早上上班时是否主动与别人打招呼？
(6) 上班5分钟前是否已到座位上？
(7) 是否在走廊上奔跑？
(8) 是否佩戴胸牌？
(9) 上班时是否窃窃私语？
(10) 是否爱护办公用品和公共物品？
(11) 外出时，是否留言或告知去处？
(12) 下班时，是否整理办公桌？
(13) 是否在茶水间、洗手间闲谈？
(14) 是否在办公室吃东西？
(15) 是否向正在写字的人提问？
(16) 是否在办公室吸烟？
(17) 发现地上有垃圾，是否主动拾起来？

任务三　建立和谐的人际关系

一、建立和谐的人际关系的意义

职场就像一个微型社会，你不仅要与你的工作打交道，还要与你的领导、同事、客户打交道。职场人际关系的影响力非常大，既可以让你大步向前走，也可以让你一步步陷入职场低谷。

人际关系是职业生涯中一个非常重要的课题，特别是对大公司的员工来说，和谐的人际关系是舒心工作、安心生活的必要条件。

二、如何建立和谐的人际关系

处理好人际关系的关键是要意识到他人的存在，理解他人的感受，既满足自己，又尊重他人。

（一）对上司——先尊重后磨合

任何一个上司（包括部门主管、项目经理等），能干到这个职位，肯定是有过人之处的。

他们丰富的工作经验和待人处事的方法,是值得我们学习、借鉴的,我们应该尊重他们。但是上司不一定都是完美的,所以在工作中,我们可以适当地给上司提意见。要想让上司心悦诚服地接纳自己的观点,应该在尊重的氛围里,慢慢地磨合。

(二) 对同事——多理解慎支持

与同事相处得久了,对他们的兴趣爱好、生活习惯,都有了一定的了解。在与同事发生争执的时候,我们一定要站在对方的立场上,为对方着想,理解对方的处境。在是否支持同事这个问题上,我们一定要慎重。支持意味着接纳别人的观点和思想,而一味地支持,会导致盲从,也会产生拉帮结派的嫌疑,这样会在公司里造成不好的影响。

(三) 对竞争对手——露齿微笑

在我们的工作和生活中,处处都有竞争对手。许多人对竞争对手处处设防,这样只会使彼此之间的隔阂越来越深。在工作中,无论竞争对手如何让你难堪,你千万不要跟他较劲,你可以露齿微笑,然后静下心来做好自己的工作。

任务四　遵守职业道德规范

一、职业道德的内涵、特点、核心和基本原则

(一) 道德的内涵

道德是调节个人与自我、他人、社会和自然界之间的关系的行为规范的总和,是靠社会舆论、传统习惯、教育和信念来维持的。它渗透于各种社会关系中,既是人们的行为应当遵循的原则和标准,也是对人们的思想和行为进行评价的标准。

人类的一切活动都是在社会生活中进行的,任何人都不可能离开社会而独立生活。在社会生活中,个人与自我、与他人、与社会、与自然界不可避免地会产生各种各样的矛盾,道德就是用来调节这些矛盾的。

道德是社会生活对人们的一种要求。社会离不开道德,人更离不开道德。道德既可以使人际关系和谐,也可以使人们不断地追求崇高的境界,还可以使社会和谐、环境优美、政治稳定、国家强盛。

(二) 职业道德的内涵

职业道德,是与人们的职业活动紧密联系的符合职业特点的道德准则、道德情操与道德品质的总和,是所有从业人员在职业活动中应该遵循的行为准则,涵盖了从业人员与服

务对象、职业与职工、职业与职业之间的关系。它既是对从业人员的行为要求,也是本行业对社会所承担的道德责任和义务。

(三)职业道德的特点

1. 行业性

行业性是职业道德区别于一般道德的显著特点。一定的职业道德只适用于特定的职业活动领域,鲜明地体现着社会对某种具体的职业活动的特殊要求。它往往只约束从事该行业和职业的人员,以及他们在职业活动中所发生的行为。

2. 广泛性

广泛性是针对所有不同职业的从业人员而言的。职业道德是职业活动的直接产物。只要有职业活动,就体现一定的职业道德,职业道德渗透在职业活动的方方面面,比一般道德更直接、更全面地反映一个社会的道德水准和道德风貌。

3. 实用性

实用性是指职业道德要与职业岗位的特点相适应。职业道德是根据职业活动的具体要求,对人们在职业活动中的行为用条例、章程、守则、制度、公约等形式做出的规定,这些规定具有很强的针对性和可操作性,便于从业人员理解和遵照执行。

4. 时代性

时代性是职业道德的一个鲜明的特点。职业道德随着时代的变化而变化,在一定程度上体现着一定时代社会道德的普遍要求。同时,新的职业道德也将随着经济和科技的进步不断产生。

(四)为人民服务是职业道德的核心

1. 为人民服务既符合历史唯物主义的基本观点,也符合社会主义生产的目的

历史唯物主义告诉我们,人民群众是历史的创造者,是物质财富和精神财富的创造者。因此,人民群众理应成为财富的主人,也应当接受优质的服务。社会各行各业所生产的财富就是为了满足人民群众日益增长的物质文化需求。为人民服务作为职业道德的核心,是社会主义职业道德区别于其他社会形态职业道德的显著标志。

2. 为人民服务体现了社会主义"我为人人,人人为我"的人际关系的本质

在我国,每个公民不论社会分工如何、能力大小,都能够在本职岗位上,通过不同的形式做到为人民服务。这是每个从业人员职业行为的出发点。与此同时,每个从业人员都在相互服务的情况下生活着,人人都是服务对象,人人又都在为他人服务。

3. 为人民服务贯穿于职业道德的各项基本规范中

《中共中央关于加强社会主义精神文明建设若干重要问题的决议》明确提出,大力倡导爱岗敬业、诚实守信、办事公道、服务群众、奉献社会的职业道德。这体现了为人民服务的要求,是为人民服务的道德要求在职业生活中的具体化,是将为人民服务的精神贯穿于职业生活。

（五）集体主义是职业道德的基本原则

集体主义是一种先公后私、公私兼顾的思想，是坚持集体利益高于个人利益、兼顾集体利益与个人利益的价值观念和行为准则。

职业道德的基本原则是国家利益、集体利益、个人利益相结合的集体主义。坚持这样的原则，最重要的是摆正国家利益、集体利益和个人利益的关系。

1. 坚持集体利益高于个人利益、整体利益高于局部利益

要把集体主义渗入社会生产和生活的各个层面，引导人们正确认识和处理国家利益、集体利益、个人利益之间的关系，提倡个人利益服从集体利益、局部利益服从整体利益、当前利益服从长远利益，反对小团体主义、本位主义和损公肥私，把个人的理想与奋斗融入广大人民的共同理想和奋斗中。

2. 兼顾集体利益和个人利益，使其共同发展

《公民道德建设实施纲要》明确提出，坚持尊重个人合法权益与承担社会责任相统一。要保障公民依法享有政治、经济、文化、社会生活等各方面的民主权利，鼓励人们通过诚实劳动和合法经营获取正当的物质利益。引导每个公民自觉履行宪法和法律规定的各项义务，积极承担自己应尽的社会责任。把权利与义务结合起来，树立把国家和人民利益放在首位而又充分尊重公民个人合法利益的社会主义义利观。

3. 坚持集体主义，反对极端个人主义，抵制行业不正之风

在市场经济条件下，只有坚持集体主义，才能妥善处理各种利益关系，最大限度地调动各方面的积极性。在现阶段，坚持集体主义，必须旗帜鲜明地反对拜金主义、享乐主义，反对以权谋私、假冒伪劣，反对腐朽的生活方式。坚持集体主义，还必须坚决抵制行业不正之风。

二、公民基本道德规范

公民基本道德规范是指公民应当遵守的基本道德规范。《公民道德建设实施纲要》把公民基本道德规范集中概括为二十个字："爱国守法，明礼诚信，团结友善，勤俭自强，敬业奉献。"

爱国是指热爱祖国，守法是指按照法律规范开展活动。明礼是指对社会交往规则、礼仪和习惯的正确理解和运用，诚信通常指诚实守信。团结是指人们为了实现共同的目标，在思想和行动上保持一致，友善是指人与人之间相互帮助，共同进步。勤俭是指勤劳节俭，自强是指人们对自己的能力和行为所具有的自信和进取意识。敬业是指有正确的职业观念，热爱本职工作，对技术精益求精，奉献是指为国家和人民的利益贡献自己的力量，不计个人得失。

这些基本的行为准则，在同一道德体系中具有内容的广延性和层次的多样性，既包括全体公民必须共同遵守的最重要的行为准则，又涵盖家庭、职业、公共生活等各个领域所应遵守的最基本的道德准则,适用于不同的社会群体,与不同社会领域的具体道德规范融为一体,贯穿公民道德建设的全过程。

三、职业道德规范

各行业的工作性质、社会责任、服务对象和服务手段不同,这决定了各行业对职业道德有不同的要求。各行业的具体要求如下。

(一)干部职业道德规范

(1)要有牢固的社会公仆意识,正确运用手中的权力,为人民谋利益。

(2)要有强烈的社会主义事业心,善于学习,勤奋工作,坚定信念,开拓前进。

(3)要有高尚的情操,廉洁奉公,遵纪守法,不以权谋私,不假公济私。

(4)要有良好的思想作风和工作作风,坚持原则,实事求是,勇于开展批评和自我批评,坚持真理,修正错误,敢于同一切坏人坏事做斗争。

(5)坚持"一个中心,两个基本点",坚持反对资产阶级自由化。

(二)工人职业道德规范

(1)树立共产主义远大理想,树立共产主义的世界观和人生观。

(2)热爱祖国,热爱社会主义,热爱共产党,热爱集体事业,热爱本职工作,努力学习科学文化知识,不断提高技术和业务水平,积极做好本职工作。

(3)充分发挥主动性、积极性和创造性,热爱劳动,各尽所能;遵守劳动纪律,维护生产秩序,服从生产指挥,爱护生产设备,坚持文明生产;关心集体,关心同志,尊师爱徒,团结互助;积极参加企业民主管理,讲求工作实效,提高产品质量,降低生产成本。

(4)顾全大局,勇挑重担,个人利益服从集体利益和国家利益,暂时利益服从长远利益,局部利益服从整体利益。

(三)农业劳动者职业道德规范

(1)热爱祖国,热爱社会主义,热爱共产党,坚持走社会主义道路,热爱农业,以农为荣,努力增产,满足人们的生活需要。

(2)学习科学文化知识,掌握农业科学技术,做到科学种田,保护农业资源;热爱集体,兼顾国家利益、集体利益和个人利益,团结互助,共同富裕。

(3)勤俭节约,艰苦奋斗,移风易俗,美化家乡,建设社会主义新农村。

(四)知识分子职业道德规范

(1)热爱共产主义,热爱社会主义,坚持四项基本原则,积极为社会主义现代化建设服务。

(2)实事求是,严谨治学,一丝不苟,认真钻研,对技术精益求精,勇攀科技高峰。

(3) 团结互助,尊重他人,乐于协作,同工人、农民及其他劳动者交朋友,充分利用自己的一技之长为社会、为他人服务。

(4) 正确处理个人利益、集体利益与国家利益之间的关系,一切以集体利益和国家利益为重。

(五) 科研工作者职业道德规范

(1) 热爱祖国,忠于人民,坚持四项基本原则,为社会主义物质文明和精神文明建设服务。

(2) 热爱科学,追求真理,刻苦钻研,勇于创新,为科学事业的发展做贡献。

(3) 谦虚谨慎,勤奋好学,发扬学术民主,坚持百家争鸣,坚持真理,修正错误。

(4) 尊重他人,乐于协作,团结互助,同工人、农民交朋友,充分发挥自己的技术专长,建设社会主义现代化强国。

(六) 医务工作者职业道德规范

(1) 忠于社会主义医疗事业,热爱本职工作,处处关心病人的疾苦,把维护人民的生命,增进人民的健康,同疾病做斗争,作为自己的职责。

(2) 认真钻研医疗技术,对技术精益求精,勇于攻克疑难病症,不断开拓医学新领域。

(3) 对工作认真负责,对病人热情,时刻想到病人的痛苦和安危。

(4) 服务细致,谨慎周到,一丝不苟,诊断准确无误,勇敢果断,敢于负责。

(5) 保守病人的病情"秘密",举止文雅,端庄可亲,不利用工作之便,侵犯病人的权利。

(七) 新闻工作者职业道德规范

(1) 热爱共产党,热爱社会主义,坚持四项基本原则,坚持新闻的党性与人民性的统一。

(2) 坚持新闻的真实性,忠于事实,不搞虚假报道,以人民利益为准绳,宣传党的政策,反映群众的心声,克服新闻报道中的客观主义倾向。

(3) 热情讴歌正义与光明,无情揭露邪恶与黑暗,主持公道,坚持正义,不畏惧任何压力,时刻同群众保持密切的联系。

(4) 严格要求自己,廉洁奉公,不利用工作之便谋私利,吃苦耐劳,深入基层,有良好的新闻意识,遵守新闻纪律。

(5) 热情地为广大读者服务,同行之间,相互尊重,相互学习。

(6) 认真学习马克思主义基本理论和党的路线方针政策,树立共产主义理想、信念,掌握丰富的科学文化知识,加强职业修养。

(八) 文艺工作者职业道德规范

(1) 热爱祖国,热爱共产党,全心全意为人民服务,为社会主义服务,始终坚持文艺为社会主义服务的方向。

(2) 正确贯彻"百花齐放,百家争鸣"的方针,坚持四项基本原则,反对资产阶级自由化。

(3) 增强社会责任感,创造高尚的艺术作品和艺术形象,坚持健康的艺术趣味,反对"铜臭"污染艺术,不用荒诞离奇、低级庸俗的作品毒害人民群众,特别是广大青少年的心灵。

(4) 自觉加强艺术修养,批判地学习中外文化艺术的优秀遗产,不断提高专业水平。

(5) 以严肃、认真的态度对待创作和演出,维护艺术的纯真,不用粗制滥造的作品应付观众。

(6) 严格要求自己,注意生活作风,同行之间,相互学习,切磋技艺,取长补短。

(7) 树立正确的世界观,正确对待文艺批评,虚心听取各种不同的意见。

(九) 体育工作者职业道德规范

(1) 热爱祖国,热爱体育事业,有为国争光的崇高理想和荣誉感。

(2) 坚持刻苦训练,提高竞技水平,不怕吃苦,钻研技术,顽强拼搏,勇攀高峰,献身于体育事业。

(3) 在比赛中正确对待荣誉和失利,赛出风格,赛出水平,既能打胜仗,又不怕打败仗。

(4) 讲文明,有礼貌,尊重对方,尊重裁判,尊重观众。

(5) 树立集体观念和全局观念,反对个人主义。

(6) 光明正大,公正无私,遵守纪律,执行规则。

(7) 在国际交往中,注重国格、人格。

(十) 外贸工作者职业道德规范

(1) 热爱祖国,忠于祖国,有强烈的民族自豪感和自信心,全心全意为社会主义现代化建设服务。

(2) 在对外交往中热情友好,严肃郑重,不卑不亢,落落大方,举止端庄,礼貌待人。

(3) 重合同,守信用,取信于全世界的贸易伙伴,维护我国社会主义商业信誉。

(4) 工作认真负责,服务周到热情,办事讲究效率。

(5) 严格执行外贸工作政策和纪律,廉洁奉公,拒腐防变,不索礼,不受贿,不利用工作之便谋私利。

(6) 坚决同违反、破坏外贸政策的现象做斗争,自觉维护国家的经济利益,维护民族的尊严,维护党和国家的声誉。

(7) 刻苦钻研业务技术,提高职业技能,增长才干,为社会主义外贸工作做贡献。

(十一) 商业工作者职业道德规范

(1) 热爱商业工作,确立职业的责任感与荣誉感。

(2) 严守商业信用,公平交易,实事求是地介绍商品,严格执行国家价格政策。

（3）优质服务，文明经商，对顾客一视同仁，出售商品货真价实，不以次充好，不缺斤短两，态度和蔼，待客热情，服务周到，方便群众。

（4）爱护商品，讲究卫生，不出售变质的食品、药品。

（5）严格执行有关规定，接受群众监督，欢迎群众批评，坚决同商业领域的不正之风做斗争。

1. 简述职业道德的特点。
2. 为什么把为人民服务作为职业道德的核心？

项目十

大学生创业准备

项目导学

当代大学生面临着就业及职业发展的种种困惑和挑战,必须练就一身创业的本领,迎接社会的挑战。

我深信不疑我们的模式会赚钱的,亚马逊是世界上最长的河,8848是世界上最高的山,阿里巴巴是世界上最富有的宝藏。一个好的企业靠输血是活不久的,关键是自己造血。

——马云

知识本身没有力量,只有化为行为才能有力量。

——牛根生

任务一　创业与创业政策

当前,世界经济和科技正在走向全球化,科学技术发展和应用的速度逐渐加快,产品开发周期逐渐缩短,市场竞争日趋激烈。同时,国家、地区间企业发展不平衡,矛盾错综复杂,全球化引发的机遇和危机并存。一个国家的自主创新能力越强,越能够和其他国家一起形成双赢的局面。

一、自主创业的内涵、特征和分类

(一)自主创业的内涵

所谓"创业",顾名思义,"创"指创立、开创,体现了从无到有的特质;"业"指事业,不能狭义地理解成企业。

创业有广义和狭义之分。广义的创业是指创业者的各项创业实践活动,其功能指向是成就国家、集体和群体的大业。狭义的创业是指创业者的生产经营活动,主要是开创个体和家庭的小业。

自主创业的内涵包括以下三个方面。

(1)创业者既是创新者,又是继承者。创业者不论是创建新企业,还是在原有企业中采用新战略,开发新产品,开辟新市场,引进新技术,运用新资源,都是不同程度的创新活动,因此,创业者首先是创新者,要具有创新的思维和能力。同时,任何创新活动都不能脱离实际操作。首先,要根据企业的原有条件、现实状况及未来的发展方向开展创新活动;其次,创业活动是创业者本人的知识、经验和文化观念的反映。因此,创业具有传承性,创业者也是继承者。

(2)创业者既是实践者,又是宣传者。创业是创建或运营经济实体,因此具有实践性。其生产的产品可以是有形的物质产品,也可以是无形的精神产品,但是都应该具有满足社会和他人某种需要的特性,否则,创业就是无意义的。另一方面,创业既然是从事生产实践活动,创业者的行为就是一个模范、榜样,而创业过程是生产实践活动和宣传活动的统一体,创业者也就成了实践者和宣传者的统一体。

(3)创业者既是管理者,又是参与者。创业者通常在企业中处于管理者的位置,从事企业的日常经营与战略决策。同时,创业者也是普通的创业团队成员,具有普通劳动者的需要和特征,如希望通过诚实劳动获得收入,提高生活质量。

(二)自主创业的特征

(1)自主创业具有目的性。有的人创业是为了生存,有的人创业是为了致富,有的人创业是为了实现当老板的梦想，总之，每个人创业都是有一定的目的的。

（2）自主创业具有主动性。创业者可以选择自己喜欢的行业进行创业，也可以选择合适的合伙人进行创业，创业者可以最大限度地做自己喜欢做的事情。

（3）自主创业具有风险性。市场竞争越激烈，创业的风险也就越大。

（4）自主创业具有广阔性。从创业主体来讲，不同性别、不同民族、不同阶层的人都可以成为创业者。从行业来讲，创业者可以选择各种各样的行业进行创业，如物流、生产加工、零售等。

（三）自主创业的分类

根据创业主体性质的不同，自主创业可以分为以下三类。

(1) 个人独立创业。

(2) 公司附属创业。

(3) 公司内部创业。

根据创业起点的不同，自主创业可以分为以下两类。

(1) 创建新企业。

(2) 公司再创业。

二、自主创业的意义

实际上，毕业生创业并不是什么新鲜事。在西方发达国家，毕业生创业非常普遍。例如，美国毕业生创业的比重高达20%～23%。但是在我国，由于各种原因，毕业生创业的比重相对较低。有人在北京某著名高校做过调查，毕业生创业的比重还不到3%。在我国，毕业生创业比重低的根本原因在于毕业生自身面临很多难题，如知识限制、缺乏经验、心态问题、缺乏创新能力、资金问题等。此外，毕业生创业还要面临社会大环境的考验。当前，我国正处于经济社会转型的特殊时期，毕业生创业所需要的各项服务还不是很完善。但是，毕业生创业是潮流，不可阻挡。在当今中国的教育体制和就业背景下，毕业生创业一方面可以增强毕业生的动手能力、组织协调能力、心理承受能力和社会适应能力，另一方面可以解决毕业生就业问题。

三、大学生自主创业优惠政策

大学生自主创业优惠政策在项目八中已经做了介绍，这里不再赘述。如果有需要，可以参考前面的相关内容。

任务二　创业者的素质与能力要求

一、创业者的素质要求

基本的创业素质包括创业意识、创业心理品质、创业精神、竞争意识等。

（一）强烈的创业意识

创业者要想取得成功，必须具有强烈的创业意识。强烈的创业意识可以帮助创业者克服创业道路上的各种艰难险阻，可以使创业者将创业目标作为自己的奋斗目标。创业成功是思想上长期准备的结果，事业成功总是属于有思想准备的人，也属于有创业意识和创业能力的人。心理学研究表明，需要引起动机，动机支配行为，行为导向目标。如果没有创业的需要，就不可能产生创业的行为，也不可能形成更高层次的创业意识。当然，仅有创业的需要，也不一定会产生创业的行为。只有当创业需要上升为创业动机时，才能形成创业者竭力追求最佳效果和优异成绩的心理动力。可以这样说，创业动机主要是一种成就动机，有了这种动机，创业者投身于创业实践活动的创业行为就开始了。创业兴趣能激发创业者的深厚感情和坚强意志，使创业意识得到进一步的升华。在经过奋力拼搏后获得成功的创业者，将会有更大的创业目标，形成新的创业需要和动机。

创业者和普通人的最大区别，不在于物质财富上的占有和富足，而在于思想观念上的先进和创新。在客观条件相同的情况下，不同的观念可以导致不同的认识和行为。两个欧洲人去非洲推销皮鞋的故事就是一个很好的例子。同样面对赤足的非洲人，一名推销员垂头丧气，最后血本无归，另外一名推销员则觉得自己面对的是一个无比广阔的市场，经过一番努力，最后获得了成功。

一个人首先要学会独立思考，才能逐步形成自主意识。在企业起步阶段，模仿是必不可少的，但模仿是为了创造。只有在学习和实践中逐渐走出模仿的圈子，形成自己独有的思维模式，才有可能造就自己独立的性格和人格。谋事贵重，成事贵独，自主意识是创业意识的重要组成部分。

（二）良好的创业心理品质

创业之路是充满艰险与曲折的，自主创业要求创业者面对激烈的市场竞争，以及随时出现并需要迅速解决的问题和矛盾，这需要创业者具有非常强的心理调控能力和良好的创业心理品质。良好的创业心理品质对创业者在创业实践过程中的心理和行为起着调节作用，它与人固有的气质、性格有着密切的关系，主要体现在人的独立性、敢为性、坚韧性、克制性、适应性、合作性等方面。

1. 独立性与合作性

独立性是指思维和行为不受外界和他人的干扰，能够独立思考，独立选择自己的行为的心理品质。合作性是指能换位思考，为他人着想，善于理解对方，体谅对方，善于与他人合作的心理品质。这两种具有相反性质的心理品质，相互作用，相互制约，在创业实践活动中发挥着重要的心理调节作用。

创业是一种自主性的谋业活动，创业者首先要走出依附于他人的立业之路。独立性是创业者应该具备的最基本的个性品质，创业者不要依靠别人供养，也不要跟在别人后面亦步亦趋，而应独立思考，自主行动，依靠自己的劳动和智慧，走上兴家立业的道路。

创业者除了要具有独立性外，还要具有合作性。我们所从事的创业实践活动离不开社会这个大舞台，社会生产、社会生活如同在这个大舞台上演出的一幕幕错综复杂、丰富多彩的生活话剧，需要形形色色的角色之间的默契配合。

独立性与合作性会伴随着创业的始终，因为创业行为虽然发生于个体，但它本质上是一种社会性的实践活动，这种活动是在人与人的交往、配合、合作和协调中发生、发展并取得成功的，离开社会这个赖以行舟的海洋，任何创业活动都会受阻。成功的创业者大多数都是出色的社会活动家，他们擅长与各种人打交道，积极主动地与各种人交流、交往、合作。通过合作，取长补短；通过交流，获得信息，取得成功。

独立性是抉择上的独立、行为上的自主。合作性是行为上的尊重、思考上的换位。它们相辅相成，缺一不可。独立性与合作性是创业者必须具有的心理品质。

李嘉诚14岁走上社会，在舅父的钟表公司做学徒。17岁在一家塑胶公司当推销员，18岁被提拔为部门经理，20岁被提拔为总经理。但是李嘉诚意识到为别人打工所得到的永远是有限的，必须自主创业，独立发展，才能有更广阔的前途。当时李嘉诚还没有足够的资本，需要与别人合作才能实现自己的抱负。22岁时，他与别人合作开办了自己的公司——长江塑胶厂。经过5年的发展，当初的小厂成了行业巨头，李嘉诚也成了"塑胶花大王"，日后更是成了香港乃至世界首屈一指的超级富豪。独立思考、独立决策、乐于合作、善于合作是李嘉诚成功的要诀。

2. 敢为性与克制性

敢为性是指有果断的毅力，敢于行动，敢于冒险，敢于承担行为后果的心理品质。克制性是指能自觉地调节和控制自己的情绪和感情，约束自己的行为，克制冲动的心理品质。敢为性和克制性也是创业者不可或缺的一组有相反性质的心理品质。

只要从事创业活动，就必然会伴随着某种风险，事业的范围和规模越大，渴望取得的成就越大，伴随的风险也越大，需要承担风险的心理负担也就越大。缺少敢为性这种心理品质的人，很难在创业中表现出勇敢无畏、奋力拼搏的精神。

敢为性是一种敢于对抗恐惧的主观愿望，是一种不畏惧艰难困苦的精神状态，是一种不屈服于命运的心理态势。但敢为性绝不等同于鲁莽，真正的敢闯、敢冒险总是有智慧与之相伴。立志创业者必须有胆有识，铁骨铮铮，傲雪凌霜，这样才能将理想变为现实。

克制性就是对情绪的自我控制、对行为的自觉约束、对心理的自我调节。克制性使创业者时刻保持清醒的头脑，约束自己的言行，克服冲动，采取理智的行动，避免决策失误。因此，在创业过程中，克制性是一种积极的、有益的心理品质。

　　创业者可能会因为陷入困境而悲痛、失望、犹豫，但必须把这类消极情绪控制在一定的限度之内，不能让它们淹没自己的理智，摧毁自己的信念，动摇自己的人生目标。敢为性与克制性在创业活动中密不可分，缺一不可。成功与失败总是交织在创业的历程中，也许今天的成功隐含着明天的失败，而眼下的失败又孕育着今后的成功。因此，创业者要做到看准时机，敢作敢为，处于顺境时不趾高气扬，不沾沾自喜，处于逆境时要克制情绪，不灰心丧气，把握敢为性与克制性的协调统一。一个人最大的破产是绝望，最大的资产是希望。世界上没有绝望的处境，只有对处境绝望的人！正如高尔基所说，哪怕对自己的一点小小克制，也会使人变得强有力。

　　中文搜索引擎百度的盈利模式曾经很简单，主要向门户网站提供搜索技术服务，按照网站的访问量分成，向门户网站收取费用。百度创始人之一李彦宏意识到这种模式只能是为他人做嫁衣，他想将百度做成类似 Google 的搜索门户。但是他的想法遭到了董事会的反对。面对董事会的强烈反对，李彦宏努力克制自己的情绪，与反对者耐心地周旋。最后，董事会同意了李彦宏的想法。2001年10月，百度推出了全新的商业模式搜索引擎竞价排名。当时，百度一天的点击量寥寥可数。李彦宏深知，百度必须在 Google 的阴影下学会成长。终于，百度认真研究中国文化，推出了更符合中国用户使用习惯的中文搜索。李彦宏的竞价排名战略也立竿见影，竞价排名带来的销售收入直线上升，百度2003年的销售额是2002年的5倍。李彦宏敢作敢为与适当克制的心理品质，是百度兴盛的重要因素之一。

3. 坚韧性与适应性

　　坚韧性是指为了达到某个目的，坚持不懈，不屈不挠，能承受失败和挫折。适应性是指能及时适应外界环境和条件的变化，灵活地进行自我调节、自我转换。

　　创业的过程是一个长期坚持努力奋斗的过程。创业者在确定目标之后，就要朝着既定的目标，一步步地走下去，就算遇到千难万险，也不能轻易改变初衷，半途而废。创业者的恒心、毅力和坚忍不拔的意志，是创业所需的十分可贵的个性品质。

　　适应性也是创业者在瞬息万变的经济浪潮中必须具备的心理品质。由于创业活动是在特定的社会环境中进行的，而社会环境又在不断地变化，所以创业者必须以极强的信息意识和对市场的敏锐洞察力，掌握外部环境和创业条件的变化，以灵活的适应能力来改变经营策略和方向。

　　马未都是古玩收藏界的传奇人物，他成功创业的经历，充分说明了坚忍不拔和善于适应这两种品质的可贵。他在20世纪80年代发表了许多文学作品，20世纪90年代，他又与王朔、刘震云等一起成立了海马影视创作室，创作出了《编辑部的故事》《海马歌舞厅》等比较有影响力的电视剧。在创作的同时，他又适应"盛世重收藏"的社会需求，以惊人的毅力，不断地丰富着我们中华民族的古玩宝库，终于在30年后创建了中华人民共和国成立以来的第一个私人古玩博物馆——观复博物馆。

创业的成功在很大程度上取决于创业者的创业心理品质。正因为创业之路不会一帆风顺,所以创业者不具备良好的心理素质和坚忍的意志,在创业的道路上是很难走得很远的。只有处变不惊,具有良好的心理素质和顽强的意志的人,才能在创业的道路上自强不息、积极进取、顽强拼搏,才能从无做到有,从小做到大,成就一番事业。

(三) 自信、自强、自主、自立的创业精神

自信就是对自己充满信心。自信心能赋予人主动、积极的人生态度和进取的精神。要成为一名成功的创业者,必须坚定信念,顽强拼搏,直到成功。信念是生命的力量,是创业之本,更是创业的原动力。创业者要相信自己有能力、有条件去开创自己未来的事业,相信自己能够主宰自己的命运,成为创业的成功者。自信贯穿于创业活动的始终,成功使人更加充满信心,失败和挫折则会激发人的斗志。

自强就是在自信的基础上,不贪图眼前的利益,不依恋平淡的生活,敢于实践,不断增强自己各方面的能力与才干,勇于使自己成为生活与事业中的强者。

自主就是具有独立的人格,具有独立思维的能力,不受世俗偏见的束缚,不受舆论和环境的影响,正确选择自己的道路,设计和规划自己的未来,并采取相应的行动。自主还要有远见,有敢为人先的胆略和实事求是的姿态,能把握住自己的航向,直达成功的彼岸。

自立就是凭借自己的头脑和双手,凭借自己的智慧和才能,凭借自己的努力和奋斗,建立起自己的生活和事业的基础。例如,为国争光的姚明、刘翔和身残志坚的海伦·凯勒、张海迪就是自立的人。

(四) 竞争意识

竞争是市场经济重要的特征之一,是企业赖以生存和发展的基础。有市场就有竞争,创业者有了竞争意识,才能在激烈的市场竞争中捷足先登。没有竞争,就没有创业的活力,满足于比上不足,比下有余的人,是无法创业的。

美国著名经济学家伯顿·克莱因指出,一旦一个公司不再面对真正的挑战,它就很少有机会保持活力。他还证明,最成功的公司是那些面对很多竞争对手的公司,最不成功的公司是那些不面临竞争的公司。这个道理同样适用于创业者,因为存在竞争,创业者不得不有更高水准的表现,从而使自己变得更敏锐、更出色。竞争使创业者变得精明强干,使创业者不断寻求新的答案,使创业者不至于感到沾沾自喜并自以为无所不能。

竞争包括外在竞争和内在竞争。外在竞争是指同他人竞争,内在竞争是指同自己竞争。外在竞争是为了超越他人,内在竞争是为了超越自己,超越他人首先在于超越自己,这才是真正意义上的竞争意识。美国著名作家威廉·福克纳曾说,不要竭尽全力去和你的同僚竞争,你更应该在乎的是你要比现在的你更强。

竞争的过程就是降低风险的过程,创业与风险同在,创业与冒险在某种意义上是同义的。许多成功的创业者都有一个共同点,就是喜欢冒险并勇于承担责任,善于发现潜在的风险,并尽可能把这种风险降低到最低程度。

著名企业家李晓华在短期内积累巨额财富的秘诀就是敢于冒险。在他的创业史上，最险的一次是在马来西亚投资。通过考察，他得知马来西亚某条高速公路的开发权正在招标，条件很实惠，但是没有人愿意干，因为这条高速公路不长，车流量也不大。李晓华调查后得知，在离这条高速公路不远的地方有一个储量十分可观的油田，只是最后的确认工作还没有完成，新闻暂时还没有发布。如果油田正式开采，丰厚的石油利润将带来大批的投资者，与油田相关的加工业及运输业肯定会火爆起来。这条高速公路的前景可想而知。李晓华拿出全部积蓄，又用房产做抵押从银行贷款，最终以3 000万美元买下了这条高速公路的开发权。贷款期限为半年，风险很大。买下高速公路的开发权后，李晓华天天盼着油田新闻发布会召开。但是油田新闻发布会一拖再拖，迟迟不开，李晓华陷入了绝望，他承受着常人无法想象的压力。在离贷款到期还有14天的时候，消息终于发布了！一周之内，李晓华投资的项目价格翻了一番。敢于向困难挑战，使他再一次成了大赢家。

大学生创业要有承担风险的勇气，要做好应对各种困难的思想准备。市场中时时刻刻都有风险，但是永远不会有人及时提醒你风险在哪里。因此，风险意识很重要，创业者没有风险意识和坚强的心理品质，在创业的路上是不可能走得很远的。

二、创业者的能力要求

创业能力是一种特殊的能力，这种特殊的能力往往会影响创业活动的效率。创业能力包括决策能力、经营管理能力、专业技术能力、交往协调能力、创新能力等。

（一）决策能力

决策能力是创业者根据主观条件和客观条件，因地制宜，正确地确定创业发展方向、发展目标、发展战略的能力。决策是一个人综合能力的表现，创业者要具有决策能力。创业者的决策能力通常包括分析能力和判断能力。大学生要创业，首先要对众多的创业目标和方向进行分析比较，选择最能发挥自己的特长与优势的创业方向、创业途径、创业方法。在创业的过程中，创业者要能从错综复杂的现象中发现事物的本质，找出存在的真正问题，分析原因，从而正确地处理问题，这就要求创业者具有良好的分析能力。判断能力是指能从客观事物的发展变化中找出因果关系，并善于从中把握事物的发展方向。分析是判断的前提，判断是分析的目的。

（二）经营管理能力

经营管理能力是指管理者对企业人员、资金、企业的内部运营进行管理的能力。它涉及人员的选择、使用、组合和优化，也涉及资金的聚集、核算、分配、使用、流动。经营管理能力是企业高层管理人员必须具备的能力。经营管理能力的培养要从学会经营、学会管理、学会用人、学会理财等几个方面去努力。

（1）学会经营。创业者一旦确定了创业目标，就要组织实施，为了在激烈的市场竞争中取得优势,创业者必须学会经营。

(2) 学会管理。创业者要学会质量管理,要始终坚持质量第一的原则。质量管理不仅是生产物质产品的生命线,也是从事服务业和其他工作的生命线。创业者必须严把质量关。创业者要学会效益管理,要始终坚持抓效益的原则,效益最佳是创业的终极目标。可以说,无效益的管理是失败的管理,无效益的创业是失败的创业。追求效益最佳要求在创业过程中做到人尽其才,物尽其用,有效地利用时间和空间,规范管理,高效运作。学会管理要做到会管、敢管、善管,创业者对本企业、员工、消费者、客户以及整个社会都要有高度的责任感。

(3) 学会用人。市场经济的竞争是人才的竞争,谁拥有人才,谁就拥有市场,拥有顾客。一个学校如果没有优秀的教师,这个学校肯定办不好。一个企业如果没有优秀的管理人才和技术人才,这个企业就很难创造出好的经济效益和社会效益。创业者如果不善于吸纳人才,创业就很难成功。因此,创业者必须学会用人。

(4) 学会理财。学会理财首先要学会开源节流。开源就是培植财源,在创业过程中除了要抓好主要项目创收外,还要注意广辟资金来源。节流就是节省不必要的开支,树立节约每一滴水、每一度电的思想。其次,要学会管理资金。一是要把握好资金的预决算,做到心中有数;二是要把握好资金的进出和周转,每笔资金的来源和支出都要做到有账可查;三是要把握好资金投入的论证,每投入一笔资金,都要进行可行性论证,保证使用好每一笔资金。总之,创业者要时刻做到心中有数,做每一件事,用每一笔钱,都要衡量一下是否有利于事业的发展,是否会带来效益,这样才能理好财。

(三) 专业技术能力

专业技术能力是创业者运用专业知识来生产产品的能力。创业者在创业过程中要不断积累专业知识,对于书本上的知识,要加深理解,对于书本上没有介绍过的知识,要不断探索,在探索的过程中要做好详细的记录,并认真分析、归纳、总结,上升为理论,形成自己的经营特色。只有这样,创业者的专业技术能力才会不断提高。

(四) 交往协调能力

交往协调能力是指创业者处理与外界(政府部门、客户等)的关系,以及协调下属各部门成员之间的关系的能力。创业者要妥当地处理与外界的关系,尤其要争取政府部门的支持,同时要团结一切可以团结的人,团结一切可以团结的力量,求同存异,共同发展。总之,创业者要处理好各种关系,建立和谐的创业环境,为成功创业打好基础。

交往协调能力在书本上是学不到的,它实际上是一种社会实践能力,需要在实践活动中学习,不断积累,总结经验。交往协调能力的培养要从以下几个方面去努力:一是学会社交,敢于冒险,敢于挑战,敢于承担责任,对自己深思熟虑后所做的决定要充满信心;二是养成观察与思考的习惯,社会上存在着错综复杂的人和事,在错综复杂的人和事面前要三思而后行,观察的过程实际上是调查和获取信息的过程,观察得越仔细,掌握的信息就越准确;三是处理好各种关系,可以说,社会活动是靠各种关系来维持的,所以要处理好各种关系。交往协调能力并不是天生的,而是在生活和工作中慢慢形成的。

(五)创新能力

创新是市场经济的主旋律,是企业化解外界风险和取得竞争优势的有效途径。创新能力是创业能力的重要组成部分。创新能力包括两个方面的含义:一是大脑活动的能力;二是创新实践的能力,即在创新活动中完成创新任务的能力。创新能力是一种综合能力,与人们的知识、技能、经验、心态等有着密切的关系。具有广博的学识、熟练的专业技能、丰富的实践经验、良好的心态的人更容易拥有创新能力。创新能力取决于创新意识、个人智力、创造性思维能力和创造性想象力等。

三、如何培养创业素质和创业能力

(一)高校、社会等宏观层面应该做的努力

随着大学应届毕业生人数的增多,就业市场压力不断增大,必然形成对大学毕业生就业的冲击。面对严峻的大学生就业压力,社会各界及国家相关的政府部门都给予了高度的重视。目前,一个鼓励创业的社会环境正在形成,高校作为人才培养的基地,更应该顺应时代潮流,加强对大学生的创业教育,提高大学生的创业能力和创业素质。

1. 加大创业教育力度

大学生创业教育是一项提高国民素质、扩大就业渠道和激发青年创业热情的系统工程,是国家经济发展的直接驱动力。要提高大学生的创业能力和素质,高校必须尽快转变传统的教育理念,学习和借鉴国外成功的经验和已有的理论,切实地将创业教育与专业教育紧密地结合起来。首先,建立创业教育课程体系,建立健全的创业教育组织机构,加强创业教育师资队伍的建设。其次,加强创业实践活动环节,多视角地开展大学生创业教育,营造高校创业环境。最后,针对创业意向进行个性化辅导与开业跟踪扶持。

2. 加大宣传引导力度

政府可以加大宣传力度,积极营造支持创业、鼓励创业、保护创业的社会舆论环境,积极宣传鼓励大学生自主创业的优惠政策,积极策划开展创业论坛、创业设计大赛等创业主题活动。

3. 加强学生的创业体验

从实践来看,通过亲身体验获得的知识最容易记忆和提取。同样,通过自身行动获得的创业体验越丰富,创业成功的可能性就越大。高校可以采用以下四种方式来加强学生的创业体验:一是依托创业园地和实习基地,给学生提供条件,使其参与经营管理活动;二是制订创业计划,号召学生参与;三是鼓励学生参加劳务服务;四是组织各种社团活动,鼓励学生参加社团活动。学校举行的创业主题活动可以对学生创业能力的形成起到不可忽

视的作用。

(二) 大学生自身应该做的努力

1. 有意识地做好创业准备

想要创业的大学生在校期间就应该树立崇高的理想,有意识地培养创业所需要的意志品质。首先,在学习中,不怕困难和挫折,出色地完成学业。其次,积极参加各种实践活动,提高自我认识、自我检查、自我监督、自我评价、自我鼓励的能力。再次,积极参加体育活动,培养坚强的意志品质。

2. 在创业过程中不断提高创业能力

大学生要想培养商业意识,就应该努力学习有关的商业知识。在创业过程中,大学生要善于观察和分析,把握事物的本质,摸清市场运作的基本规律,积极、主动地寻找和创造商业机会。同时,大学生还要有意识地采用多种方法,提高自身的创业能力。

任务三　大学生如何创业

一、制定创业战略

创业战略是创业者产生创业意识之后,在对目前的资源形势进行分析的基础上,所提出的行动方法总纲。创业战略直接决定了创业者以后的成长空间。

创业战略并不是短时间内的行动准则和具体的行动方法,它有一个全局的布置,在较长的一段时间内,创业者需要根据创业战略,利用现有的资源,采用合理的方法,达到自己的战略目的。总而言之,创业者制定创业战略,就是要利用自己的智慧,将小的资源转化为大的资源,将少的资金转化为多的资金。

创业者制定创业战略,需要创业者有气魄、对大局的掌控力、对下属的洞察力、人格魅力及预判能力。创业者的气魄直接决定了创业战略的高度。对大局的掌控力决定了创业战略的合理性。对下属的洞察力主要体现在创业者如何了解下属的能力,如何分配他们的工作。人格魅力是创业者拥有众多优秀的追随者的先决条件。用金钱永远绑不牢优秀的人才,创业者要想留住优秀的人才,只能用自己的人格魅力去感染他们。创业者要想创业成功,必须具有良好的预判能力。创业者如果缺乏良好的预判能力,可以向成功的创业者寻求帮助。

二、创业步骤

（一）咨询

想要创业成功，事前必须做好准备。创业之初，创业者可以向专业的创业咨询机构咨询与创业有关的事情。

（二）选定行业

创业者在选定创业的行业之前，一定要先衡量自己的创业资金有多少，然后根据自己准备的创业资金，初步选择可以投入的行业，再根据行业的发展前景，以及自己的兴趣、专长等，分析自己适合从事哪个行业，以及从事哪个行业最具有竞争优势。

（三）撰写创业计划书

撰写创业计划书，对整个创业过程而言，是非常重要的。通过撰写创业计划书，创业者可以更清楚地知道自己的创业计划是否完整、周到。

（四）筹措创业资金

想创业，就要先解决资金问题。创业资金不足时，创业者可以向亲友借钱，也可以设法寻求政府的相关贷款资源，以解决创业资金不足的问题。

（五）学习经营技术

创业者在选定行业之后，最好先到类似的企业工作一段时间，一方面可以学习经营技术，积累经验，另一方面可以看一下自己究竟适不适合这个行业。

（六）商圈评估

一般来说，创业者可以从以下几个方面来评估商圈：商圈的属性、周边的设施、租金、附近是否有大型卖场、营业时间、发展前景等。

（七）与房东签约

与房东签约，租期最好不要太短，否则，公司刚开始有收益，房子却要被房东收回去。一般来说，租期3～4年比较合适。

（八）申请营业执照

创业者向工商行政管理机关提交相关材料，申请营业执照。

（九）公司装潢

公司的装潢关系到公司的经营风格，因此，装潢厂商的选择十分重要。

（十）公司开业及宣传

公司开业后，最重要的是搞好宣传活动，让目标客户知道公司的存在，这样才能打开运营局面。对创业新手而言，要勤跑、勤问、勤联络。

任务四　创业计划书

一、创业计划书的要素与内容

创业计划书是一份全方位的商业计划，其主要用途是递交给投资者，便于他们对企业或项目做出评判，从而使企业获得融资。它是用以描述与拟创办企业相关的内外部环境条件和要素特点，为业务的发展提供指示图和衡量业务进展情况的标准。通常，创业计划书是市场营销、财务、生产、人力资源等职能计划的综合。

创业计划书是创业者叩响投资者大门的"敲门砖"，是创业者计划创立的业务的书面概要，一份优秀的创业计划书往往会使创业者达到事半功倍的效果。

（一）创业计划书的要素

1. 关注产品（服务）

在创业计划书中，创业者应提供所有与企业的产品或服务有关的情况，如产品的独特性、产品的生产成本、产品的售价、企业开发新产品的计划等，把投资者吸引到企业的产品或服务中来，这样投资者就会和敢于冒险的创业者一样对产品或服务感兴趣。在创业计划书中，创业者应用简洁、明了的语言来描述每一件事，尤其是产品质量及市场需求。编制创业计划书的目的是让投资者相信本企业的产品或服务会在全国乃至全球产生影响，同时让他们相信本企业有能力生产产品或提供服务。

2. 敢于竞争

在创业计划书中，创业者应仔细地分析竞争对手的情况，如竞争对手的产品、竞争对手所采用的营销策略和营销方式、竞争对手的销售额等，然后讨论本企业相对于竞争对手所具有的优势，如产品质量好、售后服务好、价格合理等。在创业计划书中，创业者还应阐明竞争对手给本企业带来的风险，以及本企业所采取的应对策略。

3. 了解市场

创业计划书要向投资者阐明企业对目标市场的深入分析和理解，要细致分析市场经济、地理优势、职业适应等因素对消费者选购本企业产品的行为的影响。具体来说，可以从以下几个方面进行阐述。

(1) 行业动态分析,包括行业饱和度、行业发展前景、国家政策影响、行业技术发展等。

(2) 竞争对手分析,包括行业中现有竞争对手的情况、潜在的行业进入者对本企业的威胁等。

(3) 替代品与互补品情况分析,包括拟生产的产品近期是否会出现替代品或互补品、这些替代品或互补品是否会对拟生产的产品带来冲击或商机、这些替代品或互补品的功能等。

(4) 原材料供应商情况分析,包括可供选择的供应商、原材料是否有替代品、创业者对供应商的依赖程度、供应商的供应能力等。

(5) 中间商情况分析,包括中间商的性质(经销商、代理商)、中间商对产品的依赖程度、给予中间商的利润比例等。

(6) 消费者情况分析,包括消费者的基本情况(收入、年龄、性别、工作)、消费者对产品的认知和态度、消费者使用产品的情况等。

4. 表明行动的方针

创业计划书中应该明确下列问题:企业如何把产品推向市场;如何设计生产线;如何组装产品;企业生产产品需要哪些原料;企业拥有哪些生产资源;产品的生产成本是多少;企业是买设备还是租设备。创业者应该向投资者说明与产品组装、储存、发送有关的固定成本和变动成本的情况。

5. 展示管理队伍

创业者要想创业成功,关键是要有一支强有力的管理队伍。这支管理队伍的成员必须有较高的专业技术、较强的管理能力和丰富的工作经验,要能使投资者对本企业充满信心。在创业计划书中,应首先介绍整个管理队伍及其职责,然后分别介绍每个管理者的特殊才能和特点,最后分别介绍每个管理者将对本企业做出的贡献。创业计划书中还应明确管理目标,展示组织机构图。

6. 出色的计划摘要

创业计划书中的计划摘要十分重要。它必须能让读者有兴趣并渴望得到更多的信息,能给读者留下深刻的印象。计划摘要主要涉及公司内部的基本情况、公司的实力、公司的竞争对手、公司的营销战略、公司的管理队伍等内容。如果公司是一本书,计划摘要就像是这本书的封面,做得好,就可以吸引投资者。计划摘要应该让投资者有这样的印象:这个公司将会成为行业中的巨人,我已迫不及待地想要阅读创业计划的其余部分了。

(二)创业计划书的内容

1. 计划摘要

计划摘要一般在创业计划书的最前面,它浓缩了创业计划书的精华。计划摘要涵盖了计划的要点,读者可以在最短的时间内评审计划并做出判断。

计划摘要一般包括以下内容:公司介绍、主要产品和业务范围、市场概貌、营销策略、销售计划、生产管理计划、管理者及组织机构、财务计划、资金需求状况。

在介绍企业时,首先要说明创办企业的思路和企业的发展战略,其次要说明企业的经营范围,最后,还要对创业者的背景、经历、经验和特长等进行介绍。创业者的素质对企业的发展起着非常重要的作用。创业者在介绍自己时,应尽量突出自己的优点,并表现出自己强烈的进取愿望,给投资者留下一个好的印象。

计划摘要要尽量简明、生动,特别要详细地说明企业自身的经营特色和企业获取成功的因素。如果创业者了解自己所做的事情,计划摘要仅需要 2 页纸就足够了。如果创业者不了解自己正在做什么,计划摘要可能要写 20 页纸以上。因此,有些投资者会根据计划摘要的长短"把麦粒从谷壳中挑出来"。

2. 产品(服务)介绍

在进行投资项目评估时,投资者最关心的问题是企业的产品、技术、服务能否在很大程度上解决现在面临的问题,或企业的产品(服务)能否帮助顾客节省开支。因此,产品(服务)介绍是创业计划书中必不可少的一项内容。通常,产品介绍应包括以下内容:产品的名称、性能及特性;产品的市场竞争力;产品的研究和开发过程;开发新产品的计划和成本分析;产品的市场前景预测;产品的品牌和专利。

在产品(服务)介绍部分,创业者要对产品(服务)做出详细的说明,说明要准确,也要通俗易懂,要让投资者一看就能明白。一般情况下,产品介绍要附上产品照片、说明书等资料。产品介绍一般要回答以下问题。

(1) 顾客希望企业的产品能解决什么问题?顾客能从企业的产品中获得什么好处?

(2) 本企业的产品与竞争对手的产品相比有哪些优点和缺点?顾客为什么会选择本企业的产品?

(3) 企业为自己的产品采取了何种保护措施?企业拥有哪些专利?企业与哪些已申请了专利的厂家达成了合作协议?

(4) 为什么顾客会大批量地购买企业的产品?

(5) 企业打算采用何种方式去改进产品的质量、性能?企业对开发新产品有什么计划?

产品(服务)介绍的内容比较具体,因此写起来比较容易。虽然夸赞自己的产品是推销所必需的,但是应该注意,企业所做的每一项承诺都要努力去兑现。如果企业不能兑现承诺,不能偿还债务,企业的信誉必然会受到极大的影响。

3. 管理人员及组织结构

企业管理的好坏,直接决定了企业经营风险的大小,而高素质的管理人员和良好的组织结构是管理好企业的重要保证,因此,投资者会特别注重对管理队伍的评估。

企业的管理人员应该是优势互补型的,而且要具有团队精神。一个企业必须要有负责产品设计与开发、市场营销、生产作业管理、企业理财等方面的专门人才。在创业计划书中,必须对主要的管理人员进行说明,介绍他们所具有的才能、他们在本企业中的职务和责任,以及他们的工作经历和背景。除此之外,还要对公司的组织结构进行介绍,主要包括公司的组织机构图、各部门的功能与责任、各部门的负责人及主要成员、公司的薪酬体系等。

4. 市场预测

创业者在创业时,首先要进行市场预测。如果预测的结果不乐观,或者预测的可信度不高,投资者就要承担很大的风险,这对多数投资者来说是不可接受的。

市场预测要对市场需求进行调查分析:市场上是否存在对这种产品的需求;市场占有率是否可以给企业带来所期望的收益;产品发展的趋势如何;影响市场需求的因素有哪些。市场预测还包括市场竞争的情况:市场中主要的竞争对手有哪些;是否存在有利于本企业产品发展的市场空当;本企业产品进入市场后会引起竞争对手怎样的反应;这些反应对本企业有什么影响。

在创业计划书中,市场预测应包括以下内容:市场现状综述、竞争对手概述、目标顾客和目标市场、企业产品的市场地位、市场区隔和特征。

创业者对市场的预测应建立在严密、科学的市场调查上,而企业所面对的市场具有变幻莫测、难以捉摸的特点,因此,创业者应尽量扩大收集信息的范围,重视对环境的预测,并采用科学的预测方法。创业者应牢记,市场预测不是凭空想象出来的,对市场的错误认识是企业经营失败的主要原因之一。

5. 营销策略

产品营销是企业经营中最富有挑战性的环节,影响营销策略的因素主要有以下几个方面。

(1) 消费者的特点。

(2) 产品的特性。

(3) 企业自身的状况。

(4) 市场环境方面的因素。

(5) 营销成本和营销效益。

在创业计划书中,营销策略应包括以下内容。

(1) 营销渠道的选择。

(2) 营销队伍的管理。

(3) 促销计划和广告策略。

(4) 价格决策。

6. 生产制造计划

在创业计划书中,生产制造计划应包括以下内容:产品制造技术和设备现状、新产品投产计划、技术提升和设备更新的要求、产品质量控制和改进计划。

在寻求资金的过程中,为了增大企业在投资前的评估价值,创业者应尽量使生产制造计划详细、可靠。

7. 财务规划

在创业计划书中,财务规划应包括以下内容:投资条件假设、预计的资产负债表、预计的损益表、现金收支分析、资金的来源和使用。

一份创业计划书概括了在筹资的过程中创业者需要做的事情,而财务规划则是创业计划书中对投资者投资的支持和说明。因此,一份好的财务规划对提高企业获得资金来源的可能性是十分关键的。如果财务规划准备得不好,会给投资者留下企业管理人员缺乏经验的印象,从而降低企业的评估价值,同时也会增加企业的经营风险。

财务规划和企业的生产计划、人力资源计划、营销计划等是密不可分的。要完成财务规划,必须明确下列问题。

(1) 产品在每一个时期的生产量和销售量是多少?
(2) 什么时候开始扩张产品生产线?
(3) 每件产品的生产成本是多少?
(4) 每件产品的售价是多少?
(5) 准备采用什么样的营销渠道?
(6) 需要招聘哪些专业人才?
(7) 录用的人才何时到位?薪酬是多少?

8. 风险评估

创业者在创业的过程中,肯定会遇到各种各样的风险,这些风险可能会导致创业失败。因此,创业者一定要进行风险评估,并在创业计划书中列出可能遇到的风险及应对的办法。

9. 其他

这一部分内容主要包括企业愿景、股东名册,以及创业者要特别向投资者说明的事项。

二、创业计划书的撰写

一份好的创业计划书一般有 20~40 页,过于冗长的创业计划书会让人失去耐心。创业计划书的撰写是一个循序渐进的过程,可以分成以下四个阶段来完成。

(一) 第一个阶段:初步构想,逐渐细化

创业计划书是创业者计划创立的业务的书面概要,它对业务发展有明确的界定,同时,它也是衡量业务进展情况的标准。一个酝酿中的项目,往往各方面都很不确定,创业者可以通过编制创业计划书,罗列出项目的优点和缺点,再逐条推敲,得到更清晰的认识。

编制完整的具有指导意义的创业计划书,创业者需要投入相当多的精力。在初步构想之后,要逐渐细化。构想阶段的重点是关注与产品或服务有关的细节,如产品的独特性、销售产品的途径、产品的生产成本和售价、企业开发新产品的计划等。创业者在撰写创业计划书之前应该认真考虑这些问题。

(二) 第二个阶段:市场调查,知己知彼

没有调查,就没有发言权。创业者要仔细分析经济、地理、职业以及心理等因素对消

费者选择产品和服务的影响。在进行市场调研的时候,调研者要同潜在顾客进行接触,搜集顾客购买产品的时间周期、谁在决定是否购买、产品或服务凭什么吸引目标市场中的消费者等信息,以便制定销售策略。

市场调查还包括对竞争对手的调查,如竞争对手的产品的特点、竞争对手所采用的营销策略等。

(三)第三个阶段:财务分析

创业者在进行财务分析时,要量化本公司的收入目标,提出公司的发展战略,考虑实现目标所需要的资金。

(四)第四个阶段:创业计划书的撰写与修改

创业者在完成创业计划书的撰写以后,还要进一步论证其可行性,并根据市场的变化不断完善创业计划书。

❖ 小资料

创业计划书模板

摘 要

一句话介绍创业理念的由来。
一句话介绍市场的需要。
一句话介绍公司的产品。
一句话介绍竞争对手的基本情况。
一句话介绍公司的优势。
一句话介绍产品研发情况。
一句话介绍公司的运作模式。
一句话介绍公司的盈利模式。
一句话介绍团队优势。

第一章 基本情况

概述。
公司叫什么?
公司在哪里?
公司是什么性质的?
公司的股东有哪些?
公司的主要业务是什么?
公司的财务状况怎么样?
公司的近期目标和长期目标是什么?

第二章 公司管理

概述。

高层管理人员的基本情况及分工。

管理体系。

激励机制和奖励措施。

薪酬体系。

人事管理制度。

知识产权、技术秘密和商业秘密的保护措施。

第三章 行业情况

概述。

产品的市场前景怎么样？

谁在使用产品？

为何购买产品？

是否拥有专门的技术、专利或配方？

产品更新换代的周期是多长时间？

本公司的产品与同类产品的比较。

本公司产品的新颖性、先进性和独特性。

产品在性能、价格和技术支持等方面的优势。

本公司与行业内五个主要竞争对手的比较。

影响行业和产品发展的因素。

过去3～5年的行业销售情况，说明资料来源。

未来3～5年的行业销售情况预测，说明资料来源。

未来3～5年的公司销售情况预测。

第四章 产品研发

概述。

产品展示。

产品的功能。

研发成果。

未来要研发什么新产品？

公司已投入多少研发资金？

公司计划再投入多少研发资金？

现有的技术资源。

研发模式。

对研发队伍的激励机制和措施。

第五章 产品制造

概述。

公司目前的生产能力、厂房面积和生产人员数量。

生产方式。

生产设备是否先进？价值是多少？是否投保？最大生产能力是多少？使用寿命是多长时间？

如果需要增加设备,说明采购计划、采购周期及安装调试周期。

产品的制造过程和工艺流程。

如何控制产品的制造成本？

产品质量管理体系。

原材料、元器件、配件的采购情况。

采购渠道。

原材料质量控制手段。

第六章 市 场 方 案

概述。

产品定价方式。

销售成本的构成。

确定销售价格的依据和折扣政策。

销售网络、广告促销、售后服务等方面的策略和办法。

对销售人员的激励机制和约束机制。

竞争对手的销售方案。

短期销售目标。

长期销售目标。

营业额预测。

市场份额预测。

第七章 财 务 状 况

概述。

列表说明公司在过去的基本财务数据。

财务预测数据编制的依据。

融资后3年的盈亏平衡表、资产负债表、损益表、现金流量表(预测)。

与公司业务有关的税种和税率。

公司可以享受的优惠政策。

第八章 风 险 评 估

概述。

详细说明创业过程中可能遇到的政策风险、研发风险、市场开拓风险、运营风险、财务风险、对公司关键人员依赖的风险等。

如何量化这些风险？

如何应对这些风险？

第九章 融 资 计 划

概述。

融资目的和额度。

说明拟向投资者以什么价格出让多少股权,作价依据是什么。
资金的用途和使用计划。
融资后的项目实施计划。
投资者可以享有哪些监督和管理权利?
投资者可以以哪些方式参与公司事务?
公司将为投资者提供哪些报告(如损益表、资产负债表、年度审计报告)?
未来3~5年的年平均投资报酬率及有关依据。

第十章 进 度 表

列表说明项目实施计划和进度。

三、创业计划书的检查

创业计划书写完之后,一定要进行检查,看一下创业计划书是否能解答投资者的疑惑,争取让投资者对你创办的公司充满信心。通常,可以从以下几个方面进行检查。

(1)你的创业计划书是否显示出你具有管理公司的经验?如果你没有能力管理公司,你一定要明确地说明你已经聘请了一位经营大师来管理公司。

(2)你的创业计划书是否显示出你有能力偿还借款?

(3)你的创业计划书是否显示出你已经对市场进行了全面的分析?

(4)你的创业计划书是否容易被投资者领会?创业计划书应该有目录,便于投资者查阅各个章节。

(5)计划摘要是否在创业计划书的最前面?为了引起投资者的兴趣,计划摘要应写得引人入胜。

(6)你的创业计划书是否在语法上、逻辑上完全正确?如果你不能保证,最好请别人帮你检查一下。

(7)你的创业计划书能否打消投资者对产品的疑虑?如果有必要,你可以准备一个产品模型。

任务五 创业中的具体问题

一、成立公司的具体步骤

(一)核准名称

(1)确定公司的地址。

(2) 确定公司的名称。
(3) 确定股东和经营范围。
(4) 确定公司章程。
(5) 向工商行政管理机关提交企业名称预先核准申请书，申请成功后，保存好公司名称核准通知书。

（二）银行验资

在银行办理工商注册临时账户时，一般需要提交以下材料。
(1) 股东身份证原件及复印件。
(2) 经办人身份证原件。
(3) 公司章程复印件。
(4) 公司名称核准通知书复印件。

（三）会计师事务所出具验资报告

一般情况下，需要准备以下材料：公司名称核准通知书、股东的主体资格证明或自然人身份证明、经营场所使用证明、公司章程复印件等。

（四）申请营业执照

申请营业执照时，一般需要准备以下材料。
(1) 公司名称核准通知书原件及复印件。
(2) 申请书。
(3) 公司章程复印件。
(4) 验资报告原件。
(5) 股东身份证原件及复印件。

（五）申领组织机构代码证

申领组织机构代码证时，需要准备以下材料。
(1) 营业执照副本原件及复印件。
(2) 身份证原件及复印件（股东及委托人）。
(3) 公章。

（六）申领税务登记证

申领税务登记证时，需要准备以下材料。
(1) 营业执照副本原件及复印件。
(2) 组织机构代码证原件及复印件。
(3) 身份证原件及复印件（股东及委托人）。
(4) 公章。
(5) 公司章程复印件。
(6) 租赁合同原件及复印件。

(7)验资报告原件及复印件。

(七)申领银行开户许可证

申领银行开户许可证时,需要准备以下材料。

(1)营业执照原件及复印件。

(2)组织机构代码证原件及复印件。

(3)税务登记证原件及复印件。

(4)身份证原件及复印件(股东及委托人)。

(5)公章。

二、创业的一般流程

(一)产生创业灵感

一个新企业的诞生往往是伴随着灵感或创意开始的。诺兰·布什内尔在兔岛游艺场工作过,在大学里玩过电子游戏机,这使他预见电子游戏未来将有巨大的市场潜力,因此,他开办了雅达利公司。美国著名的联邦快递的创办者当时只是脑子里有一个想法——隔夜快递,这是一个有很大风险却孕育着希望的想法,风险投资专家非常欣赏他的想法,于是投入了大量的资金,在经历了连续29个月每月损失100万美元的痛苦过程后,联邦快递终于宣告成立。

(二)建立合作班子

企业的创办者不可能万事皆通,他可能是技术方面的天才,但是对管理、财务和销售可能是外行;他也可能是管理方面的专家,但是对技术一窍不通。因此,建立一个由各方面的专家组成的合作班子,对创办企业是十分必要的。一个良好的班子应当包括有管理经验的经理和财务、销售、软件开发、产品设计等方面的专家。为了建立一个精诚合作的班子,企业的创办者必须使其他人相信跟他一起干是有前途的。

(三)企业初步定型

在获得关于顾客需要和潜在市场的信息后,创业者开始开发某种新产品。在这个阶段,创业者一般没有收入,主要靠自己的积蓄过日子。投资者很少在这个阶段向企业投资。在这个阶段,支撑创业者奋斗的主要动力是创业者的创业冲动和对未来美好生活的向往。

(四)撰写创业计划书

一份创业计划书,既是开办一个新公司的发展计划,也是投资者评估一个新公司的主要依据。一份有吸引力的创业计划书要能使创业者认识到潜在的障碍,并制定克服这些障碍的对策。在硅谷,有些公司的创业计划书带有传奇色彩。例如,坦德姆公司在1974

年编制的创业计划书中所做的销售额预测与该公司1982年实现的销售额（2亿多美元）非常接近。罗伯特·诺伊斯起草的INTEL公司的创业计划书，仅有1页。

（五）寻找资本支持

大多数创业者没有足够的资本创办一个新企业，他们必须从外部寻求资本支持。创业者往往通过朋友或业务伙伴把创业计划书送给一个或多个投资者。如果投资者认为企业有前途，就会与创业者进行会谈。同时，投资者还会通过各种正式或非正式渠道了解创业者及创业者的发明情况。

（六）企业开张

如果创业者的创业计划书被投资者认可，投资者就会向该企业投资，这时，创业者和投资者的"真正"联合就开始了，一个新的企业也就诞生了。之所以说创业者和投资者的联合是"真正"的联合，是因为投资者不仅是这个新成立的企业的董事会的成员，而且会参与新企业的经营和管理。当企业的规模和销售额扩大时，创业者往往会要求投资者进一步提供资金，以便壮大企业，使企业在竞争中占上风。

（七）上市

在企业开办几年后，如果获得成功，创业者和投资者可以考虑让企业"走向社会"——上市。大多数投资者都希望在五年内得到相当于初始投资的10倍的收益。但是他们的希望不一定能够实现。在新创办的企业中，20%～30%的企业会夭折，60%～70%的企业会获得一定程度的成功，只有很少的企业能获得巨大成功。

三、创业风险的主要类型和防范方法

风险是指在一定条件下和一定时期内，由于各种结果发生的不确定性而导致行为主体遭受损失的可能性。风险通常用损失的大小与损失发生的概率两个指标来衡量。从企业风险因素的来源看，风险可以分为外部风险和内部风险。从企业风险的表现形式看，现代企业面临的风险通常表现为市场营销风险、投资风险、财务风险、管理风险、技术风险、法律风险等。创业风险是指在创业过程中存在的风险，是指由于创业环境的不确定性，创业机会与创业企业的复杂性，创业者、创业团队与投资者的能力与实力的有限性而导致创业活动偏离预期目标的可能性。创业风险与企业面临的风险的表现形式大致相同，主要包括市场营销风险、环境风险、人力资源风险、财务风险、技术风险、投资风险、管理风险及合同风险。下面着重介绍市场营销风险、投资风险、财务风险。

（一）市场营销风险

市场营销风险是指企业在开展市场营销活动的过程中，由于出现不利的环境因素而导致市场营销活动受阻甚至失败的状态。企业在开展市场营销活动的过程中，必须分析市场营销活动中可能出现的风险,并努力加以预防,设置预防措施和方案,最终实现企业的营销目标。市场营销风险主要包括以下四种风险。

1. 产品风险

产品风险是指产品在市场上处于不适销对路时的状态。产品风险包括产品功能质量风险、产品入市时机选择风险、产品市场定位风险、产品品牌商标风险等。

2. 定价风险

定价风险是指企业为产品制定的价格不当导致市场竞争加剧、用户利益受损、企业利润受损的状态。

1) 低价风险

低价是指企业将产品的价格定得较低。从表面上看,低价有利于销售,但是定低价并不是在任何时候、对任何产品都行得通。产品定低价,一方面会使消费者怀疑产品的质量,另一方面会使企业在营销活动中降低价格的空间缩小,增加销售难度。同时,产品定低价依赖于消费需求量在较长时间内稳定不变,而实际上,消费者的需求每时每刻都在变化,因此,企业这种价格的依赖性是非常脆弱的。

2) 高价风险

高价是指企业将产品的价格定得较高。高价风险主要表现在以下三个方面:一是高价导致市场竞争白热化,从而导致高价目标失效;二是高价为产品营销制造了困难,因为低收入者会因为产品价格高而望而却步;三是定高价容易使顾客利益受损,尤其是对前期消费者的积极性伤害较大。

3) 价格变动的风险

过于频繁地变动产品价格,或价格变动幅度过大都会使消费者对产品的质量与价格的合理性产生怀疑。

3. 分销渠道风险

分销渠道风险是指企业所选择的分销渠道不能履行分销责任,不能完成分销目标,并造成一系列不良后果。分销渠道风险包括分销商风险、储运风险和货款回收风险等。

4. 促销风险

促销风险主要是指企业在开展促销活动的过程中,由于促销行为不当或干扰促销活动的不利因素出现而导致企业促销活动受阻甚至失败的状态。促销风险包括广告风险、人员推销风险及公共关系风险等。

广告风险主要是指企业利用广告进行促销而没有达到预期结果。企业进行广告促销,必须向广告发布公司支付一定的费用。企业所支付的这些费用具有特殊性,即费用所产生的效果有不可衡量性。虽然大量的事例证明广告能促进销售,但是这仅是事后的证明,能否促进销售及能在多大程度上促进销售,事前并不能估计。

人员推销风险是指由于主观因素和客观因素造成推销人员推销产品不成功的状态。人员推销风险包括因为推销人员知识、技巧、责任心等方面不完备而出现的各种风险。

面对如此多的风险,创业者必须具有积极、沉稳的心态和良好的创业心理品质,这样才能有效地规避各种风险。英国伦敦的哈乐斯百货公司,一向以善于操控风险、货品名贵闻名。该公司从开业到今天已有100多年的历史,目前是欧洲规模最大的百货公司。哈乐斯百货公司能够历经百余年而不衰,主要是因为它善于运用独特的经营手法维持顾客对它的信赖。该公司每年1月和7月都会举行为期10天的大减价活动,这是其维持顾客信赖的法宝。该公司除了每年1月和7月进行大减价之外,其余时间从不减价,这样可以使顾客相信减价的真实性。哈乐斯百货公司大减价成功的真正秘密,还在于它将每次的大减价活动规划成一项"行销事件",造成轰动,让它成为伦敦市民的话题。哈乐斯的董事长说:"大减价现在已经成为哈乐斯维持生命的血液,它不但可以出清存货,吸引新顾客,还能提高员工的士气与干劲。"这个例子很好地说明了企业运营中成功操控促销风险的意义。

(二)投资风险

投资风险是指由于对未来投资收益的不确定性而导致的在投资中可能会遭受收益损失和本金损失的风险。它是因为获得的预期效益不确定而承担的风险,企业的这种投资的预期收益率的不确定性,是企业的一种很大的经营风险,企业必须注意规避。只有在风险和效益相统一的条件下,投资行为才能得到有效的调节,企业的投资目标才能实现。

1. 融资风险

融资通常是指货币资金的持有者和需求者之间,直接或间接地进行资金融通的活动。广义的融资是指资金在持有者之间流动,以余补缺的一种经济行为,这是资金双向互动的过程,包括资金的融入和融出。狭义的融资只指资金的融入。创业者要想做强做大,没有资本的支持,显然是空话。但是钱不是那么好拿的,融资是有风险的。很多创业新手没有任何经验,贸然融资,非常容易落入骗子的圈套。因此,在考虑融资之前,创业者一定要做好充分的准备,掌握识别骗术的手段。下面介绍一些常见的融资骗术。

(1)异地汇款。这类骗子通常不会跟你见面,他们会以手续费、利息等为由让你先给他们汇款,当你真的汇了款以后,他们却不贷款给你。

(2)骗差旅费、评估费等。这类骗子一般以大额融资为诱饵,他们一般比较专业,会让你觉得找对人了。当他们取得你的信任后,他们就会提出在他们着手做之前需要差旅费、评估费等,当你把钱给他们之后,他们就会以各种理由拒绝你的融资要求。

2. 加盟风险

创业者在创业过程中常常需要加盟与合作,多数加盟者都是事业上的合作伙伴,但是由于市场上鱼龙混杂,所以创业者很可能会遇到骗子。创业者在投资前,一定要从方方面面对加盟者及合作项目进行分析,谨防上当受骗。例如,有些骗子会承诺免费为你提供店面装修。但是实际上,他们只免费提供低劣的装修设计方案,装修费用还是得你自己承担。

(三) 财务风险

为了规避财务风险,毕业生在创办企业时,一定要做好成本核算与成本管理的各项基础工作。

(1) 建立健全的成本费用管理制度。科学、合理地确定原材料、能源消耗定额,按照国家统计制度如实统计各项指标,建立跟踪市场价格的内部核算体系。

(2) 开展目标成本管理。根据产品的市场价格,目标利润,以及原材料、能源消耗定额等确定目标成本,把目标成本分解到产品开发和生产经营的各个环节,目标责任落实到人,严格考核成本指标,严格兑现奖惩。

(3) 努力节能降耗。主动淘汰原材料、能源消耗高的落后生产工艺,大力采用先进技术,改进现有的生产工艺,降低原材料、能源消耗,杜绝跑、冒、滴、漏等各种浪费现象。

除此之外,毕业生在创办企业时,还要加强财务管理。

(1) 建立健全预算管理制度。以现金流量为重点,对生产经营的各个环节实施预算编制、执行、分析、考核,严格限制无预算资金支出,最大限度地减少资金占用。

(2) 建立健全的财务报表内部管理制度。根据国家统一的会计制度规定,针对资产负债表、利润表和现金流量表等关键报表的内容,建立健全的财务报表内部管理制度。

日本东海精器公司是经营打火机业务的,其总裁新田富夫发现一次性打火机先灌好燃料,机身密封,可使用 1 000 次。它的售价比 1 000 根火柴的低,携带和使用也比火柴方便。因此,他得出结论:一次性打火机大有发展前途。于是,他决定经营这种产品。

新田富夫计算后发现,1 000 根火柴在日本要花 400 日元购买,而一个一次性打火机可用 1 000 次,其成本在 100 日元以内,还有利可图。于是,他筹措资金创办工厂生产一次性打火机。新田富夫第一次生产一次性打火机失败了,主要是因为密封技术不好,导致打火机漏气。攻克难关后,他再次筹措了 500 万日元生产一次性打火机,并成立了东海精器公司。为了将每个打火机的零售价控制在 100 日元以下,东海精器公司将原来许多人工操作的工序改为自动化生产,将很多零部件由原来委托别人加工改为自己生产。这样,每个打火机的成本降低到了 30 日元,零售价则不会突破 100 日元。后来,东海精器公司在 9 个国家开设了 14 个分厂进行大量生产,以满足不断扩大的市场需求。产品质量改进了,成本降低了,为了让更多的消费者看到这些改进,新田富夫以"百元打火机"的新形象开展广告宣传,很快就得到了公众的认可,打火机的销路变得更广阔了。新田富夫成功的例子充分证明了加强财务管理的必要性。

◆ **小资料**

中国成功创业者的十大特质

1. 强烈的欲望

创业者的欲望与普通人的欲望的不同之处在于,他们的欲望往往超出了现实,需要打破眼前的樊笼,才能够实现。因为欲望,而不甘心,而创业,而行动,而成功,这是大多数白手起家的创业者共同走过的道路。

2．超乎想象的忍耐力

对一般人来说,忍耐是一种美德,对创业者来说,忍耐却是必须具备的品格。对创业者来说,肉体上的折磨不算什么,精神上的折磨才是致命的。如果你想自己创业,一定要先在心里问一问自己,面对从肉体到精神的全面折磨,你有没有一种宠辱不惊的定力与忍耐力。

3．开阔的眼界

对创业者来说,只有见识广博,眼界开阔,才能有效地拉近自己与成功的距离,在创业的道路上少走弯路。

4．紧跟形势

在政策方面,国家鼓励发展什么,限制发展什么,对创业的成败有很大的影响。因此,创业者一定要研究政策,紧跟形势。

5．商业敏感性

有些人的商业敏感性是天生的,更多人的商业敏感性则依靠后天培养。如果你想做一个成功的创业者,你就应该努力提高自己的商业敏感性。良好的商业敏感性,是创业成功的保证。

6．拓展人脉

创业不是饮"无源之水",栽"无本之木"。任何人想要创业,都需要拥有一定的资源。一个创业者的素质如何,看一看其拓展人脉的能力就可以知道。

7．谋略

创业者的谋略,在很大程度上决定了其创业的成败。谋略贯穿于创业者的每一个创业行动中。谋略其实就是一种思维方式、一种处理问题和解决问题的方法。

8．胆量

创业本身就是一项冒险活动,因此,创业者一定要有胆量和良好的心理承受能力。

9．懂得与他人分享

创业者一定要懂得与他人分享。一个不懂得与他人分享的创业者,不可能将事业做大。

10．自我反省

成功的创业者有一个共同之处,就是都非常善于学习,敢于进行自我反省。

案例分析

迈克尔·戴尔的创业故事

戴尔公司首席执行官迈克尔·戴尔是全世界公认的富豪。在华尔街,尽管许多分析家认为体现在戴尔股票上的泡沫已过多,但是戴尔公司的股票还是一涨再涨。

项目十 大学生创业准备

1984年,戴尔既不懂技术,也没有雄厚的资本,更缺少阅历和经验,19岁的他只是一个学生物的大学一年级的学生。他辍学创办了公司,靠计算机直销起家。如今,在个人计算机行业越来越不景气,许多大公司纷纷退却的情况下,戴尔越战越勇。今天的戴尔公司打败了惠普公司和IBM公司,成为世界上第二大个人计算机公司,并紧逼康柏公司。戴尔当初投资1000美元从事个人计算机行业,获得了成功。戴尔曾说:"如果今天我的手中握有1000美元,我会在中国互联网方面进行投资。"

其实,戴尔公司现在已经开始对互联网工具进行投资,这些互联网工具是为ISP和ASP提供服务的。戴尔公司每天在网上的销售额为3000万美元,约占公司总收入的40%,它利用互联网做生意的业绩在全球仅次于网络第一大厂商思科公司。目前,戴尔公司已经在44个国家用21种语言建立了公司网站。

戴尔喜欢利用业界最有影响力的技术。例如,在处理器方面,戴尔公司紧跟英特尔公司,在操作系统方面,又紧跟微软公司。这两家公司在各自的领域里都是世界第一位。

1. 建立最好的生意模式

戴尔说:"我们的重点是发展我们的重点。我们在存储器、服务器方面有11%的市场份额,我们有最好的生意模式,我们在这方面能有一个好的结果。"

戴尔所谓的"最好的生意模式"指的是戴尔的直销模式。他说:"我们的核心竞争力是直销,我们的管理风格也是直销。"

直销,成为戴尔公司优于竞争对手的唯一解释。但是戴尔所说的直销并不是人们通常所说的直销。戴尔说:"人们通常只盯着戴尔公司的直销模式,其实直销只不过是最后阶段的一种手段。你要想掌握直销的本领,首先就要理解直销的含义,然后很好地对其加以应用。我们真正努力的方向是追求零库存运行模式和为客户量身定做计算机。由于我们是按订单和客户的要求定做计算机,所以我们的库存一年可周转15次。相比之下,其他公司的库存周转次数还不到戴尔公司的一半。"

戴尔独特的优势在于他对计算机市场上的直销模式的独特理解。这使得戴尔公司有一套非常独特的管理整个价值链的完整的流程,即从零部件到供应商到最终用户,戴尔始终控制着中间的每一个环节。

2. 让对手学不来

"之前,很多竞争对手都开始转向直销模式,但模仿我们的那些公司并没有做得很好,也没有阻止我们的增长。这有点像从打垒球转向打篮球一样,虽然它们都是体育项目,但是是两个完全不同的项目。那些公司从一个系统转到另一个系统,是非常困难的,因为它们的销售原来都依赖于间接渠道,那些公司要走的路还很长。如果一个客户想通过直销买电脑,他肯定会找我们,因为我们有15年的直销经验,并且我们首先创造了直线订购的业务模式。我们会不断地把自己的业务提高到新的水平,而不是停滞不前。"

对于IBM公司这样的大公司在运作个人计算机上的弱点,戴尔这样说:"IBM公司在个人计算机运作上的成本结构不对,经销渠道也不对。两年前,IBM公司在个人计算机上的销售量与戴尔公司一样多,但是现在戴尔公司的销售量是IBM公司的两倍多,我们在个人计算机上盈利了20亿美元,IBM公司却亏损了10亿美元。"

有人问戴尔:"戴尔公司何时可以超过康柏公司?"戴尔说:"衡量成功的方法不一样,它可以通过收入来衡量,也可以通过利润来衡量,还可以通过客户的忠诚度来衡量。我认为,衡量成功最重要的标准并不是客户量而是客户的满意度,戴尔公司在客户满意度上一直走在最前面。就市场份额而言,最近一个季度,在美国,我们第一次超过了康柏公司,而在英国、爱尔兰、瑞典,我们都是第一名。"

3. 慧眼鉴人

"在管理上,我平时很随和,但是看到员工总是犯同样的错误时,我就会忍不住发火。我愿意重用并提拔那些愿意自己找事做,而不是等着让别人告诉他该做什么事情的人。我喜欢那些热情、爱学习、对工作充满热情、善于挑战自我的人。我也愿意重用那些不仅自己发展得很好,而且能带动其他员工发展的人。"

"除了在物质上善待员工外,我们还鼓励员工充分发挥自己的潜能。我们会创造允许员工成功的环境,让他们不断学习、成长,并关心他们的兴奋点是什么。"

"年轻既有好处,也有坏处。我认为,在个人计算机行业,保证公司领导的一致性、延续性是很有价值的。我领导公司15年,估计还会领导好多年,这实际上提供了一种持续性和延续性。我见到江泽民主席时,江泽民主席说他在任职10年期间,他见到了11位日本首相。这些年来,我也见到了许多竞争对手的首席执行官,这些竞争对手换首席执行官的速度和日本换首相的速度是一样的。这个行业总是依赖新的想法来繁荣、发展,所以我们必须不断地有新的想法。"

4. 精诚对待客户

有记者问戴尔:"在运作公司的整个过程中,对您来说,什么是最有价值的?"戴尔脱口而出:"客户。"随后,戴尔又说:"当然,我看到我们公司保持优势因素时,我会很兴奋;我看到我们的产品质量在不断提高时,我会很兴奋;我看到公司的员工在不断地成长时,我会很兴奋;我看到我们的执行能力不断地提升,我们的结构不断地优化,我们的运作模式不断地取得成功时,我也会很兴奋。"

戴尔公司的墙上挂着一张戴尔的照片,有人在他的头上画了一顶帽子,照片下面有一行字:"戴尔要你去赢得客户。"

"按照客户的要求去做"是戴尔公司的信条。为了做到这一点,1998年,戴尔公司将15%的资金和利润与改善服务挂钩。衡量成功的标准是装运期限、初次安装速度,以及修理人员是否能在24小时内抵达客户所在的地方。

"在管理方面,我们衡量员工价值的一个重要方面是他们对客户的友好程度,以及他们为客户提供了哪些服务。同时,我们建立了一些良好的沟通机制和奖励机制。"

"戴尔公司的业务是基于直线订购这种业务模式之上的,我们直接把计算机销售给客户,不管客户是政府机构还是大企业,也不管客户是小企业还是普通个人。这让我们以最快的速度,把最新的技术提供给我们的客户,促使我们提供更高水平的服务,并获得更高水平的回报。"

5. 学会包容市场

戴尔说:"要想持久赚钱,对市场就不能过于急功近利,要关心市场整体的发展情况,因为市场有时候发展得很快,有时候会向前走两步再退一步。人民币会不会贬值这类事情不会阻挡我们前进的步伐,我们会进一步发展和开拓中国市场,因为我们想在中国进行长期的投资。中国计算机市场有一个特点,那就是它非常大,而且发展得特别快,它对每一个公司来说,都是一个很好的机会,每个公司都必须找到自己独特的方式来为客户提供服务。我们当然想以一种可持续的方式来为客户提供服务。"

1. 创业者需要具备哪些素质?
2. 简述创业风险的主要类型和防范措施。

附录 A

中华人民共和国劳动法

第一章 总 则

第一条 为了保护劳动者的合法权益,调整劳动关系,建立和维护适应社会主义市场经济的劳动制度,促进经济发展和社会进步,根据宪法,制定本法。

第二条 在中华人民共和国境内的企业、个体经济组织(以下统称用人单位)和与之形成劳动关系的劳动者,适用本法。

国家机关、事业组织、社会团体和与之建立劳动合同关系的劳动者,依照本法执行。

第三条 劳动者享有平等就业和选择职业的权利、取得劳动报酬的权利、休息休假的权利、获得劳动安全卫生保护的权利、接受职业技能培训的权利、享受社会保险和福利的权利、提请劳动争议处理的权利以及法律规定的其他劳动权利。

劳动者应当完成劳动任务,提高职业技能,执行劳动安全卫生规程,遵守劳动纪律和职业道德。

第四条 用人单位应当依法建立和完善规章制度,保障劳动者享有劳动权利和履行劳动义务。

第五条 国家采取各种措施,促进劳动就业,发展职业教育,制定劳动标准,调节社会收入,完善社会保险,协调劳动关系,逐步提高劳动者的生活水平。

第六条 国家提倡劳动者参加社会义务劳动,开展劳动竞赛和合理化建议活动,鼓励和保护劳动者进行科学研究、技术革新和发明创造,表彰和奖励劳动模范和先进工作者。

第七条 劳动者有权依法参加和组织工会。

工会代表和维护劳动者的合法权益,依法独立自主地开展活动。

第八条 劳动者依照法律规定,通过职工大会、职工代表大会或者其他形式,参与民主管理或者就保护劳动者合法权益与用人单位进行平等协商。

第九条 国务院劳动行政部门主管全国劳动工作。

县级以上地方人民政府劳动行政部门主管本行政区域内的劳动工作。

第二章 促进就业

第十条 国家通过促进经济和社会发展,创造就业条件,扩大就业机会。

国家鼓励企业、事业组织、社会团体在法律、行政法规规定的范围内兴办产业或者拓展经营,增加就业。

国家支持劳动者自愿组织起来就业和从事个体经营实现就业。

第十一条 地方各级人民政府应当采取措施,发展多种类型的职业介绍机构,提供就业服务。

第十二条 劳动者就业,不因民族、种族、性别、宗教信仰不同而受歧视。

第十三条 妇女享有与男子平等的就业权利。在录用职工时,除国家规定的不适合妇女的工种或者岗位外,不得以性别为由拒绝录用妇女或者提高对妇女的录用标准。

第十四条 残疾人、少数民族人员、退出现役的军人的就业,法律、法规有特别规定的,从其规定。

第十五条 禁止用人单位招用未满十六周岁的未成年人。

文艺、体育和特种工艺单位招用未满十六周岁的未成年人,必须依照国家有关规定,履行审批手续,并保障其接受义务教育的权利。

第三章 劳动合同和集体合同

第十六条 劳动合同是劳动者与用人单位确立劳动关系、明确双方权利和义务的协议。

建立劳动关系应当订立劳动合同。

第十七条 订立和变更劳动合同,应当遵循平等自愿、协商一致的原则,不得违反法律、行政法规的规定。

劳动合同依法订立即具有法律约束力,当事人必须履行劳动合同规定的义务。

第十八条 下列劳动合同无效:

(一)违反法律、行政法规的劳动合同;

(二)采取欺诈、威胁等手段订立的劳动合同。

无效的劳动合同,从订立的时候起,就没有法律约束力。确认劳动合同部分无效的,如果不影响其余部分的效力,其余部分仍然有效。

劳动合同的无效,由劳动争议仲裁委员会或者人民法院确认。

第十九条 劳动合同应当以书面形式订立,并具备以下条款:

(一)劳动合同期限;

(二)工作内容;

(三)劳动保护和劳动条件;

(四)劳动报酬;

(五)劳动纪律;

（六）劳动合同终止的条件；

（七）违反劳动合同的责任。

劳动合同除前款规定的必备条款外，当事人可以协商约定其他内容。

第二十条　劳动合同的期限分为有固定期限、无固定期限和以完成一定的工作为期限。

劳动者在同一用人单位连续工作满十年以上，当事人双方同意续延劳动合同的，如果劳动者提出订立无固定期限的劳动合同，应当订立无固定期限的劳动合同。

第二十一条　劳动合同可以约定试用期。试用期最长不得超过六个月。

第二十二条　劳动合同当事人可以在劳动合同中约定保守用人单位商业秘密的有关事项。

第二十三条　劳动合同期满或者当事人约定的劳动合同终止条件出现，劳动合同即行终止。

第二十四条　经劳动合同当事人协商一致，劳动合同可以解除。

第二十五条　劳动者有下列情形之一的，用人单位可以解除劳动合同：

（一）在试用期间被证明不符合录用条件的；

（二）严重违反劳动纪律或者用人单位规章制度的；

（三）严重失职，营私舞弊，对用人单位利益造成重大损害的；

（四）被依法追究刑事责任的。

第二十六条　有下列情形之一的，用人单位可以解除劳动合同，但是应当提前三十日以书面形式通知劳动者本人：

（一）劳动者患病或者非因工负伤，医疗期满后，不能从事原工作也不能从事由用人单位另行安排的工作的；

（二）劳动者不能胜任工作，经过培训或者调整工作岗位，仍不能胜任工作的；

（三）劳动合同订立时所依据的客观情况发生重大变化，致使原劳动合同无法履行，经当事人协商不能就变更劳动合同达成协议的。

第二十七条　用人单位濒临破产进行法定整顿期间或者生产经营状况发生严重困难，确需裁减人员的，应当提前三十日向工会或者全体职工说明情况，听取工会或者职工的意见，经向劳动行政部门报告后，可以裁减人员。

用人单位依据本条规定裁减人员，在六个月内录用人员的，应当优先录用被裁减的人员。

第二十八条　用人单位依据本法第二十四条、第二十六条、第二十七条的规定解除劳动合同的，应当依照国家有关规定给予经济补偿。

第二十九条　劳动者有下列情形之一的，用人单位不得依据本法第二十六条、第二十七条的规定解除劳动合同：

（一）患职业病或者因工负伤并被确认丧失或者部分丧失劳动能力的；

（二）患病或者负伤，在规定的医疗期内的；

(三)女职工在孕期、产期、哺乳期内的;

(四)法律、行政法规规定的其他情形。

第三十条 用人单位解除劳动合同,工会认为不适当的,有权提出意见。如果用人单位违反法律、法规或者劳动合同,工会有权要求重新处理;劳动者申请仲裁或者提起诉讼的,工会应当依法给予支持和帮助。

第三十一条 劳动者解除劳动合同,应当提前三十日以书面形式通知用人单位。

第三十二条 有下列情形之一的,劳动者可以随时通知用人单位解除劳动合同:

(一)在试用期内的;

(二)用人单位以暴力、威胁或者非法限制人身自由的手段强迫劳动的;

(三)用人单位未按照劳动合同约定支付劳动报酬或者提供劳动条件的。

第三十三条 企业职工一方与企业可以就劳动报酬、工作时间、休息休假、劳动安全卫生、保险福利等事项,签订集体合同。集体合同草案应当提交职工代表大会或者全体职工讨论通过。

集体合同由工会代表职工与企业签订;没有建立工会的企业,由职工推举的代表与企业签订。

第三十四条 集体合同签订后应当报送劳动行政部门;劳动行政部门自收到集体合同文本之日起十五日内未提出异议的,集体合同即行生效。

第三十五条 依法签订的集体合同对企业和企业全体职工具有约束力。职工个人与企业订立的劳动合同中劳动条件和劳动报酬等标准不得低于集体合同的规定。

第四章 工作时间和休息休假

第三十六条 国家实行劳动者每日工作时间不超过八小时、平均每周工作时间不超过四十四小时的工时制度。

第三十七条 对实行计件工作的劳动者,用人单位应当根据本法第三十六条规定的工时制度合理确定其劳动定额和计件报酬标准。

第三十八条 用人单位应当保证劳动者每周至少休息一日。

第三十九条 企业因生产特点不能实行本法第三十六条、第三十八条规定的,经劳动行政部门批准,可以实行其他工作和休息办法。

第四十条 用人单位在下列节日期间应当依法安排劳动者休假:

(一)元旦;

(二)春节;

(三)国际劳动节;

(四)国庆节;

(五)法律、法规规定的其他休假节日。

第四十一条 用人单位由于生产经营需要,经与工会和劳动者协商后可以延长工作时间,一般每日不得超过一小时;因特殊原因需要延长工作时间的,在保障劳动者身体健康的条件下延长工作时间每日不得超过三小时,但是每月不得超过三十六小时。

第四十二条 有下列情形之一的,延长工作时间不受本法第四十一条的限制:

(一)发生自然灾害、事故或者因其他原因,威胁劳动者生命健康和财产安全,需要紧急处理的;

(二)生产设备、交通运输线路、公共设施发生故障,影响生产和公众利益,必须及时抢修的;

(三)法律、行政法规规定的其他情形。

第四十三条 用人单位不得违反本法规定延长劳动者的工作时间。

第四十四条 有下列情形之一的,用人单位应当按照下列标准支付高于劳动者正常工作时间工资的工资报酬:

(一)安排劳动者延长工作时间的,支付不低于工资的百分之一百五十的工资报酬;

(二)休息日安排劳动者工作又不能安排补休的,支付不低于工资的百分之二百的工资报酬;

(三)法定休假日安排劳动者工作的,支付不低于工资的百分之三百的工资报酬。

第四十五条 国家实行带薪年休假制度。

劳动者连续工作一年以上的,享受带薪年休假。具体办法由国务院规定。

第五章 工 资

第四十六条 工资分配应当遵循按劳分配原则,实行同工同酬。

工资水平在经济发展的基础上逐步提高。国家对工资总量实行宏观调控。

第四十七条 用人单位根据本单位的生产经营特点和经济效益,依法自主确定本单位的工资分配方式和工资水平。

第四十八条 国家实行最低工资保障制度。最低工资的具体标准由省、自治区、直辖市人民政府规定,报国务院备案。

用人单位支付劳动者的工资不得低于当地最低工资标准。

第四十九条 确定和调整最低工资标准应当综合参考下列因素:

(一)劳动者本人及平均赡养人口的最低生活费用;

(二)社会平均工资水平;

(三)劳动生产率;

(四)就业状况;

(五)地区之间经济发展水平的差异。

第五十条 工资应当以货币形式按月支付给劳动者本人。不得克扣或者无故拖欠劳动者的工资。

第五十一条 劳动者在法定休假日和婚丧假期间以及依法参加社会活动期间,用人单位应当依法支付工资。

第六章 劳动安全卫生

第五十二条 用人单位必须建立、健全劳动安全卫生制度,严格执行国家劳动安全卫生规程和标准,对劳动者进行劳动安全卫生教育,防止劳动过程中的事故,减少职业危害。

第五十三条 劳动安全卫生设施必须符合国家规定的标准。

新建、改建、扩建工程的劳动安全卫生设施必须与主体工程同时设计、同时施工、同时投入生产和使用。

第五十四条 用人单位必须为劳动者提供符合国家规定的劳动安全卫生条件和必要的劳动防护用品,对从事有职业危害作业的劳动者应当定期进行健康检查。

第五十五条 从事特种作业的劳动者必须经过专门培训并取得特种作业资格。

第五十六条 劳动者在劳动过程中必须严格遵守安全操作规程。

劳动者对用人单位管理人员违章指挥、强令冒险作业,有权拒绝执行;对危害生命安全和身体健康的行为,有权提出批评、检举和控告。

第五十七条 国家建立伤亡事故和职业病统计报告和处理制度。县级以上各级人民政府劳动行政部门、有关部门和用人单位应当依法对劳动者在劳动过程中发生的伤亡事故和劳动者的职业病状况,进行统计、报告和处理。

第七章 女职工和未成年工特殊保护

第五十八条 国家对女职工和未成年工实行特殊劳动保护。

未成年工是指年满十六周岁未满十八周岁的劳动者。

第五十九条 禁止安排女职工从事矿山井下、国家规定的第四级体力劳动强度的劳动和其他禁忌从事的劳动。

第六十条 不得安排女职工在经期从事高处、低温、冷水作业和国家规定的第三级体力劳动强度的劳动。

第六十一条 不得安排女职工在怀孕期间从事国家规定的第三级体力劳动强度的劳动和孕期禁忌从事的劳动。对怀孕七个月以上的女职工,不得安排其延长工作时间和夜班劳动。

第六十二条 女职工生育享受不少于九十天的产假。

第六十三条 不得安排女职工在哺乳未满一周岁的婴儿期间从事国家规定的第三级体力劳动强度的劳动和哺乳期禁忌从事的其他劳动,不得安排其延长工作时间和夜班劳动。

第六十四条 不得安排未成年工从事矿山井下、有毒有害、国家规定的第四级体力劳动强度的劳动和其他禁忌从事的劳动。

第六十五条 用人单位应当对未成年工定期进行健康检查。

第八章 职业培训

第六十六条 国家通过各种途径,采取各种措施,发展职业培训事业,开发劳动者的职业技能,提高劳动者素质,增强劳动者的就业能力和工作能力。

第六十七条 各级人民政府应当把发展职业培训纳入社会经济发展的规划,鼓励和支持有条件的企业、事业组织、社会团体和个人进行各种形式的职业培训。

第六十八条 用人单位应当建立职业培训制度,按照国家规定提取和使用职业培训经费,根据本单位实际,有计划地对劳动者进行职业培训。

从事技术工种的劳动者,上岗前必须经过培训。

第六十九条 国家确定职业分类,对规定的职业制定职业技能标准,实行职业资格证书制度,由经过政府批准的考核鉴定机构负责对劳动者实施职业技能考核鉴定。

第九章 社会保险和福利

第七十条 国家发展社会保险事业,建立社会保险制度,设立社会保险基金,使劳动者在年老、患病、工伤、失业、生育等情况下获得帮助和补偿。

第七十一条 社会保险水平应当与社会经济发展水平和社会承受能力相适应。

第七十二条 社会保险基金按照保险类型确定资金来源,逐步实行社会统筹。用人单位和劳动者必须依法参加社会保险,缴纳社会保险费。

第七十三条 劳动者在下列情形下,依法享受社会保险待遇:

(一)退休;

(二)患病、负伤;

(三)因工伤残或者患职业病;

(四)失业;

(五)生育。

劳动者死亡后,其遗属依法享受遗属津贴。

劳动者享受社会保险待遇的条件和标准由法律、法规规定。

劳动者享受的社会保险金必须按时足额支付。

第七十四条 社会保险基金经办机构依照法律规定收支、管理和运营社会保险基金,并负有使社会保险基金保值增值的责任。

社会保险基金监督机构依照法律规定,对社会保险基金的收支、管理和运营实施监督。

社会保险基金经办机构和社会保险基金监督机构的设立和职能由法律规定。

任何组织和个人不得挪用社会保险基金。

第七十五条 国家鼓励用人单位根据本单位实际情况为劳动者建立补充保险。

国家提倡劳动者个人进行储蓄性保险。

第七十六条 国家发展社会福利事业,兴建公共福利设施,为劳动者休息、休养和疗养提供条件。

用人单位应当创造条件,改善集体福利,提高劳动者的福利待遇。

第十章 劳动争议

第七十七条 用人单位与劳动者发生劳动争议,当事人可以依法申请调解、仲裁、提起诉讼,也可以协商解决。

调解原则适用于仲裁和诉讼程序。

第七十八条 解决劳动争议,应当根据合法、公正、及时处理的原则,依法维护劳动争议当事人的合法权益。

第七十九条 劳动争议发生后,当事人可以向本单位劳动争议调解委员会申请调解;调解不成,当事人一方要求仲裁的,可以向劳动争议仲裁委员会申请仲裁。当事人一方也可以直接向劳动争议仲裁委员会申请仲裁。对仲裁裁决不服的,可以向人民法院提起诉讼。

第八十条 在用人单位内,可以设立劳动争议调解委员会。劳动争议调解委员会由职工代表、用人单位代表和工会代表组成。劳动争议调解委员会主任由工会代表担任。

劳动争议经调解达成协议的,当事人应当履行。

第八十一条 劳动争议仲裁委员会由劳动行政部门代表、同级工会代表、用人单位方面的代表组成。劳动争议仲裁委员会主任由劳动行政部门代表担任。

第八十二条 提出仲裁要求的一方应当自劳动争议发生之日起六十日内向劳动争议仲裁委员会提出书面申请。仲裁裁决一般应在收到仲裁申请的六十日内作出。对仲裁裁决无异议的,当事人必须履行。

第八十三条 劳动争议当事人对仲裁裁决不服的,可以自收到仲裁裁决书之日起十五日内向人民法院提起诉讼。一方当事人在法定期限内不起诉又不履行仲裁裁决的,另一方当事人可以申请人民法院强制执行。

第八十四条 因签订集体合同发生争议,当事人协商解决不成的,当地人民政府劳动行政部门可以组织有关各方协调处理。

因履行集体合同发生争议,当事人协商解决不成的,可以向劳动争议仲裁委员会申请仲裁;对仲裁裁决不服的,可以自收到仲裁裁决书之日起十五日内向人民法院提起诉讼。

第十一章 监督检查

第八十五条 县级以上各级人民政府劳动行政部门依法对用人单位遵守劳动法律、法规的情况进行监督检查,对违反劳动法律、法规的行为有权制止,并责令改正。

第八十六条 县级以上各级人民政府劳动行政部门监督检查人员执行公务,有权进入用人单位了解执行劳动法律、法规的情况,查阅必要的资料,并对劳动场所进行检查。

县级以上各级人民政府劳动行政部门监督检查人员执行公务,必须出示证件,秉公执法并遵守有关规定。

第八十七条　县级以上各级人民政府有关部门在各自职责范围内,对用人单位遵守劳动法律、法规的情况进行监督。

第八十八条　各级工会依法维护劳动者的合法权益,对用人单位遵守劳动法律、法规的情况进行监督。

任何组织和个人对于违反劳动法律、法规的行为有权检举和控告。

第十二章　法律责任

第八十九条　用人单位制定的劳动规章制度违反法律、法规规定的,由劳动行政部门给予警告,责令改正;对劳动者造成损害的,应当承担赔偿责任。

第九十条　用人单位违反本法规定,延长劳动者工作时间的,由劳动行政部门给予警告,责令改正,并可以处以罚款。

第九十一条　用人单位有下列侵害劳动者合法权益情形之一的,由劳动行政部门责令支付劳动者的工资报酬、经济补偿,并可以责令支付赔偿金:

(一)克扣或者无故拖欠劳动者工资的;

(二)拒不支付劳动者延长工作时间工资报酬的;

(三)低于当地最低工资标准支付劳动者工资的;

(四)解除劳动合同后,未依照本法规定给予劳动者经济补偿的。

第九十二条　用人单位的劳动安全设施和劳动卫生条件不符合国家规定或者未向劳动者提供必要的劳动防护用品和劳动保护设施的,由劳动行政部门或者有关部门责令改正,可以处以罚款;情节严重的,提请县级以上人民政府决定责令停产整顿;对事故隐患不采取措施,致使发生重大事故,造成劳动者生命和财产损失的,对责任人员比照刑法第一百八十七条的规定追究刑事责任。

第九十三条　用人单位强令劳动者违章冒险作业,发生重大伤亡事故,造成严重后果的,对责任人员依法追究刑事责任。

第九十四条　用人单位非法招用未满十六周岁的未成年人的,由劳动行政部门责令改正,处以罚款;情节严重的,由工商行政管理部门吊销营业执照。

第九十五条　用人单位违反本法对女职工和未成年工的保护规定,侵害其合法权益的,由劳动行政部门责令改正,处以罚款;对女职工或者未成年工造成损害的,应当承担赔偿责任。

第九十六条　用人单位有下列行为之一,由公安机关对责任人员处以十五日以下拘留、罚款或者警告;构成犯罪的,对责任人员依法追究刑事责任:

(一)以暴力、威胁或者非法限制人身自由的手段强迫劳动的;

(二)侮辱、体罚、殴打、非法搜查和拘禁劳动者的。

第九十七条　由于用人单位的原因订立的无效合同,对劳动者造成损害的,应当承担赔偿责任。

第九十八条　用人单位违反本法规定的条件解除劳动合同或者故意拖延不订立劳动

合同的,由劳动行政部门责令改正;对劳动者造成损害的,应当承担赔偿责任。

第九十九条 用人单位招用尚未解除劳动合同的劳动者,对原用人单位造成经济损失的,该用人单位应当依法承担连带赔偿责任。

第一百条 用人单位无故不缴纳社会保险费的,由劳动行政部门责令其限期缴纳,逾期不缴的,可以加收滞纳金。

第一百零一条 用人单位无理阻挠劳动行政部门、有关部门及其工作人员行使监督检查权,打击报复举报人员的,由劳动行政部门或者有关部门处以罚款;构成犯罪的,对责任人员依法追究刑事责任。

第一百零二条 劳动者违反本法规定的条件解除劳动合同或者违反劳动合同中约定的保密事项,对用人单位造成经济损失的,应当依法承担赔偿责任。

第一百零三条 劳动行政部门或者有关部门的工作人员滥用职权、玩忽职守、徇私舞弊,构成犯罪的,依法追究刑事责任;不构成犯罪的,给予行政处分。

第一百零四条 国家工作人员和社会保险基金经办机构的工作人员挪用社会保险基金,构成犯罪的,依法追究刑事责任。

第一百零五条 违反本法规定侵害劳动者合法权益,其他法律、法规已规定处罚的,依照该法律、行政法规的规定处罚。

第十三章 附 则

第一百零六条 省、自治区、直辖市人民政府根据本法和本地区的实际情况,规定劳动合同制度的实施步骤,报国务院备案。

第一百零七条 本法自1995年1月1日起施行。

附录 B

中华人民共和国就业促进法

目 录

第一章 总则
第二章 政策支持
第三章 公平就业
第四章 就业服务和管理
第五章 职业教育和培训
第六章 就业援助
第七章 监督检查
第八章 法律责任
第九章 附则

第一章 总 则

第一条 为了促进就业,促进经济发展与扩大就业相协调,促进社会和谐稳定,制定本法。

第二条 国家把扩大就业放在经济社会发展的突出位置,实施积极的就业政策,坚持劳动者自主择业、市场调节就业、政府促进就业的方针,多渠道扩大就业。

第三条 劳动者依法享有平等就业和自主择业的权利。

劳动者就业,不因民族、种族、性别、宗教信仰等不同而受歧视。

第四条 县级以上人民政府把扩大就业作为经济和社会发展的重要目标,纳入国民经济和社会发展规划,并制定促进就业的中长期规划和年度工作计划。

第五条 县级以上人民政府通过发展经济和调整产业结构、规范人力资源市场、完善就业服务、加强职业教育和培训、提供就业援助等措施,创造就业条件,扩大就业。

第六条 国务院建立全国促进就业工作协调机制,研究就业工作中的重大问题,协调推动全国的促进就业工作。国务院劳动行政部门具体负责全国的促进就业工作。

省、自治区、直辖市人民政府根据促进就业工作的需要,建立促进就业工作协调机制,协调解决本行政区域就业工作中的重大问题。

县级以上人民政府有关部门按照各自的职责分工,共同做好促进就业工作。

第七条　国家倡导劳动者树立正确的择业观念,提高就业能力和创业能力;鼓励劳动者自主创业、自谋职业。

各级人民政府和有关部门应当简化程序,提高效率,为劳动者自主创业、自谋职业提供便利。

第八条　用人单位依法享有自主用人的权利。

用人单位应当依照本法以及其他法律、法规的规定,保障劳动者的合法权益。

第九条　工会、共产主义青年团、妇女联合会、残疾人联合会以及其他社会组织,协助人民政府开展促进就业工作,依法维护劳动者的劳动权利。

第十条　各级人民政府和有关部门对在促进就业工作中作出显著成绩的单位和个人,给予表彰和奖励。

第二章　政策支持

第十一条　县级以上人民政府应当把扩大就业作为重要职责,统筹协调产业政策与就业政策。

第十二条　国家鼓励各类企业在法律、法规规定的范围内,通过兴办产业或者拓展经营,增加就业岗位。

国家鼓励发展劳动密集型产业、服务业,扶持中小企业,多渠道、多方式增加就业岗位。

国家鼓励、支持、引导非公有制经济发展,扩大就业,增加就业岗位。

第十三条　国家发展国内外贸易和国际经济合作,拓宽就业渠道。

第十四条　县级以上人民政府在安排政府投资和确定重大建设项目时,应当发挥投资和重大建设项目带动就业的作用,增加就业岗位。

第十五条　国家实行有利于促进就业的财政政策,加大资金投入,改善就业环境,扩大就业。

县级以上人民政府应当根据就业状况和就业工作目标,在财政预算中安排就业专项资金用于促进就业工作。

就业专项资金用于职业介绍、职业培训、公益性岗位、职业技能鉴定、特定就业政策和社会保险等的补贴,小额贷款担保基金和微利项目的小额担保贷款贴息,以及扶持公共就业服务等。就业专项资金的使用管理办法由国务院财政部门和劳动行政部门规定。

第十六条　国家建立健全失业保险制度,依法确保失业人员的基本生活,并促进其实现就业。

第十七条　国家鼓励企业增加就业岗位,扶持失业人员和残疾人就业,对下列企业、人员依法给予税收优惠：

（一）吸纳符合国家规定条件的失业人员达到规定要求的企业；

（二）失业人员创办的中小企业；

（三）安置残疾人员达到规定比例或者集中使用残疾人的企业；

（四）从事个体经营的符合国家规定条件的失业人员；

（五）从事个体经营的残疾人；

（六）国务院规定给予税收优惠的其他企业、人员。

第十八条　对本法第十七条第四项、第五项规定的人员，有关部门应当在经营场地等方面给予照顾，免除行政事业性收费。

第十九条　国家实行有利于促进就业的金融政策，增加中小企业的融资渠道；鼓励金融机构改进金融服务，加大对中小企业的信贷支持，并对自主创业人员在一定期限内给予小额信贷等扶持。

第二十条　国家实行城乡统筹的就业政策，建立健全城乡劳动者平等就业的制度，引导农业富余劳动力有序转移就业。

县级以上地方人民政府推进小城镇建设和加快县域经济发展，引导农业富余劳动力就地就近转移就业；在制定小城镇规划时，将本地区农业富余劳动力转移就业作为重要内容。

县级以上地方人民政府引导农业富余劳动力有序向城市异地转移就业；劳动力输出地和输入地人民政府应当互相配合，改善农村劳动者进城就业的环境和条件。

第二十一条　国家支持区域经济发展，鼓励区域协作，统筹协调不同地区就业的均衡增长。

国家支持民族地区发展经济，扩大就业。

第二十二条　各级人民政府统筹做好城镇新增劳动力就业、农业富余劳动力转移就业和失业人员就业工作。

第二十三条　各级人民政府采取措施，逐步完善和实施与非全日制用工等灵活就业相适应的劳动和社会保险政策，为灵活就业人员提供帮助和服务。

第二十四条　地方各级人民政府和有关部门应当加强对失业人员从事个体经营的指导，提供政策咨询、就业培训和开业指导等服务。

第三章　公平就业

第二十五条　各级人民政府创造公平就业的环境，消除就业歧视，制定政策并采取措施对就业困难人员给予扶持和援助。

第二十六条　用人单位招用人员、职业中介机构从事职业中介活动，应当向劳动者提供平等的就业机会和公平的就业条件，不得实施就业歧视。

第二十七条　国家保障妇女享有与男子平等的劳动权利。

用人单位招用人员，除国家规定的不适合妇女的工种或者岗位外，不得以性别为由拒绝录用妇女或者提高对妇女的录用标准。

用人单位录用女职工,不得在劳动合同中规定限制女职工结婚、生育的内容。

第二十八条 各民族劳动者享有平等的劳动权利。

用人单位招用人员,应当依法对少数民族劳动者给予适当照顾。

第二十九条 国家保障残疾人的劳动权利。

各级人民政府应当对残疾人就业统筹规划,为残疾人创造就业条件。

用人单位招用人员,不得歧视残疾人。

第三十条 用人单位招用人员,不得以是传染病病原携带者为由拒绝录用。但是,经医学鉴定传染病病原携带者在治愈前或者排除传染嫌疑前,不得从事法律、行政法规和国务院卫生行政部门规定禁止从事的易使传染病扩散的工作。

第三十一条 农村劳动者进城就业享有与城镇劳动者平等的劳动权利,不得对农村劳动者进城就业设置歧视性限制。

第四章 就业服务和管理

第三十二条 县级以上人民政府培育和完善统一开放、竞争有序的人力资源市场,为劳动者就业提供服务。

第三十三条 县级以上人民政府鼓励社会各方面依法开展就业服务活动,加强对公共就业服务和职业中介服务的指导和监督,逐步完善覆盖城乡的就业服务体系。

第三十四条 县级以上人民政府加强人力资源市场信息网络及相关设施建设,建立健全人力资源市场信息服务体系,完善市场信息发布制度。

第三十五条 县级以上人民政府建立健全公共就业服务体系,设立公共就业服务机构,为劳动者免费提供下列服务:

(一)就业政策法规咨询;

(二)职业供求信息、市场工资指导价位信息和职业培训信息发布;

(三)职业指导和职业介绍;

(四)对就业困难人员实施就业援助;

(五)办理就业登记、失业登记等事务;

(六)其他公共就业服务。

公共就业服务机构应当不断提高服务的质量和效率,不得从事经营性活动。

公共就业服务经费纳入同级财政预算。

第三十六条 县级以上地方人民政府对职业中介机构提供公益性就业服务的,按照规定给予补贴。

国家鼓励社会各界为公益性就业服务提供捐赠、资助。

第三十七条 地方各级人民政府和有关部门不得举办或者与他人联合举办经营性的职业中介机构。

地方各级人民政府和有关部门、公共就业服务机构举办的招聘会,不得向劳动者收取费用。

第三十八条　县级以上人民政府和有关部门加强对职业中介机构的管理,鼓励其提高服务质量,发挥其在促进就业中的作用。

第三十九条　从事职业中介活动,应当遵循合法、诚实信用、公平、公开的原则。

用人单位通过职业中介机构招用人员,应当如实向职业中介机构提供岗位需求信息。禁止任何组织或者个人利用职业中介活动侵害劳动者的合法权益。

第四十条　设立职业中介机构应当具备下列条件:

(一)有明确的章程和管理制度;

(二)有开展业务必备的固定场所、办公设施和一定数额的开办资金;

(三)有一定数量具备相应职业资格的专职工作人员;

(四)法律、法规规定的其他条件。

设立职业中介机构,应当依法办理行政许可。经许可的职业中介机构,应当向工商行政部门办理登记。

未经依法许可和登记的机构,不得从事职业中介活动。

国家对外商投资职业中介机构和向劳动者提供境外就业服务的职业中介机构另有规定的,依照其规定。

第四十一条　职业中介机构不得有下列行为:

(一)提供虚假就业信息;

(二)为无合法证照的用人单位提供职业中介服务;

(三)伪造、涂改、转让职业中介许可证;

(四)扣押劳动者的居民身份证和其他证件,或者向劳动者收取押金;

(五)其他违反法律、法规规定的行为。

第四十二条　县级以上人民政府建立失业预警制度,对可能出现的较大规模的失业,实施预防、调节和控制。

第四十三条　国家建立劳动力调查统计制度和就业登记、失业登记制度,开展劳动力资源和就业、失业状况调查统计,并公布调查统计结果。

统计部门和劳动行政部门进行劳动力调查统计和就业、失业登记时,用人单位和个人应当如实提供调查统计和登记所需要的情况。

第五章　职业教育和培训

第四十四条　国家依法发展职业教育,鼓励开展职业培训,促进劳动者提高职业技能,增强就业能力和创业能力。

第四十五条　县级以上人民政府根据经济社会发展和市场需求,制定并实施职业能力开发计划。

第四十六条　县级以上人民政府加强统筹协调,鼓励和支持各类职业院校、职业技能培训机构和用人单位依法开展就业前培训、在职培训、再就业培训和创业培训;鼓励劳动者参加各种形式的培训。

第四十七条　县级以上地方人民政府和有关部门根据市场需求和产业发展方向，鼓励、指导企业加强职业教育和培训。

职业院校、职业技能培训机构与企业应当密切联系，实行产教结合，为经济建设服务，培养实用人才和熟练劳动者。

企业应当按照国家有关规定提取职工教育经费，对劳动者进行职业技能培训和继续教育培训。

第四十八条　国家采取措施建立健全劳动预备制度，县级以上地方人民政府对有就业要求的初高中毕业生实行一定期限的职业教育和培训，使其取得相应的职业资格或者掌握一定的职业技能。

第四十九条　地方各级人民政府鼓励和支持开展就业培训，帮助失业人员提高职业技能，增强其就业能力和创业能力。失业人员参加就业培训的，按照有关规定享受政府培训补贴。

第五十条　地方各级人民政府采取有效措施，组织和引导进城就业的农村劳动者参加技能培训，鼓励各类培训机构为进城就业的农村劳动者提供技能培训，增强其就业能力和创业能力。

第五十一条　国家对从事涉及公共安全、人身健康、生命财产安全等特殊工种的劳动者，实行职业资格证书制度，具体办法由国务院规定。

第六章　就业援助

第五十二条　各级人民政府建立健全就业援助制度，采取税费减免、贷款贴息、社会保险补贴、岗位补贴等办法，通过公益性岗位安置等途径，对就业困难人员实行优先扶持和重点帮助。

就业困难人员是指因身体状况、技能水平、家庭因素、失去土地等原因难以实现就业，以及连续失业一定时间仍未能实现就业的人员。就业困难人员的具体范围，由省、自治区、直辖市人民政府根据本行政区域的实际情况规定。

第五十三条　政府投资开发的公益性岗位，应当优先安排符合岗位要求的就业困难人员。被安排在公益性岗位工作的，按照国家规定给予岗位补贴。

第五十四条　地方各级人民政府加强基层就业援助服务工作，对就业困难人员实施重点帮助，提供有针对性的就业服务和公益性岗位援助。

地方各级人民政府鼓励和支持社会各方面为就业困难人员提供技能培训、岗位信息等服务。

第五十五条　各级人民政府采取特别扶助措施，促进残疾人就业。

用人单位应当按照国家规定安排残疾人就业，具体办法由国务院规定。

第五十六条　县级以上地方人民政府采取多种就业形式，拓宽公益性岗位范围，开发就业岗位，确保城市有就业需求的家庭至少有一人实现就业。

法定劳动年龄内的家庭人员均处于失业状况的城市居民家庭,可以向住所地街道、社区公共就业服务机构申请就业援助。街道、社区公共就业服务机构经确认属实的,应当为该家庭中至少一人提供适当的就业岗位。

第五十七条 国家鼓励资源开采型城市和独立工矿区发展与市场需求相适应的产业,引导劳动者转移就业。

对因资源枯竭或者经济结构调整等原因造成就业困难人员集中的地区,上级人民政府应当给予必要的扶持和帮助。

第七章 监督检查

第五十八条 各级人民政府和有关部门应当建立促进就业的目标责任制度。县级以上人民政府按照促进就业目标责任制的要求,对所属的有关部门和下一级人民政府进行考核和监督。

第五十九条 审计机关、财政部门应当依法对就业专项资金的管理和使用情况进行监督检查。

第六十条 劳动行政部门应当对本法实施情况进行监督检查,建立举报制度,受理对违反本法行为的举报,并及时予以核实处理。

第八章 法律责任

第六十一条 违反本法规定,劳动行政等有关部门及其工作人员滥用职权、玩忽职守、徇私舞弊的,对直接负责的主管人员和其他直接责任人员依法给予处分。

第六十二条 违反本法规定,实施就业歧视的,劳动者可以向人民法院提起诉讼。

第六十三条 违反本法规定,地方各级人民政府和有关部门、公共就业服务机构举办经营性的职业中介机构,从事经营性职业中介活动,向劳动者收取费用的,由上级主管机关责令限期改正,将违法收取的费用退还劳动者,并对直接负责的主管人员和其他直接责任人员依法给予处分。

第六十四条 违反本法规定,未经许可和登记,擅自从事职业中介活动的,由劳动行政部门或者其他主管部门依法予以关闭;有违法所得的,没收违法所得,并处一万元以上五万元以下的罚款。

第六十五条 违反本法规定,职业中介机构提供虚假就业信息,为无合法证照的用人单位提供职业中介服务,伪造、涂改、转让职业中介许可证的,由劳动行政部门或者其他主管部门责令改正;有违法所得的,没收违法所得,并处一万元以上五万元以下的罚款;情节严重的,吊销职业中介许可证。

第六十六条 违反本法规定,职业中介机构扣押劳动者居民身份证等证件的,由劳动行政部门责令限期退还劳动者,并依照有关法律规定给予处罚。

违反本法规定,职业中介机构向劳动者收取押金的,由劳动行政部门责令限期退还劳动者,并以每人五百元以上二千元以下的标准处以罚款。

第六十七条　违反本法规定,企业未按照国家规定提取职工教育经费,或者挪用职工教育经费的,由劳动行政部门责令改正,并依法给予处罚。

第六十八条　违反本法规定,侵害劳动者合法权益,造成财产损失或者其他损害的,依法承担民事责任;构成犯罪的,依法追究刑事责任。

第九章　附　则

第六十九条　本法自 2008 年 1 月 1 日起施行。

参考文献

[1] 张敏强.大学生职业规划与就业指导[M].广州:广东高等教育出版社,2005.

[2] 谢伟芳,管俊贤.大中专毕业生就业指引[M].武汉:华中科技大学出版社,2006.

[3] 申永东.大学生就业指导教程[M].广州:华南理工大学出版社,2007.

[4] 曹广辉,王云彪.大学生职业生涯指导[M].天津:天津大学出版社,2007.

[5] 陈社育.大学生职业心理辅导[M].北京:北京出版社,2003.

[6] 郑志宏,蒋蔓萍,朱军.大学生就业指导教程[M].长春:吉林文史出版社,2007.

[7] 张志祥,鲁晨.基于大学生创业教育的学生社团建设思考[J].无锡商业职业技术学院学报,2007(5).

[8] 江荔仙.高校学生社团与大学生社会化[J].福建教育学院学报,2009(1).

[9] 刘岗.高校学生社团建设研究[J].扬州大学学报(高教研究版),2000(3).

[10] 范爱明.成功自我管理的29个工具[M].北京:京华出版社,2008.

[11] 宋振杰.自我管理——经理人九大能力训练[M].北京:北京大学出版社,2006.

[12] 周龙中.大学生健康生活方式培养教育实践研究[J].湖北成人教育学院学报,2011(5).

[13] 骆风,王志超.当代大学生不良生活习惯的调查分析和改进对策——来自广东高校的研究报告[J].广州大学学报(社会科学版),2010(2).

[14] 杨向荣,刘龙海.大学生就业指导[M].北京:中国建材工业出版社,1998.

[15] 周湘浙.大学生就业指导[M].2版.杭州:浙江大学出版社,2013.

[16] 高桥.大学生就业指导[M].北京:清华大学出版社,2006.

[17] 张玲玲,张芝萍.大学生就业指导[M].北京:科学出版社,2004.

[18] 王芳,宋来新,姜孔桥.大学生就业指导[M].北京:化学工业出版社,2002.

[19] 陆卫明,李红.人际关系心理学[M].西安:西安交通大学出版社,2006.

[20] 张继缅.人际交往:谈吐与举止[M].北京:中国物资出版社,1994.

[21] 张劲松,李莉.大学生职业生涯规划[M].北京:科学出版社,2012.

[22] 于华龙,邰凤琳.大学生职业生涯规划概论[M].郑州:河南大学出版社,2008.

[23] 山东大学学生就业指导中心.大学生职业发展与求职方略[M].济南:山东人民出版社,2005.

[24] 张虎林,张成杰.大学生就业指导[M].北京:中国电力出版社,1998.

[25] 孙权,王滨有.高职大学生就业指导[M].北京:北京邮电大学出版社,2005.

[26] 陶仁,杨其勇.顶岗支教实习——地方高校师范人才培养新模式[M].昆明:云南大学出版社,2011.

[27] 黄坚.高职院校学生职业发展案例精选[M].4版.北京:清华大学出版社,2016.

[28] 张宁娟.教师自我成长的理论研究[D].兰州:西北师范大学,2003.

[29] 胡丽.师范院校顶岗实习的发展概况、困境与解决策略[J].新教育,2010(2).

[30] 余国娟,胡瑞琴.初涉职场大学生的角色转变[J].西南民族大学学报(自然科学版),2011(S1).

[31] 朱小蔓,杨一鸣.走向自我成长型教师培养的高师素质教育[J].南京师大学报(社会科学版),2002(1).

[32] 陈荣华,俞韵,高飞跃.就业有路:就业创业政策法规解读[M].杭州:浙江大学出版社,2009.

[33] 张星河.求职与就业指导[M].北京:北京大学出版社,2008.

[34] 章加裕,陈树发,崔波.大学生就业指导概论[M].南昌:江西高校出版社,2006.

[35] 肖行定.大学生职业生涯规划与就业指导[M].武汉:华中科技大学出版社,2010.

[36] 韩景旺,沈双生,田必琴.我的生涯 我做主——大学生职业生涯规划与就业指导[M].保定:河北大学出版社,2008.

[37] 张命春.大学生职业生涯规划与就业指导[M].武汉:华中科技大学出版社,2017.

[38] 高修清.推行劳动预备制度的难点与对策[J].当代经济,2004(2)